董明珠传

独立女性奋斗范本

黄伟芳◎著　陈润◎主编

团结出版社

图书在版编目（CIP）数据

董明珠传 / 黄伟芳著. -- 北京：团结出版社, 2019.9
ISBN 978-7-5126-7374-8

Ⅰ. ①董… Ⅱ. ①黄… Ⅲ. ①董明珠—传记 Ⅳ. ① K825.38

中国版本图书馆 CIP 数据核字 (2019) 第 206813 号

董明珠传

黄伟芳 著

出　　版：	团结出版社
	（北京市东城区东皇城根南街84号　邮编：100006）
责任编辑：	郑　纪
电　　话：	（010）65228880
发　　行：	（010）51393396
网　　址：	http://www.tjpress.com
E - mail：	65244790@163.com
经　　销：	全国新华书店
印　　刷：	三河市华东印刷有限公司

开　　本：	145×210　1/32
印　　张：	10
字　　数：	200千字
版　　次：	2020年1月第1版
印　　次：	2020年3月第2次印刷

书　　号：	978-7-5126-7374-8
定　　价：	49.00元

丛书序

为中国标杆企业立传

古希腊哲学家柏拉图提出过人生三问:"我是谁?我从哪里来?我要到哪里去?"

"现代管理学之父"彼得·德鲁克有企业三问:我们企业是个什么企业?我们企业将是个什么企业?我们企业应该是个什么企业?

其实,无论个人还是企业,不同的个体、组织有不同的基因、命运和结局。对于个人来说,要有思想和灵魂,才能活得明白,取得成功。对于企业而言,要有愿景、使命、价值观,才能做大做强,基业长青。世间万物,皆有"灵魂",我们要不断地找魂、炼魂。

每个企业出生时都有"灵魂",但发展壮大以后就容易被忽视,往往当危机袭来才意识到"灵魂"不复存在,老板无力回天,毕竟灵魂人物也会在名利浮华中失去"灵魂"。企业的灵魂人物是创始人,他给企业创造的最大财富是企业家精神;管理的核心是管理愿景、使命、价值观,我们通常将其称为企业文化。有远见的企业家重视找魂、炼魂,其中效率最高、成本最低的方式是写作企业家传记和企业史,前者提炼企业家精神，后者重塑企业文化，以此重塑企业，找到企业复兴之路。

当今世界正处在百年未有之大变局之中，企业家面临空前机遇，也面临新的挑战：企业转型升级、品牌价值重塑、精神文化复兴。成功的企业家不仅要满足客户、成就员工、回报股东，更应该实现自我，以管理智慧、商业思想、人生哲学塑造人格品牌和企业文化，形成超越行业、引领未来的时代影响力。

"立德、立功、立言"，这是儒家追求，也是人生大道。在过去8年间，我所创办的润商文化秉承"以史明道，以道润商"的使命，汇聚一大批专家学者、财经作家、媒体精英，专注于企业定制出版和传播，为中国标杆企业立传。我们为招商局金融、华润、戴尔中国、用友、卓尔等数十家著名企业提供知识服务，策划出版过美的、碧桂园、小米、奇虎360等企业史类具有影响力的作品，将部分优秀作品版权输出到海外，而且出版了近百部研究顶级企业家智慧和企业发展模式的财经图书，堪称最了解中国本土企业管理水平和商业模式的知识服务机构之一。在我看来，人类总是在不断重复相同的错误，企业发展史亦是不断犯错的过程，而真正能够超越历史的企业才称得上"以史为鉴"。

正是出于对中国商业文明的专业研究精神和时代使命感、责任感，当我提出策划出版"中国著名企业家传记"丛书的倡议之后，得到了团结出版社的大力支持。2019年，我们启动"中国著名企业家传记"丛书的学术研究和出版工程，聚集业内知名财经作家组建研究团队，花费大半年时间进行专题研究和创作，作品陆续出版问世。为了高标准、高品质打造精品工程，我们首批仅选取李嘉诚、任正非、马云、雷军、董明珠、彭蕾等著名企业家作为样本，特别是董明珠和彭蕾两位女性企业家，让我们真切感知到这句话："商业因女性而美好。"

一直以来，我们致力于实现文化工作者的梦想——为有思想的企业提升价值，为有价值的企业传播思想。作为中国商业观察者、记录者、传播者，我们将聚焦于更多中国标杆企业、行业龙头企业、区域领导品牌、高成长型创新公司等有价值的企业，将"中国著名企业家传记"丛书不断完善。为企业家立言，为企业立命，为中国商业立标杆，重塑企业品牌价值，推动中国商业进步。

通过"中国著名企业家传记"丛书的调查研究和出版工程，我们意在为更多中国企业汲取前行的智慧和力量，为读者在喧嚣浮华的时代打开一扇希望之窗：

在这个美好时代，每个人都可以通过奋斗和努力，成为想成为的那个自己。

"中国著名企业家传记"丛书主编 陈润

2019年9月1日

序

董明珠：独立女性奋斗范本

她是商界的一朵铿锵玫瑰，36岁南下闯荡，从一个集体小空调厂的销售员做起，靠着出众的才智和顽强的精神，一路做到了中国乃至世界最大的空调企业掌门人。在她的领导下，格力电器树起"好空调，格力造"的大旗，在市场竞争最激烈的家电领域闯出了自己的一番天地，不仅年销量、市场占有率曾经连续多年居于中国市场首位，还闯进了世界500强，真正做到了"让世界爱上中国造"。

她就是董明珠。

董明珠的人生故事，堪称独立女性奋斗范本，折射出如今这个时代，那些不甘平庸、努力向上的女性企业家走过的不平凡的道路。

天生倔强的董明珠，从小就与其他女人不一样，立志做点儿事业。她以女性身份进入空调行业，却特立独行，行事铁腕而又不乏柔情，白手起家开创自己的事业。她从不妥协，面对激烈的竞争，以一抵十，勇往直前，披荆斩棘，最终成功地在家电领域开创了自己的一番天地。她执着于自己所坚持和期盼的事业，就像所有成熟的独立女性一样，刚强而睿智，又有着自己独特鲜明的行事风格。

"我在格力电器干了20年,是战斗的20年,与市场斗、与人斗、与自己斗。"

"眼泪不解决问题,唯一的方法就是战斗。"

"别人喜欢遮丑,我从来都是揭疤。"

"我从来就没有失误过,我从不认错,我永远是对的。"

"工作中没有任何柔情可言,不可能既能把工作做好,又不苛刻、咄咄逼人。和谐是斗争出来的。"

……

她从不怕"祸从口出",执掌格力电器近三十年,她经常以大开大合、我行我素的风格示人,说话单刀直入且语出惊人、"爆点"频出,一副"笑骂由人笑骂,我自岿然不动"的做派,坦荡得令人汗颜。

她不惮于得罪人,怼起各路人马从来都是直接指名道姓。她曾与苏宁掌舵者张近东在电话里足足对骂了40多分钟;与国美创始人黄光裕对垒,叫板国美;与美的董事长方洪波缠斗数年不罢休;也曾与小米当家雷军来一场"十亿豪赌";公开斥责宝能董事长姚振华是"破坏实业的千古罪人"……她说:"我不得罪他们,格力电器就没有今天。"

她是一把锋利的刀,她敢在格力电器内部来一场"刮骨疗毒"式的整顿,敢炮轰意图染指格力电器的"野蛮人",敢开除格力电器最大的经销商,敢在股东会上当场发飙。只要她认为是对的,即使是被当成众矢之的,她也勇往直前。

有人敬佩她,有人嫉妒她,也有人非议她。被她开除的人说她"不近人情,六亲不认";合作伙伴说,"跟着董明珠,永远不会输";而她的竞争对手们这样形容她,"董明珠走过的路,连草都不长"。

褒奖也好,讥讽也罢,都为董明珠倔强的性格做了最好的注解。

这个世界上大概没有什么困难能够难倒这个倔强无畏的女人。董明珠的这种性格,决定了她的人生发展轨迹,她不愿依靠别人,不愿从别人那里得到施舍,情愿依靠自己的努力去打拼。她在艰难创业、成就事业的旅途中,在激烈的市场竞争中,永不放弃,永不言败,不仅敢想敢做,而且永不动摇。在巨大的压力和阻力下,她始终能保持冷静和从容。她的倔强,让任何艰难险阻在她面前都垂下头来。

这种无私无畏的勇气、韧者竟成的执着、无惧挑战的精神、行棋无悔的果决以及对信仰与梦想的坚持,是董明珠所创造的真正意义上的精神财富,也是每个女人应一生学习和希冀的东西。

本书通过讲述董明珠波澜壮阔的人生故事与跌宕起伏的斗争史,并以细腻的笔触展示她鲜为人知的柔情一面,为读者勾勒出一个真实、立体的董明珠,让读者深入了解其领导力是如何建立的。更有直击内心的心灵独白,完整呈现出一个女企业家的风雨心路与广阔的精神世界。

她用自己的人生经历告诉人们,所有看起来唾手可得的光鲜亮丽,背后都是无人知晓的砥砺前行。人生从来都没有"天上掉馅饼"的幸运,也不存在不期而至的惊喜,更没有突然降临的奇迹,有的只是努力打拼、辛勤耕耘后的如愿以偿、苦尽甘来。

她不同寻常的成长之路,是激励无数人前进和创业的教科书,也让很多女性看到了人生的另一种可能。

有人曾经问董明珠:"现在的董明珠幸福,还是原来的董明珠幸福?"她说:"幸福不幸福,没有研究过。但是我比较满意。老同学聚会,她们有的人安于现状,有的人依靠老公,也挺有钱的。我跟她们肯定谈不到一块儿,但我还是得到了她们的尊重,所以我觉得自己很幸福。我还是属于比较有理想、有抱负的人,追求一种美的境界。"

这就是董明珠,她用奋斗诠释了幸福的含义,让更多女性了解到:依附于别人的人生,远不如自己奋斗得到的绚烂!而在这个倡导女性权利的新时代,女性有更多的机会和平台把自己的思想和智慧释放出来。只要勇敢去拼、无惧无畏地去搏,就能创造不一样的精彩,看到更美的风景!

目 录

第一章 倔强生长:"眼泪没用,唯一的方法是战斗"

生就一副倔脾气 / 003　　人生最大转折点是丈夫去世 / 008
独自撑起一个家 / 011
南下闯荡:"从小就想做点儿事业" / 014　　初入海利 / 018

第二章 韧者竟成:"100次撞得头破血流,也要撞101次"

骨裂仍坚持跑业务 / 025
与"老赖"斗法 / 029　　打一场"持久战" / 033
拿下淮南市场,打响"第一枪" / 039　　芜湖市场的"歼灭战" / 045
铜陵"攻坚战" / 048　　让供电局做经销商 / 052

第三章 诚信为本:"没有过不去的风险,诚信最重要"

从"海利"到"格力电器" / 059　　"没有朱江洪,就没有董明珠" / 064

两难的抉择 / 069

在困局中求破局 / 072　　"编外营业员" / 076

牵手江苏五交化 / 081　　与苏宁张近东的"骂战" / 087

第四章　坚定信念："保持初心，干自己坚持的事"

山雨欲来风满楼 / 093　　没有硝烟的"空调大战" / 097

价格战中的异类：格力电器不降价 / 100

杀出一匹"黑马" / 104

第五章　勇担责任："不可忘记责任二字，否则会失去方向"

集体辞职事件 / 109　　永远选择忠诚 / 113

危急时刻的"救火队长" / 117　　艰难险阻浑不怕 / 120

"整风运动" / 123

第六章　无私无畏："和谐都是斗争出来的"

领导的面子也敢驳 / 129　　"六亲不认"，亲哥也要得罪 / 133

整顿经销大户 / 138

吃里扒外，不行！/ 142　　"他们罢免你，我罢免他们" / 147

淮地哗变之危 / 153　　来一场"刮骨疗毒"式的革命 / 159

第七章　追求极致："工业精神就是吃亏精神"

研发经费没有上限 / 167

没有售后服务才是最好的服务 / 170　　叫板国美 / 174

为本土品牌发声 / 181

第八章　绝不服输："我从不认错，我永远都是对的"

敢和政府打官司 / 189　　"你打我员工，我让你破产" / 193

独挑大梁，开启"董明珠时代" / 197　　与雷军的"十亿豪赌" / 199

第九章　正和博弈："与所有人一起走下去"

踏上改制之路 / 209　　率先降价，只为让利于民 / 213

闯进世界500强 / 217　　"让世界爱上中国造" / 222

A股市场最慷慨的公司之一 / 227

第十章　创变不止："自己战胜自己是最可贵的胜利"

"让中国人不用到国外去买电饭煲" / 233

银隆"黑洞" / 237　　为格力手机代言 / 242

花五百亿也要造出芯片 / 246

第十一章 无惧挑战:"幸福不是躺着享受,而是挑战的每一天"

狙击"野蛮人" / 253　　卸任风波 / 258

成功连任,为格力再战三年 / 264　　实名举报奥克斯 / 270

第十二章 取舍无悔:"既然选择了,就不要后悔"

是"女汉子",也是"董小姐" / 277　　让儿子学会靠自己 / 280

"到了天堂再尽孝道" / 285　　回馈社会,社会责任重于一切 / 288

附录

大事记 / 292　　名言录 / 296

参考文献 / 303　　后　记 / 305

第一章

倔强生长:"眼泪没用,唯一的方法是战斗"

董明珠在回顾自己这一路走来的历程时曾说,这辈子最大的转折点,是丈夫的去世。谁都无法抗拒命运的无常,然而,真正的勇气是,面对命运的无情,依然向阳而生。这样的勇气,伴随了董明珠的一生。正是她天生的"倔",成就了格力电器的"强"。

生就一副倔脾气

董明珠的人生剧本原本非常普通。

1954年8月,在江苏南京的一户普通人家,伴着一声高亢的啼哭,一个小女孩呱呱坠地。家中兄弟姐妹七人,她是最小的一个,所以,父母为她取名"明珠",寓意掌上明珠。谁也不曾想到,这个叫做董明珠的小女孩,多年后竟然能书写出一段史诗般的商业传奇。

董明珠的故乡,是六朝古都南京。几个世纪的风雨沧桑,为这座古老城市增添了几分独特的魅力。绵延千年的文化熏染,使这座城市拥有厚重的文化底蕴。才子佳人的浪漫故事、虎踞龙盘的城市风貌,又使这座城市兼具柔性与阳刚的气质。在这样一个城市出生并成长的女孩子,本应是温婉如水的。然而,董明珠却并非如此。

儿时的董明珠,表面上看起来是一个温柔可爱又沉默寡言的女孩,每当别人跟她说话的时候,她总会微笑着听对方讲完,然后点头称是。然而,如果你因此就觉得她的性格是文静柔顺的,那就大错特错了。其实,在她的内心深处,藏着一股好强争胜、不甘落于下风的倔劲。

随着年龄的一天天增长,这种性格在她的身上体现得越来越明显。在和别人说话的时候,无论讨论什么话题,她一定要说赢不可,甚至要对方自己认错服输。时间一长,大家就给董明珠送了一个外号——"常有理"。

她不光和别人"斗",更多的时候,是先从自己"斗"起,和自己较劲。

作为家里的第七个孩子,董明珠在学习上从来都没有让父母操过心。她总是以最高的标准要求自己,什么事情都想争第一。"我写作业,没撕过纸,作业本上几乎没出现过错误。老师们总是把我的作业本当成范本让同学们学习。越是向我学习,我做起作业来越是认真,作业完成得就越好。"回忆起自己的少年时代,董明珠总是骄傲满满:"每个学期,我都会把一张优秀的成绩单交到我父母的手中。"

不仅在学习上与自己"斗",董明珠不服输的个性,在很多事情上都有所显露,并在董明珠的内心深处一点点儿扎根、生长。

十岁的时候,董明珠一时兴起想学骑自行车。但她的父母却不同意,说学骑自行车太危险,容易摔伤。她只好趁父母不在家的时候,把家里的一辆老式自行车推出去,偷偷地学。

一天,父母上班去了,董明珠又骑着那辆破旧的自行车跟跟跄跄地上路了。她靠着马路边小心翼翼地行驶着,正在这时,迎面忽然来了一辆公交车。董明珠一下子有些慌了,她想躲开公交车,脚却不由自主地往前踩,而且忘记了用刹车。忙乱之中,她与自行车一起摔倒在地上。公交车上的所有乘客都趴在车窗上,打量着这个倒下的女孩。

趴在地上的董明珠惊魂未定,还受到路人的围观,感到非常丢脸。在自尊心的驱使下,她一下子跳了起来,连衣服上的灰都来不及弹,扶起车子就跑。

但董明珠没有因为这次丢脸就放弃学自行车,相反,她更加坚定自己要学习骑自行车,而且不是简单地骑好,是总结经验,为什么会倒。这之后,她逼着自己苦练了一段时间的车技,摔倒事件再也没有发生过。

每当提起往事,董明珠总说:

"也许我就是这么一个人,不像别人那样失败了就失败了。对于失败了的事,我是一定要去改变的,一定要把失败变为成功。我的骨子里就有那种倔强和自强的韧劲,做一件事不做成功我是决不罢休的。"[1]

还有一件事,同样将董明珠与自身"斗"的特质展现得淋漓尽致。

读中学时,董明珠已经出落得亭亭玉立、身材姣好。但那时的她单纯、害羞,总是不愿意在众人面前展示自己。有一次,学校组织学生们到长江边上游泳,保守的董明珠觉得穿泳衣实在是有些暴露,不愿意下水学习。等其他人都出去排队后,就剩董明珠一个人留在原地没动。然而,看到同学们都在水里快乐地嬉戏,自己只能在岸上看着,她又觉得心里不是滋味。

这时,老师来到她面前,劝她学游泳,还说:"你个子这么高,为什么不能去(游泳)?"董明珠一听老师这样说,以为老师是在说她怕困难,于是那股不认输的牛脾气就上来了,她马上说:"去就去,怕什么!"

老师见她改变了主意,于是就找来三个能横渡长江的游泳高手,让他们教董明珠游泳。这几个游泳高手一开始的确是认认真真地教董明珠,但教了一会儿,他们犯起了游瘾,就想自己先游几圈过过瘾,于是就让董明珠等他们一段时间,等他们游一会儿之后再回来继续教她。董明珠答应了,老老实实地在水里等着他们。

但谁也没想到,这一等就出事了。等了很长时间的董明珠体力不支,打了个趔趄,不小心被卷进了湍急的水流中。董明珠站的地方其实水并不深,只到成年人的腰部,但对于孩子来说就不一样了,一旦

---

[1] 郭宏文.《董明珠:倔强营销的背后》[M].北京:中国言实出版社.2015

倒在水里，根本无法起身。董明珠在水里拼命挣扎着，差点儿就要被淹死了。

万幸的是，这时岸上有几个人发现了险情，赶紧跳进水里七手八脚地将董明珠救上岸，这才避免了一场悲剧的发生。

经历了此次风波，同学们都以为，董明珠会对游泳产生心理阴影，还一直拿她开玩笑，说："董明珠这辈子都学不会游泳了吧。"这很正常，所谓一朝被蛇咬，十年怕井绳，指的就是这个道理。但董明珠却偏不服输，她说："我一定要学会游泳，如果我不会游泳，有一天同样还会被淹死。"

第二天，她就又跑到游泳池去学游泳了。之后学校组织的游泳活动，她次次都积极参加，并认真地向那些游泳健将们求教，直到自己也能在水里自由地游来游去。现在的董明珠，一有空闲就喜欢到水里泡泡，她说自己从游泳的体验中学到了很多："参加游泳，让我学会了总结和思考。我首先告诉自己，以后不能和最会游泳的人在一起，与最会游泳的人在一起，会让我感到差距太大，不会产生成就感，也不会拥有胜利的喜悦。我还告诉自己，要把会游泳当成一种必备的本领。自己掌握的本领多，至少说明自己的智商高、悟性强，会增强自己做事的自信心。直到现在做董事长兼总裁，我时时用在学习游泳时所得出的结论来警醒自己。"她还很佩服当年的自己，小小年纪无所畏惧。

后来，董明珠曾经多次讲起自己学游泳的故事，并用它来鼓励年轻人：

"人生的意义在于挑战。"[1]

---

[1]引自2015年7月20日董明珠为格力电器新入职的大学生所作的演讲

在她看来，真正的勇气，不是战胜难缠的对手，而是敢于直面内心的缺陷与恐惧。

这样的勇气，伴随了董明珠的一生，或许，正是她天生的"倔"，成就了格力电器的"强"。

人生最大转折点是丈夫去世

从少年到青年，董明珠的生活一直是风平浪静的，她和芸芸众生一样，求学、毕业、工作、结婚，过着美满而幸福的生活。在她辉煌的人生履历中，这一时期只能用"平淡"二字来形容。

高中毕业以后，董明珠顺利考入了安徽省芜湖干部教育学院，在这里，她度过了四年求学生活。那时的董明珠，青春洋溢、风华正茂，对未来充满憧憬。喜欢未雨绸缪的她已经为自己的人生做了规划，她的梦想是成为一名军人或者教师。很多年后，她坦言："当老师是因为想帮助人，觉得老师特别神圣；而想当军人则是觉得这个职业可以保护别人，特别崇高和伟大。"[1]

但人生总是"计划不如变化快"，1975年，大学毕业后的董明珠既没有成为一名军人，也没有去当老师，而是被分配到了南京的一家化工研究所，做行政管理方面的工作。

研究所的工作轻松、清闲，但倔强的董明珠却从来不放松对自己的要求，一定要努力把工作做到最好。她说：

"我天生就是一个爱较真儿的人，一直勉励自己要勤奋工作。

---

[1] 引自2016年9月《鲁豫有约大咖一日行》节目对董明珠的采访

领导安排我做事，交代我三天完成的任务，我往往用一天时间就完成了，然后用剩下的两天进行精确的调整。我总是告诫自己，凡是自己亲手做的，就必须是最好的。"[1]

这种对工作精益求精的精神，在董明珠以后的人生中，时时都有体现。这或许正是格力电器"工匠精神"的源泉。

在努力把工作做好的同时，董明珠的个人生活也在按部就班地进行着。她遇到了自己的另一半，在度过甜蜜的恋爱期后，二人步入了婚姻的殿堂。1982年，儿子东东出生了，这让她享受到了做母亲的幸福。儿子出生以后，她就全身心投入到了家庭中，像大多数普通女人一样，过起了相夫教子的生活，虽然平淡，却也幸福快乐。

然而，人生总是在不经意间发生逆转。1984年，曾经与她相约携手到老的丈夫，突然得了一场重病。那段时间，董明珠每天都在为丈夫治病的事情奔波忙碌，却依然没能从死神手中把丈夫夺回来。

丈夫去世了，家里的天塌了，幸福的生活就这样戛然而止。沉重的打击让董明珠陷入了痛苦的深渊，久久无法自拔。2016年12月，在接受央视《面对面》栏目采访时，董明珠在回顾自己这一路走来的历程时说，这辈子最大的转折点，是丈夫的去世，她说：

"如果不是这件事，我不会走现在这条路，如果他在，也不会同意我来珠海。"[2]

然而，谁能抗拒命运的无常？而真正的勇气是，在经受了命运的

---

[1]郭宏文.《董明珠:倔强营销的背后》[M].北京:中国言实出版社.2015
[2]引自2016年12月中央电视台《面对面》栏目对董明珠的专访

无常之后，仍然能微笑着面对生活。

留给董明珠悲伤的时间并不多，家里的顶梁柱倒了，但日子还得继续。看着儿子稚嫩的面庞，董明珠只能擦干眼泪，打起精神，默默挑起生活的重担。

从那之后，30岁的她带着刚刚牙牙学语的儿子，过起了相依为命的生活。

苦难，对于弱者来说，是一记重锤，会让人陷入万劫不复的深渊之中；而对于强者来说，从这记重锤砸开的生命裂缝里，或许仍能透出一丝曙光。此时，负重前行的董明珠，依然向阳而生，从未放弃希望与梦想。

独自撑起一个家

一个女人独自撑起一个家，只有一个字——难。

那个时候的董明珠，每天都是在苦水里过活的。为了给丈夫治病，积蓄都已经花光了，而且还欠了很多外债，当时她的工资不高，又要养家糊口，又要还钱，日子真是捉襟见肘。

作为家中的"老小"，董明珠从小备受父母的宠爱和哥哥姐姐们的呵护。如今，看到她过得这么苦，父母和哥哥姐姐都心疼不已。在他们眼里，董明珠还年轻，完全可以重新组建一个家庭，两个人一起打拼，总比一个人苦熬着要好得多。为什么要这么辛苦？

但董明珠却从来没有考虑过再婚的事情，丈夫的突然离世让她明白了一个道理：女人只有靠自己，才是最靠得住的，永远都不要把自己的命运交到别人手里。

所以，无论生活有多苦，她都一个人咬紧牙关支撑着。在中央电视台《开讲啦》演讲时，董明珠曾经说过一句话：

"女人，要对自己狠一点儿。"[1]

董明珠对自己一向是非常"狠"的。当时儿子东东只有两岁，不

---

[1] 引自2016年10月中央电视台《开讲啦》节目中董明珠的演讲

能把他一个人放在家里，于是董明珠就每天带着儿子去上班。

过去，董明珠都是骑着自行车上下班的，带着儿子后，她担心路上吹风会让儿子着凉，就改成了走路上班。每天早上，她抱着儿子走半个小时来到单位，中午又抱着儿子走回家，做饭吃饭，哄孩子睡觉，然后回到单位继续上班。下午下班后，再抱着儿子一起回家。每天在路上就要花费两个多小时，辛苦程度不言而喻。但尽管如此，董明珠依然每天坚持，从不抱怨，她默默地用自己的行动与命运进行抗争：你打不垮我！

尽管生活困窘，但董明珠从来不会把情绪发泄到孩子身上。丈夫病逝以后，儿子成了她的全部寄托，除了每天上班赚来微薄的薪水支撑起两个人的家，她把剩下的全部精力都投入到了儿子身上。对孩子的教育，她花费了很多心血，时常琢磨怎么才能让孩子健康快乐地成长。儿子四岁时发生的一件事，让她恍然大悟，彻底明白了什么样的教育才是对孩子最好的教育——潜移默化的影响，胜过千万次说教与打骂。

有一天，东东从幼儿园回来，垂头丧气，非常不开心。董明珠看到了以后，就问他发生了什么事。东东有些不好意思地告诉她事情的原委：原来，今天在幼儿园，老师给他们出了一道题，所有同学都做不出来，只有东东做了出来。于是老师就表扬了他，还让他站起来给同学们看。东东站起来以后，所有同学都看他，他的脸都红了，头都不好意思抬。

董明珠感觉非常纳闷，这明明是一件好事，为什么儿子反而会感觉不好意思？

谁知道，东东的回答让她大吃一惊：你原来不是说我很丑吗？

董明珠奇怪极了，想了半天才想明白是怎么一回事。她带孩子去单位上班，有些同事看到东东，就夸他长得帅气、可爱。作为母亲，董明珠就习惯性地回答"哪有，丑死了！"这原本只是一句谦虚的客套话，谁知道孩子记在了心里，还产生了一种错误的认知：连妈妈都说我长得丑，那我肯定真的很丑！

这件事让董明珠的内心受到了极大的触动，她从来没有想到，自己随口说的一句话，竟然会对孩子产生这么大的影响。她这才意识到，孩子每天接触最多的就是自己，自己所说的每一句话、所做的每一件事都会在无形之中对孩子造成影响。自己平时怎样为人处世，孩子将来就会怎样为人处世。

同时，她也感到自己肩上的担子更重了。因为家庭的缺失，孩子非常敏感，只有采取正确的方法，才能让孩子保持乐观、积极。

从那之后，董明珠开始注意起自己的一言一行，努力使自己成为孩子的榜样。

生活就这样一天天继续着，虽然苦，但是看着儿子渐渐长大，董明珠心中倍感欣慰。

这时，又一个难题摆在她面前：孩子大了，需要花钱的地方越来越多。她的工资对于拮据的生活来说，实在是杯水车薪，没有钱就没办法让东东过好的生活。怎么办？

这个问题一直在她的脑海里盘旋着，而答案越来越清晰：辞去研究所里安稳的工作，"下海"闯一闯！

南下闯荡:"从小就想做点儿事业"

20世纪90年代初,改革开放的春风已经吹遍了全国各地,在国家一系列政策的大力鼓励下,到处都兴起了一股"下海"经商的热潮。继续捧着"铁饭碗",还是下海"摸鱼",成了无数人不得不面临的时代选择。潘石屹、陈东升、冯仑、黄怒波、毛振华……这些今天在中国商界赫赫有名的风云人物无不是在那时砸破了手里的"铁饭碗",成为制度改革的先行者。

当时已经36岁、人到中年的董明珠,眼看着身边很多人"下海"打拼的鲜活例子,心中也泛起了波澜:她要给孩子提供更好的生活条件,要追寻自己的梦想,要闯出属于自己的一片天地!经过反复考虑,她决定辞掉南京研究所的工作。

真正的勇者是不会安于现状的。董明珠那颗与生俱来的野心,终究要在某个时候苏醒过来。

在当时那个年代,"下海"早已不鲜见,然而一个女人做出这样的决定还是在周围的人们中掀起了轩然大波,令很多人大为困惑。领导和同事们都为她惋惜,连她的父母和兄弟姐妹也感到不可思议:稳稳当当的工作要丢掉,舒舒适适的日子不过,非要辞职,把自己推到浮萍一样到处漂泊的未知中去,她是不是发疯了?

但董明珠的倔劲犯了,九头牛都拉不回来。那时,她已经认准了这条路,无论谁来劝说,她都充耳不闻。

她知道,在传统观念中,女性所扮演的社会角色更多的是妻子、母亲等,事业是男人要承担的任务,所以,一个女人想要外出打拼,简直是"冒天下之大不韪"。但董明珠却不希望自己受到性别的束缚,在她看来,女性也能闯出一番天地,自己的人生价值不止于此:

> "我与其他女人不一样,从小就想做点儿事业。有人说,当一个女人说她的快乐只有在事业中寻找时,内心一定充满了人们难以想象的孤寂和苍凉。但我不这样认为,只有生活而没有工作,人生就没有价值。"[1]

1990年,董明珠忍痛把8岁大的儿子托付给母亲照料,独自一人坐上了南下的火车。

火车的目的地是深圳。20世纪90年代的深圳,得益于沿海的优越地理位置,成为了全国经济改革的试验田,得到了国家政策的大量倾斜,获得了发展的良好机遇,经济发展势头十分迅猛。"敢闯敢试,敢为天下先"的深圳精神,吸引着来自全国各地的众多有志青年。他们前赴后继地来到这个充满梦想的地方,在这里挥洒汗水,寻求发展机会。

董明珠也像他们一样,渴望在这个正处于经济发展前沿的窗口城市干出一点儿名堂来。

站在深圳这片土地上,董明珠马上感受到了这座城市的与众不同。这里到处都是一片热火朝天的建设景象,路上的每个人都行色匆匆,"时间就是金钱,效率就是生命",不只是深圳的口号,更是深圳人的真实写照。

裹挟在其中的董明珠也深受感染,她连喘口气的时间都没给自己,

---

[1] 肖文建.《销售女神董明珠》[M].北京:中国致公出版社.2011

就与众多南下的"弄潮儿"一样，投入到了找工作的大潮当中。

一开始，董明珠有些迷茫，她不知道自己应该进入哪一行。为了安顿下来，她在深圳的一家生产化工产品的企业找到了一份行政管理的工作，继续干起了老本行。她打算着，先在这个人生地不熟的地方扎下根来，然后再寻找机遇。

董明珠是一个责任心非常强的人。虽然她做的只是一份很平常、薪水又微薄的工作，但她总是认真地把每一项工作都做好，从来不会发牢骚。工作了一段时间后，董明珠找到了一点儿节奏，渐渐适应了新的生活。

但是，毫无挑战性的工作令她感到乏味，尽管她的心里充满了激情和力量，却始终被压抑着。她说："当时我在单位比较随和，不太和别人争什么东西。我骨子里那种坚韧好强的东西，不能尽情地释放出来，因为我只是一个普通员工。"[1]

在她的内心深处，还一直有一丝挥之不去的遗憾：她只身一人、千里迢迢来到深圳，难道只是为了做这样一份平淡的工作吗？

她不甘心。

所幸，机遇总是在不经意间出现。

一个偶然的机会，董明珠到珠海办事，她一下子被这个美丽的城市吸引了。珠海虽然不像深圳那么繁华，却也有自己独特的魅力。董明珠后来曾经这样说珠海给自己留下的第一印象："这里让我有种家的感觉，不像深圳那么浮躁，不管怎样，我喜欢这里，喜欢和这个地方一起成长。"

在珠海街头闲逛的时候，她无意中看到了一张招聘广告——珠海海利空调器厂（格力电器的前身）正在招聘业务员。好奇的她走

---

[1]郭宏文.《董明珠：倔强营销的背后》[M].北京：中国言实出版社.2015

上前去一看，发现这家公司给业务员的提成很高——业务员每卖出去一百万的产品，就可以从中抽取 2% 作为提成，这在 20 世纪 90 年代可是一个天文数字了。她忍不住有些动心，想来试一试。

不过，那时的董明珠心中有很多顾虑：自己一个女人，当业务员搞推销，能干好吗？当时的业务员都要有好酒量，可自己滴酒不沾，怎么搞关系？而且，当时在社会上对业务员有一些偏见，觉得他们都是没有文化、只知道投机取巧的人，自己放下好好的管理工作不干，来当一个业务员，别人会怎么看呢？

就在她思前想后、顾虑重重的时候，她突然看到了一个新闻报道：从 20 世纪 80 年代中期开始，地球的气候逐渐发生了变化，每天都在升温，长此以往，地球将会变得越来越温暖。这个新闻让董明珠的心头豁然开朗：天气越来越热，再加上人们的生活水平逐渐得到提升，空调一定会成为市场上越来越热销的产品！这样一来，自己在这里干，不但有前途，而且也很有"钱"途，于是，她做出了人生中的一个重要决定：到海利空调器厂当业务员去！"一年怎么也能卖 100 万元的空调吧！"董明珠是这样想的。

后来，董明珠说："当时，中国的经济体制正处于从计划经济到市场经济转轨的过程中，不知道有多少行业像营销行业一样在阵痛中应运而生，对于很多人来说，这既是一种机遇，又是一种挑战。一双鞋子，穿过了才知道合不合自己的脚。同样，一项新的工作，也只有通过努力的尝试之后，才能知道适不适合自己。既然我有了这样一个挑战自己的机会，为什么不努力去试一试？"[1]

就这样，董明珠义无反顾地走进了格力电器，再也没有离开。

那时的董明珠无论如何都没有想到，正是这个至关重要的决定，使她的人生从此开始了崭新的篇章，也为格力电器的辉煌之路拉开了帷幕。

---

[1] 董明珠.《棋行天下》[M]. 广东：花城出版社.2000

初入海利

1990年,董明珠进入了珠海海利空调器厂,当时,这家公司还没有改名为"格力电器"。

初入海利时,人事部门考虑到她的工作经历,打算发挥她的特长,安排她做行政管理工作,从事老本行。但是,倔强的董明珠为了挑战自己,坚决推辞了这一安排,强烈要求当一名基层业务员,从事营销工作。

不过,虽然满怀着一腔热血,但董明珠对于自己接下来要做的营销工作可谓"两眼一抹黑",后来,她曾经这样描述自己当时的处境:"对于我来说,营销完全是一个陌生的行业。在当时,既没有可以供我学习理论的机会,也没有可以供我借鉴的经验,因而注定自己要边摸索边往前走。"[1]

20世纪90年代,营销在中国大陆方兴未艾,人们对于这个新兴的行业完全不了解,甚至对其有一种深深的偏见和误解,认为营销就是"搞公关",男的要能喝酒,能陪玩,会交际,八面玲珑;女的一定要年轻漂亮、能言善辩,工作就是陪着吃喝玩乐,为了拿下订单不惜与客户搞暧昧。

---

[1] 董明珠.《棋行天下》[M].广东:花城出版社.2000

按照这个标准来说，董明珠显然不适合做这一行，当时她已经36岁了，不年轻了，而且天性不喜欢喝酒，即使在饭局上也只喝水，如何"公关"？而且，她做人刚正，原则性强，又不愿意妥协，是不可能与一些别有用心的人同流合污的，可谓"先天不足"。一些在这行摸爬滚打了许多年的老业务员看到董明珠后，忍不住连连摇头，认为她根本不是做业务员的料，用不了多久就会卷起铺盖走人。要知道，和那些老奸巨猾的商人们打交道不是轻而易举的，一般人很难从他们手里拿到订单，如果迟迟没有业绩，董明珠可能很快就被厂里辞退。

除此之外，作为一个新人，董明珠还存在很多其他问题：她从来都没有接受过专业培训，对空调业务一窍不通，就连空调机的各种名称都不知道。不仅如此，其次，她对与空调销售有关的商场运转机制、供应链和出货入货也一概不了解……是一个彻头彻尾的外行。因此，谁也没有想到，这个什么也不懂的"菜鸟"，以后竟然能成为大名鼎鼎的销售女王，甚至成为格力电器的掌门人。

当时，几乎所有认识的人都劝她放弃，但董明珠却始终相信自己。她并非不了解自己的劣势和未来将会面对的种种困难，但还没尝试就缴械投降不是她的风格。从不轻易服输的她只会给自己一种选择，那就是迎难而上。在她的内心深处，还有这样一种信念：在营销这个行业中，对产品和商场的适应是次要的，更重要的是来自自己的决心和毅力。因此，无论前路多么艰险，她都决定咬紧牙关，坚持到底，不在这个行业里混出一个名堂，决不罢休！

后来，董明珠曾经这样剖析自己的性格："我这个人最大的特点就是不怕有问题，就怕没问题。我们每天其实都有困难，只是你怎么看待它，其实真正没有困难的时候，我也挺痛苦的，因为只有经历过挑战，我才会过得更加充实。"[1]

但是，真正开始当起业务员之后，董明珠才发现，她要面临的困难比之前想象的还要大。

当时的海利，是一个刚刚投产没多久、"零起步"的国营小厂，没有核心技术，不生产零部件，只进行组装，不但规模小，而且在业内毫无知名度。这家小厂年产空调只有 2 万台，年销售额在 2000 万元到 3000 万元之间，其中有相当一部分是"烂账"，根本收不回钱来。专门设立的营销部刚刚成立，总共只招聘了 20 名业务员。按照公司制定的年销售额计划来分配任务，每名业务员每年需要完成 100 万元的销售任务。如果完成了销售任务，业务员的提成是销售额的 2%，也就是可以获得两万元左右的奖金。在当时那个年代，这是一个不小的数目，因此，所有人都卯足了劲到处跑业务。

但是，要把空调卖出去，可不是一件简单的事。海利本身不是大品牌，甚至很多人听都没有听过这个牌子。知名度差，就意味着无人愿意买单。而且，1990 年，中国的空调行业还处于发展初期，当时人们大多用的是风扇，对于普通老百姓来说，价格高昂的空调是可望而不可及的东西。因此，在那个年代，空调的主要客户是政府机关、工矿企业、医院、学校等单位。

消费者既缺乏消费意识，又大多不具备消费能力，推销空调的难度可想而知。

不过，尽管如此，董明珠却始终认为空调行业大有前景，在她看来，随着全球气温变暖、社会经济的发展和人民生活水平的提高，用不了多久，空调就会"飞入寻常百姓家"。

当然，董明珠明白：只靠信心是不可能完成销售任务的，脚踏实

---

[1] 引自 2016 年 4 月 22 日董明珠获得"苏商终身成就奖"后的演讲

地地去跑业务才是正道。

董明珠开始与自己较起劲来。一开始,考虑到董明珠对业务不熟悉,厂里安排她和一名老业务员搭档,让她先跟着老业务员跑一段时间,等到熟悉业务以后再"单飞"。为了能尽快学到经验,董明珠把老业务员当成自己的师傅,每天像一个"跟屁虫"一样寸步不离,拜访商家,查看库房,谈客户,到处东奔西跑,不知疲倦。

为了工作,董明珠每天像个陀螺一样忙碌,无暇顾及其他。但每当夜深人静的时候,董明珠的心中就会涌起对儿子的无尽思念。

到了海利当业务员之后,董明珠很难抽出时间回家看东东。每当她趁着出差的时间回到老家,儿子总是紧紧地跟着她,与她形影不离,害怕自己一松手,妈妈就会消失不见。到了睡觉的时间,他也不睡觉,一直说自己不困。外婆劝他早点儿睡觉,他就拼命摇头。不过,只要董明珠说:"快去睡吧,妈妈一会儿去陪你。"他就会麻利地一下子蹿到床上去。

比起董明珠刚刚离开南京时,东东长大了一些,更懂事了,但这让董明珠更心疼。有一次,她要回珠海,出门后却发现有东西落在了家里,于是就赶紧回家去拿。回到家以后,经过儿子房间,她想再看儿子一眼,却发现儿子用被子蒙着头。她掀起被子一看,却发现儿子原来正蒙着被子在悄悄流泪,眼泪把被子都打湿了。

董明珠的眼泪一下子涌了出来,所有的坚强彻底崩塌。她紧紧地抱着儿子,什么也说不出来。儿子看到她又回来了,赶紧把眼泪擦干,还挤出了一个笑脸,安慰她说自己没事,只是心情不好,让她赶快去赶火车,不要耽误了工作。[1]

这一幕,深深地刻在了董明珠的心里,成为她一生都挥之不去

---

[1]韩笑.《董明珠传:营销女皇的传奇人生》[M].湖北:华中科技大学出版社.2017

的痛。

后来,董明珠说:"有时,我真想放弃所有的一切,好好地陪儿子。我甚至想,要是我是一个普通的家庭妇女就好了,也许那样,儿子会更幸福。"[1]

但人生没有回头路,为了家庭,为了儿子的未来,董明珠只能擦干眼泪,咬紧牙关,继续打拼。

---

[1]引自2016年《鲁豫有约大咖一日行》节目对董明珠的采访

第二章

韧者竟成:"100 次撞得头破血流,也要撞 101 次"

骨裂仍坚持跑业务,千里追债,接连打了淮南、芜湖、铜陵三场硬仗……凭着一股不服输的劲儿,要强而又不怕苦的董明珠,在入行短短半年的时间里就从一个对营销行业完全不了解的门外汉,成长为能在市场上单打独斗的熟练业务员。她用行动证明了:这个世界上没有爬不过去的山,没有趟不过去的河,更没有董明珠啃不下的市场!

骨裂仍坚持跑业务

董明珠永远都不会忘记自己第一次出差时的惨痛经历。

进入海利后,董明珠和带她的老业务员被分配跑北京和东北地区的市场,出差自然是不可避免的。起初,董明珠对出差充满期待,因为出差才能出业绩。没过多久,出差的机会终于来了。

那时正是酷热难当的7月,公司派她北上跑业务。她坐着慢悠悠的绿皮火车,足足用了一天一夜的时间才来到了第一站天津。

她在拥挤的火车上颠簸了整整一天,车厢里闷热、混杂的各种难闻气味令她非常难受。当时的她因为从未出过差,缺乏经验,再加之年轻爱面子,怕在火车上吃东西形象不好,一路上粒米未进,一直饿着肚子。又饿又难受的她一直强忍着身体上的不舒服,到了天津,下了火车之后,她再也挺不住了。刚一走出车厢,就感觉眼前发黑,头昏昏沉沉,身上直冒虚汗。

所幸的是,已经提前来到天津的老业务员到车站来接她,看到她这副样子,经验丰富的老业务员马上断定她是中暑了,决定先找一家有空调的旅馆让她休息一下。

因为出差的经费有限,为了节省费用,他们在街上东找西找,跑了半天才找到一家比较便宜的旅馆。在前台填住客登记表的时候,董明珠的手直发抖,双脚就像踩在棉花垛上,身上的汗像水一样流个不停。她赶紧把笔放下，让服务员帮她填一下，然后就摇摇晃晃地向沙发那边走去，想坐下来歇一歇。

可是，刚走了一步，董明珠就感觉脑子里一片空白，整个人都向后跌了过去。众人赶紧围了过来，七手八脚地把她抬到了房间里。这时，她已经完全晕了过去，毫无知觉。

等到第二天凌晨，董明珠才悠悠醒来。她感到自己全身上下都疼得要命，尤其是昨天跌倒时摔到的地方更是火辣辣地疼，用手一摸，肿起一个大包。董明珠忍着痛爬了起来，发现自己只能一瘸一拐地走路，她犯起了愁：这个样子还能继续出差吗？

老业务员见状，建议由他们先去北京跑业务，她在天津好好休息两天，等到伤好一点儿之后，再北上与他们会合。

但董明珠心想："这才刚开始跑业务，受了一点儿小伤就叫苦叫累怎么行？以后谁还愿意跟我搭档？还怎么在这一行混？"于是，她连连摇头，说什么也不休息，同事们拗不过固执的董明珠，只好随她去了。最终，她强忍着身体的病痛，与同事们一起去了北京。

在北京，董明珠一瘸一拐地跟着同事们下车间、见客户、发传单。虽然又苦又累，但她从来都没有抱怨过一个字。

一天，董明珠和同事们一起到一个专门卖空调的制冷展示厅推销。老业务员是个"老江湖"，很快就进入了角色，和展厅经理聊起了生意。董明珠站在一旁，一边仔细观察展厅里的空调，一边听着他们的生意经。老业务员一直跟着展厅经理转，努力劝说他多订一些海利的空调。展厅经理一直摆着架子，拿腔拿调地对老业务员说："你们的产品很一般，但是有我就没问题。你放心，你们的产品搁在我们的展厅里代销，准能给你们卖出去。"在当时那个卖方市场的年代，这个经理说的并非虚言。最终，这个展厅签下的订单果真超出了他们的预想。从中，董明珠学到了一个做生意的经验："一定要鼓励商家多签，如果他们签下了200万的意向协议,最后总不好意思只做20万的生意吧。"

董明珠是一个有心人,她的很多经验都是通过这样的学习得来的。接下来的几天,为了跟着老业务员学到更多的经验,董明珠一直忍痛坚持着。

同事们以为她的伤已经好了,谁知道,到了第三站沈阳,董明珠的伤痛突然加重了,再次晕倒在旅馆里。同事们紧急把她送进了医院,拍了一个X光片。

检查结果出来以后,大家都愣住了:董明珠摔得很严重,已经骨裂了!骨裂的疼痛是常人难以忍受的,谁也不知道,这个女人究竟是凭着怎样一种精神,才能忍得住剧痛,像正常人一样为了推销空调东奔西走?

因为董明珠骨裂的地方不方便打绷带,所以,她只能卧床休息,让身体慢慢恢复。但是,现在正是酷热难当的夏天,是一年中空调销售最火爆的季节,董明珠怎么可能躺得住呢?最终,她决定跟人家一起继续出差,白天挤时间多睡一会,出行坐火车就坐卧铺。

出师不利,让董明珠有些失落:钱还没有挣到,开销反而多了很多。不过,这是自己决定要走的路,唯一的选择就是坚持下去。

成功的道路上总是充满了艰辛,此话不假。第一次出差,董明珠就吃尽了苦头。要不是她骨子里有一股不服输的倔劲儿,恐怕早就支撑不住了。

也正是通过一次次出差,董明珠渐渐地学到了很多经验,后来,她开始试着独立去跑业务。在向那些门店的经理们推销的时候,董明珠也能从自家空调的功能、和其他空调的对比乃至材料等方面一一道来,说得头头是道。

半年的时间,董明珠完成了从纸上谈兵到亲身实践的转变,逐渐建立起了自信心,这也让她领悟到了"世上无难事,只怕有心人"的真谛。后来,她总结道:"世上没有不会的,只有不学的。"[1]

就是靠着这样孜孜以求、勤奋好学的精神,要强而又不怕苦的董明珠,在入行短短半年的时间里,就从一个对营销行业完全不了解的门外汉,成长为能在市场上单打独斗的熟练业务员。她不但对空调的安装、配置、使用和维护方面的知识了如指掌,学会了如何与不同的经销商打交道,更和同事们一起完成了 300 多万元的销售额!

踏实肯干的董明珠就这样在营销领域立下足来,但她永远记得自己刚入行时蹒跚而行的艰难,后来,她说:"一个人蹒跚学步的时候,其步伐是笨拙的,也是容易被人遗忘的;而一个初涉商海者的脚步,却是令人难忘的。对于后者的我来说,这种付出是艰辛的,也是值得的,它决定了我今后用什么方式走自己的路。"[2]

---

[1] 董明珠.《棋行天下》[M].广东:花城出版社.2000
[2] 张吕清、刘志则.《董明珠:中国工匠精神的杰出代表》[M].北京:北京联合出版公司.2016

与"老赖"斗法

经过一番历练后脱胎换骨的董明珠得到了上级的赏识,1991年,她得到了一个独当一面的机会:公司派她到安徽,接手安徽市场的营销业务。

接到转战安徽的任务后,董明珠的心中半是喜悦半是忧愁。喜的是,这意味着公司对自己的认可,从那之后她就可以在安徽这片天地大展身手。忧的是,安徽是全国较为贫困的省份,经济水平低,在这样一个省份推销在当时被视为是"奢侈品"的空调,恐怕很难打开局面。更何况,虽然有了半年的积累,但在营销方面她仍然是个新兵,真的能胜任这份工作吗?

在开往安徽的火车上,望着车窗外一闪而过的树木、江河,董明珠陷入了沉思之中,那时的她是那么迷茫、那么忐忑。但一路支撑着她的那股不服输的劲儿在这时又涌上了心头,她鼓励自己:"俗话说:一分耕耘,一分收获。一个人只要付出艰辛的努力,没有爬不过去的山,更没有趟不过去的河,只要我摸透了安徽市场有多大的份额,就一定能完成任务!"[1]

但她没有想到的是,安徽的局面比她想象的还要窘迫。到了合肥

---

[1]董明珠.《棋行天下》[M].广东:花城出版社.2000

后，她遇到的第一个难题，就是对业务员来说最棘手的问题——追债。

在当时那个年代，很多企业为了更快地卖出自己的产品，大多采用先发货、后付款的模式。有一些投机取巧的经销商就利用这种模式的漏洞，长期拖欠货款，甚至卖出了货物也不结账。这样一来，企业的正常运转就难以为继，很多企业因为资金迟迟不到位而不得不破产。要想在这样混乱的环境中生存下去，很多企业就要求自家的业务员必须具备追债的能力，而追债能力越高，越被认为是优秀的业务员，甚至还有不少媒体对那些追债能手进行过表扬式报道。

董明珠在安徽也遇到了这样一个客户——合肥的一家经销商拖欠了海利高达42万元的货款，多次催促仍然不还。

这家经销商的老板姓牛，心术不正，一向喜欢耍无赖。前一任业务员曾经多次上门催款，都被他敷衍过去了。如今，这块难啃的骨头摆在了董明珠的面前。

其实，董明珠完全可以将这笔烂账弃之不管，毕竟这是前任业务员留下的，董明珠不必承担任何责任。只要按照公司通常的做法，完成自己的营销指标就万事大吉了。这样她既能拿到提成，也不必费力讨债。

但责任心极强的董明珠却无法做到弃公司的利益于不顾，在良心的驱使下，她做出了另外一个选择：把集体利益放在个人利益之前，将追债的责任硬生生地扛了下来。她相信，这样做或许会使她的个人利益受到损害，但是从长远的角度来说，她得到的一定更多。

在董明珠的心中，隐隐还有一个想法，就是想借由这件事来对自己的水平进行评判，看看自己究竟是不是一个合格的业务员，到底适不适合吃营销这碗饭？

初来乍到，董明珠对合肥的情况完全不了解。她先是找到一家旅馆安顿了下来，然后开始制定"追债策略"。经过反复思考后，她决定"擒贼先擒王",直接到这家经销商找他们的老板。

第二天一大早,董明珠就找到了这家经销商,这是一家专卖电子产品的公司,门面很大,装修也很豪华,一看就实力雄厚。董明珠径直走进了总经理办公室。因为不请自来,牛经理不知道她是哪家公司的,于是微笑着问她:"你有什么事吗?"

董明珠递给他一张名片,客客气气地自我介绍道:"我是海利的业务员,刚被派到咱们安徽,这次来拜访您,是因为不了解前任业务员的业务情况,为了更好地接好他的班,也为了我们以后的长期合作,我想和您对一下账,您看您现在方便吗?"熟悉这一行的人都知道,这就是追债来了,所谓的"对账",不过是个理由而已。

牛经理一听,脸色一下子变了,说道:"对什么账目?我代销人家几百万、上千万的产品,压在库房里,也没谁敢说要对账,看你也是个新手,以前做过生意吗?我告诉你,做生意就是这么一回事,你给我一批货,卖完了我付给你钱,就这么简单,有什么账好对的?"

这一番话,把董明珠彻底噎住了。她继续劝说牛经理,谁知道,牛经理根本不听她说话,反而还倒打一耙,指责起了海利的产品,说海利的产品质量不过关,售后服务也不好,他们费了很多气力也推销不出去,最后,以一句话作为结尾:"你们海利的产品,根本卖不动!"

董明珠第一次见到如此无赖的人。牛经理对海利空调的诋毁,让她下定决心:无论如何,也要把这笔账要回来,给公司一个交代!

她还想继续据理力争,谁知道牛经理却站起身来,推托自己还有事,急匆匆地离开了办公室,把董明珠一个人晾在了那里。

第一天无功而返后,不死心的董明珠又多次上门,但牛经理始终对她爱答不理。用尽了各种推诿手段后,他干脆对董明珠避而不见。

一次次的闭门羹,反而激起了董明珠的犟劲。后来,她在回忆这件事时,说道:"我知道他在躲我,但我决定跟他耗上了。我董明珠不是一个轻言放弃的人,我的性格里有非常倔强的一面,一旦认准了一件事情,不成功就决不罢休。"[1]

董明珠明白,讨债这种事,本身就是一种对抗赛,比的就是谁更有耐心,谁更有韧性。她相信,论韧性,这个牛经理一定比不过她。

她已经做好了打一场持久战的准备。董明珠曾经说:"即使100次撞得头破血流,我也要撞101次。"[2]有这样的勇气与决心,什么样的仗打不赢?

---

[1]董明珠.《棋行天下》[M].广东:花城出版社.2000
[2]林丽芳.《多面佳人董明珠》[N].管理与财富.2005年第04期

打一场"持久战"

董明珠的这场持久战,可谓艰苦卓绝。

那段时间,她天天到牛经理的办公室"报到",来得比这家公司的任何一个员工都早,走得比谁都晚。到了下班时间,她经常被人"请"出门去。但董明珠没有气馁,她不相信这个牛经理永远都不露面,只要这家公司不倒闭,她就一定要堵到他!

经过无数次扑空后,终于有一天,她把神出鬼没的牛经理堵在了办公室。看到董明珠如此坚持不懈,牛经理的脸上青一阵红一阵,既懊恼又尴尬。

董明珠讽刺地说:"牛经理,要见到您这个大忙人真是不容易!您的会终于开完了?一开就是十几天啊!"

牛经理摆摆手,说道:"不好意思,实在是太忙了。"

牛经理轻描淡写的态度一下子激怒了董明珠,她大声说道:"你知道我这些天为了找你跑了多少趟?"

对方连忙打哈哈:"你辛苦了,你辛苦了。"

董明珠知道,跟这些无耻的人说这些毫无意义,于是,她马上回到了正题:"我辛苦一点儿没关系,现在就辛苦您一下,给我把欠的货款结清了吧!你们公司家大业大,这点儿钱只是小钱,但我们厂子的工人都在等着这笔钱吃饭呢!"

或许是因为董明珠的死缠烂打让牛经理没了办法，他终于松了口，大手一挥，故作豪爽地说："好吧，我真的服了你了。"

董明珠看到事情有回转的余地，仿佛在漫长的黑夜里终于看到了一丝曙光，心中充满了惊喜。然而，牛经理的下一句话却给她当头泼了一盆冷水："这样吧，你再给我发 50 万元的货来，我保证马上就把以前的货款给你结了。"

这番话使董明珠陷入了两难的境地中，这时，摆在她面前的有两条路：一条路是坚持与牛经理结清货款之后再合作。另一条路，则是按照牛经理说的，给他再发 50 万元的货，这样，按照海利的规定，等于董明珠又签下了新的订单，她可以拿到丰厚的提成。但以牛经理一贯的"老赖"作风，他很有可能会继续赖账。这样一来，不但公司之前的欠款收不回来，新发的 50 万货物也会打了水漂。

换了另外一个人，在经历了多日的"围追堵截"后，或许就会选择妥协。但董明珠不是别人，她权衡了一下，很快就做出了自己的选择："可以，你先把之前的欠款给我结了，我马上让公司给你再发 50 万元的货来。"

牛经理当然不同意，他坚持道："你们先发货，我再结款。"

此时，董明珠已经彻底看清了这位牛经理的真面目，知道他对与海利的合作根本毫无诚意，所以她绝不让步，坚持让他先结款再合作。

两个人谁也不肯妥协，于是你一句我一句，争执了起来，眼看着就要吵了起来。

就在这时，董明珠脑子里突然打了一个激灵：千万不能上了牛经理的当！她意识到，这是牛经理耍的另一个花招，目的就是要激怒自己，如果她控制不住自己的情绪，和他吵了起来，那对方很可能会马上改口，甚至把责任全都推到自己身上，这样一来，她就前功尽弃了。

想明白了这一点后，董明珠马上转换思路："先给你发货也行，但是你必须让我看一下以前的货还剩多少。"

这时，她已经彻底认识到：与这家毫无信用的公司继续合作下去，只会让海利吃更大的亏。所以，即使不能将欠的货款要回来，她也要努力把公司的货追回，最起码要为公司止损。

牛经理一听她这么说，又虚晃一枪："你要看就看吧，不过今天库管员不在。"

董明珠气极了：这个"老狐狸"真是太狡猾了，为了拖欠货款真是花样百出，现在又虚构出了一个库管员！

接下来的日子，董明珠又开始天天到牛经理公司等着——这一次，是等那个永远都不在公司的库管员。

等了几天后，牛经理看到董明珠还是斗志满满，只好妥协，让人带她到库房去看货。

这家公司的仓库很大，但是非常乱，不但所有的货物都毫无章法地堆放在一起，有些货物甚至连外包装都没了。偌大的库房看起来就像一个旧货市场。董明珠知道，自家的产品肯定也不会得到什么优待，她赶紧上前翻找，颇费了一番功夫，才终于从一堆电子产品里找到了海利的货物。它们被压在最底下，有些已经拆封了，看上去已经被使用过了。董明珠不死心，又找了半天，终于找到了一些还没有开箱的海利空调。

累得气喘吁吁的董明珠转过头来，看着在一旁悠闲看戏的牛经理，提出要把海利的这些空调全都拉回去。她原本已经准备好了再跟牛经理进行一番唇枪舌剑，不曾想，牛经理竟然一反常态，平静地答应了。

董明珠简直不敢相信自己的耳朵，她用审视的目光看了他一眼，但是从牛经理的表情中，什么也看不出来。

董明珠的怀疑不是没有理由的。第二天，当她租了一辆车急匆匆赶到这家公司的库房时，果然发现：大门紧闭，一个人都没有！

她四处找人打听，才知道原来是因为国庆节放假三天。董明珠知道，这不过是牛经理的一个幌子！对于普通单位来说，国庆节当然是要放假的，但是经销商却不一样，哪个卖东西的商家不是趁着节假日赶紧卖东西？怎么可能在销售最火爆的日子里放假？

董明珠气得两眼发黑。这一刻，她又一次领略了人性的复杂，她的天真和善良被毫无底线的牛经理狠狠地踩在了脚下肆意践踏。但即便是这样的羞辱和戏弄，也不可能将董明珠击败，反而激起了她心中那股不服输的劲儿。她下定决心：一定不能让牛经理得逞！

国庆节三天，董明珠没有干等着，而是去了安徽其他地方开拓市场。三天后，她马上回到合肥，继续与牛经理缠斗。

牛经理依然用他的老招数——"躲"，董明珠也只好用自己的老办法——"磨"。她每天都耗在牛经理的办公室里，准时准点"上班下班"。后来，连这家公司的员工都被她的韧性和执着打动了，经常为她通风报信。

日子一天天过去，牛经理耗不过她，终于露面了。这一次，当着很多人的面，董明珠怒吼道："别再给我耍花招了！你要么还钱，要么退货！不然的话，以后你走到哪里我跟到哪里！不信就试试看！"

欺软怕硬的牛经理被董明珠这股不要命的劲儿给吓坏了，连声答应退货。

那天晚上，董明珠躺在床上辗转反侧，怎么也睡不着。这些天，她经历了太多的推诿、搪塞和逃避，她担心明天等来的又是一个新的花招。

第二天，一夜没睡的董明珠一大早找来一辆卡车，急匆匆来到了那家电子公司的门口。所幸，这一次对方没有耍花招，而是乖乖地带她来到了仓库。

在仓库中，董明珠仔细地寻找着海利的空调，然后亲自动手和请来的搬运工一起将这些空调往卡车上面搬，即使累得气喘吁吁也不休息。搬运的过程中，董明珠几乎是咬牙切齿地使出全力，仿佛要将自己受的气通过这种方式发泄出来。

或许是因为追债这些天来积攒下来的情绪太多，后来，愤怒至极的董明珠甚至将一些明显不是海利厂的空调也往卡车上搬，直到感觉装上车的货物大概能抵得上42万元货款了，这才罢手。

装完车后，董明珠坐在驾驶室里，积攒多日的委屈瞬间爆发了。等到汽车驶出那家公司大门后，她把头从车窗伸了出去，对牛经理大喊道："从现在开始，再也不和你这种人做生意了！"

在安徽追债的四十天里，董明珠不知道遭了多少白眼，跑了多少冤枉路，又有多少个夜晚迟迟难以合眼。即使是在根本看不到希望的时候，她也强忍住了流泪的冲动，然而，当终于成功收回了货物时，当事情能够圆满画上一个句号的时候，她忍不住哭了。

同车的司机扭过头来，用奇怪的眼光看着这个情绪失控的女子。

董明珠这才意识到自己的失态，赶紧将眼泪擦掉，告诉司机："直奔珠海，路上不要停。"

司机听了以后，惊讶地说："这里离珠海有两千多公里，中途不停车、不吃饭、不睡觉，你想累死我呀？"

司机的话把董明珠逗笑了，这是她到安徽这四十天以来第一次开怀大笑。

回到珠海以后，经过检测，董明珠发现，自己追回来的这批货中，竟然有20多万元的旧货是完全报废的。不过，尽管如此，在这次追债过程中，董明珠仍然打了一场漂亮仗。这件事不但磨练了她的意志，更使她看到了人性的复杂，让她认识到："要做一个合格的销售人员，首先应该学会的是如何面对复杂的人。"[1]

更重要的是,通过这次追债,她更坚定了在营销这条路上走下去的决心,因为事实证明:她是一个合格的业务员,是能吃营销这碗饭的。后来,董明珠说:"办法总比困难多,只要坚持,没有做不到的事情。怕的是自己不敢干,一切都是靠争取来的,要牢记'拼搏'两个字。"

这次坚持不懈的追债之行,也让董明珠在海利甚至在整个营销行业都名声大振,后来成为海利总经理的朱江洪正是从这时开始注意起了这个巾帼不让须眉的销售精英。

---

[1] 董明珠.《棋行天下》[M].广东:花城出版社.2000

拿下淮南市场，打响"第一枪"

吃一堑长一智，自从合肥讨债事件之后，先款后货、决不赊账，就成了董明珠给自己设定的第一条商规。后来，这条商规成了格力电器在行业里独树一帜的规定。然而，这个打破常规的规定，也给董明珠的推销带来了巨大的困难。

为了拿下安徽市场，董明珠决定先找一个突破口。她花了整整一个月的时间，跑遍了整个安徽市场，在对合肥、淮南、芜湖、铜陵等地进行了深入的考察之后，她将目标锁定为淮南市场，决定全力以赴打响这第一枪。

之所以选择淮南市场，董明珠是经过深思熟虑的。当时，海利在淮南地区有几家经销商，虽然早就已经停止合作了，但与其他那些连基础都没有、完全空白的市场相比，这个市场还有些着手之处。董明珠想继续与他们合作，把海利空调放在那里代销，这样可以为她节省大量的精力，而且她也能通过代销情况来了解市场，从而对下一步的开拓行动进行合理谋划。

说干就干。第二天，董明珠就到淮南地区的几个老客户进行走访，但此行了解到的情况却让她的心头压上了一块沉甸甸的大石头：这几家经销商有的对海利空调毫无印象，还有的对海利的服务牢骚满腹。总之，都不愿意再经销海利的产品。

经销商的反馈让董明珠非常无奈。这次经历也让她认识到品牌和信用的重要性，后来，她曾经感慨："一个品牌，如果在一个市场上的信誉丧失了，是多么难以挽回啊！"[1]

但再难挽回，董明珠也不轻言放弃。她重新打起了精神，赔着笑脸一家一家前去游说，希望能凭借自己的努力改变这些经销商对海利的看法。然而，冰冻三尺，非一日之寒，多年合作日积月累形成的负面印象，又岂是董明珠一己之力就能扭转的？所以，每一次她都是满怀希望而去，又满心失望而归。

老客户那里行不通，董明珠只能另辟蹊径，到那些没有与海利合作过的经销商那里去推销。但开辟新客户的难度更是难于上青天。在安徽市场上，海利的品牌本来就鲜为人知，竟然还要求先款后货，经销商们当然不买账。每次一听到董明珠提出这个条件，经销商们就连连摇头，不愿意继续谈下去了。

有一次，董明珠拜访淮南的一家主营冰箱业务的家电商场，希望这家商场能经销海利的空调。商场经理很有耐心地听完了董明珠对海利空调的介绍，然后说了一句话："是骡子是马，拉出来溜溜就知道。你拿几台空调先卖卖试试吧！"

董明珠一听，有戏！于是，她小心翼翼地问起了最敏感的问题："那你们是怎么付款呢？"

商场经理一听这话，抬起头来颇为奇怪地看了董明珠一眼，然后指着当时在安徽市场上卖得最火的春兰空调、华宝空调对她说："他们都是让我代销。"

董明珠明白对方的意思。在20世纪90年代，春兰、华宝都是空调行业的大品牌，但是为了能将产品卖出去，采用的也是先发货、后

---

[1] 董明珠.《棋行天下》[M].广东：花城出版社.2000

付款的方式，而且营销手段非常灵活，会给经销商很多优惠政策。这些知名度高的大厂尚且如此，像海利这样的零起步的小厂又怎么有资本与经销商讨价还价？

但合肥讨债的痛苦经历让董明珠刻骨铭心，她刚从这个泥潭中挣扎出来，无论如何也不能重蹈覆辙。于是，她摇摇头说："我们的产品是要先付款后发货的。"

商场经理像看外星人一样看着董明珠，说道："那你就到别家去碰碰运气吧。"

董明珠已经记不清自己跑了多少家经销商了，也记不清自己遭受了多少次嘲讽与拒绝。这时，她开始反思：为什么总是失败？问题到底出在哪里？

董明珠知道，当务之急是找到问题的症结，否则，即使跑一百家、一千家，也不过是在做无用功。她问自己：难道先付款后发货在安徽市场上就真的行不通吗？难道自己应该向这样不合理的潜规则妥协吗？

她思前想后，最后做出了一个明确的回答：不是！

她坚定地认为，自己"先付款、后发货"的思路是对的，这是解决货款不清的唯一途径，从长远上来说，也是有利于空调行业的良性发展的。如果任由"先发货、后付款"的潜规则在市场上横行，最终只会导致市场价格体系的混乱，从而使整个空调市场的发展进入恶性循环。在当时的空调行业，很多人都认识到了这一点，然而，却很少有人敢挑战这个潜规则，更没有人愿意做第一个吃螃蟹的人。大多数人考虑的是如何得到更多的眼前利益，如何在激烈的市场竞争中获得立足之地。殊不知，当市场被破坏后，所有人都不可能全身而退！

但以个人的力量颠覆整个行业奉为圭臬的规则，无异于蚍蜉撼大树。董明珠也曾打过退堂鼓，但这样的想法刚刚在她的脑子里冒出头来，就被她否定了。让她与别人同流合污，她做不到。她要为自己负责，也要为海利的前途负责。

坚定了自己的信念之后，董明珠鼓起勇气，为了实现打开淮南市场的目标继续奔波在寻找经销商的路上。她坚信，一定会有讲诚信的经销商同意自己的条件，于是，她又敲响了下一家经销商的大门。她一次次地提醒自己，一定要掌握谈话的主动权，要注意说话的语气、方式，关键的时候，不能过于强硬，在一些非原则问题上，可以适当地进行一些让步。当然，最重要的是，不能"广撒网"，要选择合适的对象。

接下来，她选择了一家看起来比较顺眼的电器商店。

在经理室，董明珠看到了一位看起来非常和善的女性。她的心里感到稍稍有些安慰，按照她的经验，女经理往往比男经理更好说话，也更容易找到共同语言。

在对自己进行了简单介绍之后，董明珠就开始了自己的推销。这一次，她改变了策略，先避开付款方式这样的敏感问题，而是将重点向对方介绍海利空调的质量是多么优良、是多么受消费者欢迎、经销海利空调一定能赚钱等。

那位女经理虽然看上去淳朴、憨厚，但是也不乏生意人的精明。听完董明珠的话后，她慢条斯理地说道："你说的这些我已经听过无数次了，不如这样吧，你先拿20万的货来试试，好卖的话我就多进，不好卖就算了。"

董明珠心里一凉：这句话与之前那家商场经理说的简直如出一辙。难道对方是打算拒绝自己吗？

不过，董明珠不想白跑一趟，于是，她思考了一下，决定向这位看上去很可靠的女经理做出一点让步："我们公司的规定是先付款后发货，但是我们是第一次打交道，我知道您一定会有所顾虑，这也是很正常的。我感觉您是很靠谱的,所以,我可以给您在政策上放宽一些,您先付一半的款,我马上把货送来。卖得好的话,希望您再多进一些,如果卖不掉的话,我给您退款。"

女经理看着她的眼睛,有些不放心地问道:"我们从来都没打过交道,我也不知道你是不是可信,你拿什么来担保?"

董明珠知道只凭一句话是不可能取得对方的信任的,于是她咬了咬牙,做出了一个保证:"如果您有什么不放心的地方,可以都提出来,咱们白纸黑字签订合同,只要在文字上确定下来的,我愿对此承担法律责任!"

那位女经理久久都没有开口,低着头看着桌子,一直在沉思。董明珠坐在她的对面,心里紧张极了,她默默地在心里祈祷着,希望能得到一个肯定的答复。

片刻之后,女经理终于抬起头来,轻轻笑了一声,说道:"分两次付款太麻烦了,还是全款20万元吧。"

这句话在董明珠听来,仿佛天籁之音。她几乎不敢相信自己的耳朵,直到那位女经理把20万元的支票递给她的时候,她才意识到这一切都是真的。

看着手里的这张支票,董明珠的眼眶一下子湿润了。那一瞬间,她感觉仿佛有一束阳光照进了她的心里。

后来,董明珠总结道:"成功就是坚定一个信念、认准一个目标。一个人如果没有目标,是没有动力的。"[1]正是因为对信念的坚持、对目标的执着,使得她拥有了百折不回的勇气,才能重新定义潜规则,成功打开淮南市场的大门。

这位大姐的信任,董明珠一直感念于心。签了合同后,她没有像

---

[1] 引自2019年4月董明珠在证券时报"高管面对面"活动中的发言

其他业务员一样甩手不管,而是一次次帮大姐出谋划策,想各种办法帮她卖空调。那时,海利只不过是一个很多人听都没听过的小品牌,摆进家电公司就畅销是不可能的,为了改变这种情况,董明珠灵机一动,动员那位大姐发动员工,先把海利的空调推荐给他们的亲戚朋友试用。

因为质量过硬、制冷效果好,海利空调很快就得到了这部分人的认可,在他们的口口相传下,上门来购买的人络绎不绝。到1992年夏天,这家家电公司进的货已经全部卖光了。欣喜不已的女经理马上找到董明珠,又进了一批货。

有了这个成功案例的"现身说法",其他经销商也动心了,没过多久,一张张订单就像雪片一样飞到了董明珠手中。这一次,所有经销商都主动接受了董明珠提出的"先付款、后发货"的规矩。从那以后,"先款后货、绝不赊账"就成了董明珠的行为规则和工作准则。在她的手里,再也没出现过一笔应收欠款。

1992年,淮南市场的销售额达到了240万元,安徽市场的局面就这样被激活了。

从那之后,董明珠的营销传奇,就在海利乃至整个空调行业传扬开来。

芜湖市场的"歼灭战"

淮南市场的首战告捷,为一片荒芜的安徽市场带来了生机,也给董明珠带来了极大的自信。她把自己当成了"拓荒牛",很快,就踏上了新的征程。

董明珠的第二个目标是打开芜湖市场。

对于董明珠来说,芜湖是一个完全陌生的市场,只能从头做起,白手起家。而且,与当初在淮南市场上作战不同的是,这一次,董明珠根本没时间做准备。当时,夏天已经到了尾声,空调销售的最佳时机马上就要过去了。

"工欲善其事,必先利其器",来到芜湖后,董明珠做的第一件事是制定销售策略。时间紧急,显然,像在淮南市场那样一家一家地游说根本来不及,而且,那样的方式也过于盲目,效率极低。怎么办?

苦苦思索之后,董明珠决定在芜湖市场集中兵力打一场"歼灭战"。与其盲目地东奔西走于各家经销商,不如快速拿下一个在当地知名的大型商场,让海利空调一炮打响,从而产生带动效应,这时,其他经销商接受海利就自然而然地成了水到渠成的事。

定下作战战略后,董明珠开始走访芜湖市场,物色适合的商场。最终,她的目光锁定了芜湖规模最大的一家国营市场。巧合的是,这家商场曾经代销过海利空调,对海利的产品有所了解。

雷厉风行的董明珠一刻也不耽误，径直找到了这家商场的经理。经过这一年的摸爬滚打，此时的董明珠已经成了一个"老江湖"，初次见面，刚聊了几句，董明珠就判断出，这个商场经理是一个谨小慎微的人。按照她的经验，这样的人在经营商场的时候往往是以求稳为先，不会主动开拓市场，更不会走冒进路线。

对这位商场经理的性格进行了认真分析后，董明珠决定抛开那些华而不实的销售话术，开门见山地与其进行交流。她知道，对这样的人，态度越坦诚，越容易得到他的认可。

但董明珠没想到的是，这位商场经理从一开始就对她非常抗拒，一言一行都透露出对海利的不信任。

随着交流的深入，董明珠才渐渐了解到这种不信任源自哪里。原来，海利的前任业务员在与这家商场合作的时候，因为种种原因，拖欠了应付给这家商场的款项，难怪这位商场经理毫不客气地说"海利没有信誉"。

自己的公司竟然成了欠债的一方，这让平生最恨追债的董明珠啼笑皆非。董明珠连连道歉，并对他说："我回去以后马上查一下账目，如果我们真的欠了你们的钱，我一定让公司以最快的速度把钱还上。你放心，这件事我负责到底。"

回到住处以后，董明珠马上给公司总部打了一个电话，让他们马上查芜湖的账目。结果发现，这位商场经理所言不假。董明珠马上将该归还的款项还给了那家商场。

董明珠的雷厉风行、有诺必践让那位商场经理深受感动，之前对海利的不满和顾虑顿时消减了大半，终于能坐下来认真和董明珠谈未来的合作了。最终，这家商场不但订下了一大批海利空调，还与董明珠一起分析芜湖市场的走向态势，探讨应该采取什么样的推销方式。

在这家国营商场实现了"中心突破"之后，董明珠一直悬在嗓子眼里的心终于放了下来。她知道，攻下了这家国营商场，芜湖市场就已经拿下了一半。

没过多久,这家商场定的海利空调就被运到了芜湖。因为之前进行了充分的市场研究与营销造势,海利空调在这家商场的售卖非常顺利,很快就在当地掀起了一个抢购热潮。1992 年,仅仅这家国营商场就卖出了价值 100 多万元的海利空调,创造了一个销售神话。

看到这家大型商场通过海利空调的销售赚得盆满钵盈,芜湖的很多小经销商也动了心。不过,尽管如此,他们还是不敢轻易试水,毕竟,作为小商家,实力不够,根本输不起。于是,很多人一直在观望,董明珠只好"逼"他们作决定。

董明珠故意放出风来:海利马上就会采取新动作,要配合芜湖市场来一场大促销,折扣力度是前所未有的。紧接着,她还给出了诱人的条件:现在订货可以享受最优惠的价格,如果促销过后再来订货,价格就会高很多。

这个消息一传出去,很多经销商都急了,纷纷前来订货,海利空调的销量一路看涨。

从此以后,海利的品牌在芜湖的知名度节节攀升,后来,董明珠已经不需要再去跑市场了,主动找上门的经销商可谓络绎不绝。

这场大胜仗,让董明珠一举拿下了芜湖市场。这场"歼灭战"圆满收场后,董明珠又马不停蹄地赶到了自己的下一个目的地——铜陵。

铜陵"攻坚战"

在开拓安徽市场的早期,董明珠一共打了三次硬仗,其中,打得时间最长、影响最大的一仗是铜陵之战。

铜陵是安徽中南部的一个地级市,因铜得名,以铜而兴,素有"中国古铜都,当代铜基地"之称,是一个典型的工业导向型城市。20世纪90年代初,铜陵创立了经济技术开发区,高楼大厦拔地而起,大量人口随之涌入。初到铜陵,董明珠就敏锐地发现,这里的销售环境与她之前接触过的所有市场都不同,过去惯用的营销手段都成了"无根之水",很难奏效。她意识到,必须因地制宜,才能打开铜陵市场。

再三考虑之后,董明珠决定"两条腿走路",一边与之前曾经经销过海利产品的经销商寻求合作,一边思考铜陵市场的"作战计划"。这样可以最大化地利用时间,提高自己的工作效率。

铜陵的一家医疗器械商店曾经与海利合作过,董明珠决定把这家商店作为突破口。去之前,董明珠先查了查账目,发现这家商店还欠着海利的货款。她暗叫不妙:看来,此行的第一个任务就是最令人头疼的讨债!

董明珠登门拜访时,那家商店的经理一听她说是海利的新业务员,来和他们结账,脸色马上变了,语气十分强硬地说:"你说结账?的确应该结账,不过,不是我们欠了海利的债,而是你们海利欠了我们的账!

我们付了货款，你们却不发货，是想干什么？"

对方的这番连珠炮似的抢白让董明珠彻底懵了，她赶紧翻账本，说："不可能，你一定搞错了，海利发过来的货应该是超过你们付的款项的……"

还没等她说完，对方就打断了她，非常不满地说："是你搞错了，我们是大公司，怎么会犯这样的低级错误。你们不发货就应该退钱，这是天经地义的！"

董明珠知道，继续争执下去只会使矛盾激化，对解决问题毫无帮助。于是，她心平气和地说："您说得对，谁都有犯错的时候。耽误您一点儿时间，和我对一下账，看看到底是什么情况。"

谁知道，董明珠的退让换来的是对方斩钉截铁的两个字："没空！"

董明珠不气馁，继续对他好言相劝："不对账的话，咱们的账就真成了糊涂账，怎么知道到底问题出在哪里？如果真的是海利的错，我马上让厂里把货给你补齐了，这样你们的损失不是也可以挽回吗？"

董明珠的这番话，设身处地为对方着想，充满诚意，并且有理、有力、有据，对方经理听了以后，态度不再那么强硬，而是向她诉起了苦，抱怨海利的空调品种单一，没有知名度，怎么宣传都无人问津，现在还有一大堆货积压在仓库里，根本卖不出去。

董明珠一向"护犊子"，但这时，听着对方的满腹牢骚，她也只能将心中的烦闷暂时抛到一边，随声应和着。

那位经理看到董明珠听得很认真，仿佛找到了"知音"，就像竹筒倒豆子一样将做空调时遇到的很多烦心事一一倾诉了出来，诸如消费者买空调要交增容费、要去"控办"[1]申请、要办各种繁琐的手续，

---

[1] "控办"全称"控制社会集团购买力办公室"，凡是被列为国家专项控制购买的商品，都需办理"控办"手续。

导致人们购买空调的积极性大减，空调市场越来越不景气等。

　　董明珠在这个行业里浸染已久，对这些乱七八糟的事情当然感同身受，一时间，两个人竟然找到了共同话题。在互倒苦水的过程中，董明珠和这位经理聊得越来越深入、越来越融洽。

　　从那位经理的话中，董明珠也了解到，他之所以对欠款问题如此敏感，是因为商店还欠着银行贷款，资金链一直十分紧张。董明珠感觉心里一下子豁然开朗了：看来，这位经理不是故意欠债不还，也不是为了刁难自己。既然如此，合作就有了基础，董明珠这才放下心来。

　　在董明珠的努力下，那位经理终于同意与海利对账。董明珠把他们的账单发回珠海总部，让财务部把账一笔笔地把账对出来，然后双方再清账。往返几次后，债务问题终于得到了妥善解决。

　　通过几次打交道，董明珠发现，这位经理是一个脚踏实地干实事的正派商人，于是，在账结清之前就主动提起了再次合作的事情。对方经理对董明珠的为人十分信服，更被她的诚意打动了，因此，当即决定与董明珠签订购合同。

　　铜陵市场的第一笔订单就这样做成了。

　　签完合同后，董明珠继续对这家商店进行跟踪服务。就在这时，陕西的知名品牌宝花空调也派了一位业务员到这家商店来洽谈业务。这位业务员的是一位年轻男人，他的营销风格与董明珠截然不同。

　　宝花空调的业务员口才非常了得，而且非常擅长交际，一到商店，就拉着经理出去吃饭喝酒侃大山，很快就与经理成了无话不说的酒友。酒酣耳熟之时，拿下订单自然就成了水到渠成的事。

　　和这位业务员相比，董明珠可谓毫无优势：她既不抽烟，也不喝酒，甚至很少与别人一起吃饭。她也不喜欢说大话，只会有一说一。不过，董明珠也有自己的办法。身为女人，在经理那里施展不开，但是商场里的营业员都是女的，董明珠很容易就能找到与她们的共同语言。董明珠知道，如果能跟她们打成一片，对海利空调的宣传和推广是大有益处的。毕竟，站在一线推销产品的是这些女性营业员，她们对某个品牌的喜好程度实际上也决定了一定的推销力度，如果她们对某品牌有认同感，顾客来买空调的时候，她们就会不遗余力地向顾客推荐这个品牌。生意很可能就这样在不知不觉中做成了。

于是，董明珠每天都会到商店里"报到"，与那些营业员聊聊天，手把手地教她们怎么推销海利的空调。顾客太多她们忙不过来的时候，董明珠还会充当"临时推销员"，不厌其烦地向顾客介绍和推荐海利空调。

天道酬勤，到了年底，奇迹出现了：这一年，海利空调在这家商店的销量竟然超过了宝花空调！宝花空调的业务员知道这个消息后，大叫"不可思议"。要知道，在董明珠来之前，宝花空调在这家商场的年销售额大概有100多万元，是海利空调四倍之多。

谁又知道，在这惊天逆转的销量背后，董明珠付出了多少心血和努力！

让供电局做经销商

在与那家医疗器械商店寻求合作的同时，董明珠也没有忘记开拓新市场。正所谓"踏破铁鞋无觅处，得来全不费工夫"，从那位经理的牢骚中，董明珠发现了一个难得的机遇。

后来，董明珠说："有时候，一桩生意是在一个人灵光一闪的刹那间形成的，如果捕捉不到的话，它就白白从你身边溜走了。但如果你捕捉到了，它就会对整个市场的推广起到决定性的作用。"[1]

当时，那位经理曾经抱怨购买空调需要向"控办"申请，手续过于繁琐，引发了董明珠的共鸣。20世纪90年代，随着我国人民生活水平的提高以及居住条件的改善，空调作为耐用高档消费品开始进入到普通家庭中。但由于价格昂贵，这时的空调还属于"奢侈品"。因为空调的耗电量比较大，在当时国内各地纷纷"闹电荒"的情形下，为了保证科研单位、医院的正常运转，政府将空调划入了审批范围内，想要购买空调必须经过"控办"的审批才能得到许可。这就给消费者带来了极大的不便，为了购买空调，人们往往需要辗转好几个部门办手续，需要耗费大量的时间和精力。很多人因为怕麻烦干脆放弃购买空调，空调经销商们因此怨声载道。

---

[1] 董明珠.《棋行天下》[M].广东：花城出版社.2000

那位经理或许只是随口一说，但董明珠却灵机一动，脑海里闪现出了一个念头：既然空调要接受供电局、控办的管控，那么，如果让这些政府部门经销空调，不就可以畅通无阻了？

这个想法在别人看来或许是异想天开，但董明珠却敏锐地察觉到，这或许会成为打开铜陵市场乃至整个安徽市场的一把钥匙。更何况，在当时那个年代，下海经商的浪潮席卷了整个中国，很多政府机关和国有单位纷纷投入到了这股创业大潮中，为了给单位创造效益，纷纷搞起了实业，像供电局这样的单位也概莫能外。所以，董明珠的这个想法看似天马行空，却也并非天方夜谭。

仔细分析了这个想法的可行性之后，董明珠明确了自己的目标：集中精力发展铜陵供电局的下属产业成为她的经销商。

行动力超群的董明珠当即直奔供电局。到了门口，向门卫一打听，果然，与她料想的一样，铜陵供电局也办了一家下属产业，门卫还非常热情地带着她来到了那家企业。

董明珠走进去一看，营业厅非常气派，在营业厅的一角，摆放着许多空调。一丝惊喜涌上了她的心头，这说明，与供电局开展合作是完全有可能的。董明珠走近一些，仔细察看那些空调，她发现，这里的空调不但品种少、价格高，很多连质量都不过关。供电局一向被称为"电老虎"，只有别人求它时，从来没有低头时，而且刚开始做生意，对营销这一行也没有经验，所以，拿不到好货也是意料之中的。这让董明珠看到了希望的曙光，如果能把握住这个机会，说不定就能在这里撬出一条缝来。

董明珠在营业厅里转悠了很久，一直没有营业员与她搭话。那些女营业员们有的三三两两站在一旁闲话家常，有的独自一人闭目养神，仿佛全然意识不到自己的工作职责是什么。董明珠知道，这些营业员肯定是供电局职工的家属，做这份工作只是为了打发时间，指望她们主动是不可能的，于是，她上前进行了一番自我介绍，然后问道："请问经理在吗?"

那些营业员纷纷用好奇的眼神看着她。多年后,董明珠再次回忆起当时的情形,仍然忍俊不禁:"我当时脚穿一双旧球鞋,背着一只过时的黄书包,就连我的同事们也纷纷笑话我,说我打扮得像一个乡村女教师,内地的人更不相信在特区珠海会有如此朴素的业务员。"[1]

为了证明自己的身份,董明珠连工作证都拿了出来。这时,其中一位营业员才将信将疑地告诉她,经理的办公室在楼上。

董明珠怀着忐忑的心情走上楼,她担心经理会摆出一副官商作风,直接将她拒之门外。不过,出乎她意料的是,那位经理非常和善,认真地听她说完自我介绍后,客气地让她"提一些建议"。

为了赢得对方的信任,董明珠毫无保留地为他分析起了营业厅存在的问题。她从空调市场的发展说起,再根据他们企业的实际情况,合理推测可能的销售量、利润率等。当然,董明珠也没忘记推销自家的产品,她详细地介绍了海利空调的特点与优势,以及怎么推销才能实现销量猛增。

董明珠滔滔不绝地说了半天,对方就像小学生一样认真地听着,直到董明珠讲完,都没有打断她。董明珠感觉自己有些喧宾夺主了,于是赶紧打住,向对方道歉。那位经理笑了笑,说:"你讲得太好了,我学到了很多。看来你是个内行,可惜今天时间不早了,你后天再来这里怎么样?我想让你多给我上上课。"

董明珠欣然应允。从那之后,她就成了供电局的常客,经常一大早就来到经理的办公室,给他讲空调市场的运作,有时一待就是一天。每次,她都是倾囊相授,说的全是干货。接连好几天的"讲课",让董明珠彻底过了一把当老师的瘾,也征服了那位经理的心。终于有一天,经理推心置腹地对董明珠说:"我是非常希望和你合作的,不过,

---

[1] 董明珠.《棋行天下》[M].广东:花城出版社.2000

这么大的生意，我拍不了板。我向局长汇报一下这个情况，然后再答复你怎么样？"

董明珠知道，对方表现出来的已经是非常有诚意的态度了，接下来，她要做的，就是耐心等待。

过了几天，机会终于来了——局长要来营业厅视察工作。经理马上把这个好消息告诉了董明珠，让她提前做好准备。

千呼万唤，局长终于来了。董明珠早早等在了营业厅，经理把她介绍给局长之后，她就从容地说起了自己的观点，思路清晰、逻辑严谨、有理有据，让人听来如沐春风。她还为局长分析了铜陵市的空调市场，在董明珠看来，铜陵是安徽东部沿江带的物资集散中心，又是全国闻名的铜矿基地，具有资源优势，再加之当地企事业单位多以及居民的消费能力节节攀升，在这里做空调生意，一定大有所为。紧接着，董明珠又介绍了海利空调质量过硬、返修率低、品质有保证等优势。

董明珠说得头头是道，局长听得连连点头，最后，他大手一挥，拍板说："就这样定了，我们以后进海利的货！"一个前所未有的大单子就这样成了！

第一笔50万元的货款很快就汇到了珠海总部，整个海利都为之震动。一时间，董明珠受到了所有人的瞩目，很多人都称赞她是搞营销的一把好手，当然，也有人对她非常不屑，说她能忽悠，不费吹灰之力就能把人忽悠地签下订单。其实，别人看到的都是表面上的轻而易举，个中辛苦，只有董明珠自己知道。

第一批货很快就发到了铜陵，董明珠又开始了马不停蹄的跟踪服务工作。她知道，签下订单只是一个开始，要想使海利空调在铜陵市场上真正扎下根来，做好后续工作才是重中之重。

其中，最关键的是对那些营业员们进行培训。这些营业员们既缺乏工作积极性，又不具备推销技能，为了让她们迅速成长为合格的推销员，在海利空调到货后的一个月时间里，董明珠几乎每天都泡在营业厅里，手把手教她们如何介绍海利空调的功能与优势、如何向消费者更有效地进行推销、遇到消费者的质疑应该如何回答等。

得益于董明珠的言传身教，这些营业员很快就发生了脱胎换骨的转变，她们不但学会了怎样推销海利空调，对其他的家电也能触类旁通，销售水平上了一个台阶。

除此之外，董明珠还对安装服务进行了改善。她竭力建议供电局自有的安装队采取免费上门服务的方式，以提高服务水平。因为空调相对其他家电有着自身的特殊性，安装质量的好坏直接决定后面使用的顺畅与否。后来，为了使安装服务进一步增强，董明珠还和经销商组建了另一支更加专业的安装维修队伍。

经过了一次又一次的"攻坚战"之后，1992年的夏天来了。董明珠的心血没有白费，海利空调迎来了一个空前的销售热潮。

让供电局的下属产业做经销商，是董明珠独创的一个营销模式。利用供电局得天独厚的优势，再加上人性化的服务，海利空调在市场上的销量和知名度节节攀升。

铜陵模式的成功，让董明珠对自己充满了信心。接下来，她又把铜陵模式推广到了整个安徽市场，在合肥、芜湖、安庆等地，董明珠都开始积极地与供电系统的下属产业接触，果不其然，都取得了不错的战果。

1992年，董明珠在安徽的年销售额达到了1600万元，一个人的销量占了整个海利的1/8，创造了海利历史上的一个销售奇迹。

面对市场这一硕大无比的棋盘，董明珠运筹帷幄，以步步高招，开创了一个又一个新局面。她说："人的价值的实现不在全局的改变，而在于局面的创造。"[1]这是一盘永远也下不完的棋，而她将继续执子纵横。

---

[1] 林丽芳.《多面佳人董明珠》[N].管理与财富.2005年第04期

第三章

诚信为本:"没有过不去的风险,诚信最重要"

  一边在安徽市场上精耕细作,一边抽身到没有一丝市场裂缝的南京开拓市场。肩上担子千钧重,但董明珠不曾后退半步。在市场攻坚的过程中,她的诚信成了她的招牌,赢得了无数客户的信赖。很多经销商都认准了董明珠,说跟她合作就两个字——"放心"。

从"海利"到"格力电器"

"哪里有董明珠,哪里就有业绩。"[1]随着安徽市场的连连盈利,海利内部开始流行起这样一句话。而就在董明珠初现峥嵘的同时,她的大本营珠海海利空调器厂发生了天翻地覆的转变。

说到海利,有一个人是必须要提起的,那就是朱江洪。朱江洪是土生土长的珠海人,大学毕业后被分配到广西百色矿山机械厂,从一个普普通通的小员工开始干起,一路被提拔为厂长。1988年,他临危受命,被调到冠雄塑胶厂担任厂长。

冠雄塑胶厂和海利空调器厂相邻,同属珠海一家集团公司,在当时都是没什么名气的小厂,在生存线上挣扎,可谓一对"难兄难弟"。与海利空调器厂比起来,冠雄塑胶厂的情况更加糟糕,只有一百多名员工,却连工资都发不出。为了谋一条生路,厂子里的员工们干脆到关口倒卖起了香烟。到了年底一盘账,亏损竟然高达200多万元!

朱江洪初到冠雄塑胶厂,所有人都不相信他能给这家亏损百万的小厂带来改变,很多人甚至断言,即使是玉皇大帝来了也救不了冠雄。但一年后,朱江洪让人们大跌眼镜:1989年,在他的带领下,冠雄塑胶厂扭亏为盈,盈利70多万元。1990年,又赚了400多万元。

---

[1]韩笑.《董明珠传:营销女皇的传奇人生》[M].湖北:华中科技大学出版社.2017

人们都说，朱江洪是不是施了魔法，让这样一家小厂彻底脱胎换骨。其实，哪里有什么魔法，朱江洪能带领冠雄塑胶厂走出困境，完全是因为他头脑灵活，善于转换思维方式。以前，冠雄塑胶厂主要生产各种模具，朱江洪来了之后，就抓住空调市场日益火爆的机会，做起了空调外壳，并且在设计和工艺上不断完善，把空调外壳越做越漂亮，吸引了很多知名空调品牌来找他来合作。

当时，海利的老对手顺德华宝空调器厂的空调外壳就是由冠雄塑胶厂生产的，海利的总经理气得七窍生烟：自家兄弟竟然帮着竞争对手打自己，是可忍孰不可忍！一怒之下，他跑到了集团公司告状，要求集团公司"管一管"冠雄，让冠雄不要再与华宝合作了。

集团公司不想强硬干预，就把海利和冠雄的总经理召集到一起开会，让他们自己协商解决。谁知道，两个人坐在一起，你一言我一语，吵得不可开交，谁都不愿意妥协。最终，集团公司为了维持内部团结，以行政命令要求朱江洪停止空调模具的研发。

集团公司"和稀泥"的做法让朱江洪愤怒不已，但在当时的市场环境和公司体制下，除了接受命令，他也没有别的选择。不过，朱江洪和董明珠是一类人，也是个百折不回的"偏执狂"，认准了的事情九头牛都拉不回来。他虽然口头上答应，回去以后却继续偷偷生产空调外壳。这对海利倒是一件幸事，如果不是朱江洪的固执己见、我行我素，恐怕后来两家厂子合并以后根本没有新产品可销。

1991年，海利空调器厂因为经营不善陷于困境，濒临倒闭，朱江洪被指派兼任海利的厂长。根据当时的市场形势，朱江洪建议将海利和冠雄两个工厂合并起来，专注空调的研发制造。这与珠海市政府与集团公司的想法不谋而合，于是，1991年11月18日，冠雄塑胶厂与海利空调器厂正式合并，由朱江洪出任总经理。

走马上任后，朱江洪的第一把火是给海利的产品改名字。在朱江洪看来，为产品想一个独特的、响亮的品牌名称，能让别人一眼就认出他们的产品，大大提高产品的知名度。

朱江洪此举很有先见之明，对这一点，董明珠也赞赏不已："随着市场经济的发展，企业之间的竞争已经从过去的质量、价格竞争转变为质量、品种、信誉、企业形象和服务水平等综合素质的竞争，进而发展成为商标之间的竞争。可以说，在当时的空调市场上，谁能创出品牌，谁就能拥有称雄市场的资本，谁也就能独占鳌头。"[1]

不过，为了改名，他们颇费了一番周折。

在这之前，朱江洪曾经带着技术工人们研发出了一款叫做"海乐牌鸿运扇"的电风扇，在市场上曾经卖得非常红火。但是因为还没树立起品牌保护意识，一直没有将这个品牌注册成商标，等到他们终于意识到这一点之后，却发现这个商标已经被其他的有心人抢先注册了。朱江洪派人去和这家公司商谈，希望花钱把商标买回来，却吃了个闭门羹。

朱江洪又气又恼，跟自己较起了劲，他把总经理助理柯勇前、经营部部长陈建民等人叫到自己的办公室，把门一关，大有想不出商标就不回家的架势。后来，朱江洪在自传中曾经回忆过"格力电器"这个名字的诞生过程："我对他们说：'今天咱们什么事也别干了，一心一意想名字，想不出来谁都不要下班。'大家找来几本字典，有英文的也有汉语的，仔细地翻阅，大约过了一个小时，陈建民先从字典里找到了'GLEE'这个单词，读音'格力'，英语是'快乐、高兴'的意思。我一看，行，就定它了。'格力电器'，格外有力？高尚的风格，永恒的魅力？不管你怎么解释，反正就给人一种男子汉的气概。拿去注册，很快就注册上了。'格力电器'终于诞生了，它就像一个

---

[1] 董明珠.《棋行天下》[M].广东：花城出版社.2000

骑士,驰骋在中国和国际的市场上,越战越勇,越战越强,再后来成为空调行业的佼佼者。"[1]

起初,他们为格力电器空调确定的英文商标是"GLEE",不是现在人们所熟知的"GREE"。后来,考虑到格力电器空调发展壮大后肯定要拥抱世界市场,如果到英语国家注册,很可能会因为"GLEE"这个词寓意美好而被其他公司注册,朱江洪就仿效日本SONY[2]公司的做法,通过谐音创造了一个读音与GLEE相似、英语里却没有的单词。于是,"GLEE"就演变成为"GREE",不但一定不会与其他公司撞车,而且读起来又与GREAT(好极了)、GREEN(绿色)、AGREE(认同、同意)等词相似,能引发人们丰富的联想。当然,这都是后话了。

就这样,1992年,海利正式改名为"格力电器"。朱江洪希望,这个名字能像它的寓意一样,在未来的日子里变得"格外有力"——既充满力量,又富有魅力。

这时还发生了一个小小的插曲:"格力电器"这个名字刚一公布,就得到了大家的一致认可,就连集团公司也对其欣赏不已。他们干脆把"格力电器"这个名字"充公",要求下属企业全都将产品以这个品牌命名。朱江洪很无奈,格力电器又不是知名品牌,谁愿意用呢?而且,集团下属企业成分复杂,产品良莠不齐,如果全都用这个商标,一定会对格力电器品牌造成损害。所幸的是,这个决定遭到了其他企业的拒绝,他们普遍还是对自己以前的品牌名更有感情,不愿意打格力电器的牌子,因此,到最后,只有海利空调器厂自己改了名字。

---

[1] 朱江洪.《我执掌格力电器的二十四年》[M].北京:企业管理出版社.2017
[2] 索尼公司的英文名"sony"是从英语中的"sonny"演变而来。sonny寓意乐观、光明、积极,但读起来却与日本字"输钱"谐音,有些"触霉头"。于是其领导者盛田昭夫灵机一动,去掉一个"n",将其拼成"sony"。

对于改名一事，那时正在安徽奋战的董明珠只是一个旁观者。她还不知道，她的后半生将与这个刚刚问世的名字牢牢地捆绑在一起，乃至几乎画上了等号。

"没有朱江洪,就没有董明珠"

在接受外界采访时,董明珠曾经多次说道:"没有朱江洪,就没有董明珠。"这也是很多业内人士的共识,科龙电器前总裁王国端就曾说过:"朱江洪遇到董明珠是朱江洪的福气,董明珠遇到朱江洪是董明珠的运气。"的确,朱江洪是董明珠的"伯乐",正是他慧眼识珠,发现了董明珠的将才。

1992年,朱江洪发现了一件不同寻常的事情:在格力电器的年度销售榜中,原本处于蛮荒状态的安徽市场竟然以1600万元的销售额高居榜首,而与之相邻的江苏省,虽然相对更加富庶、居民消费水平更高,销售额却只有区区300万元,对比十分鲜明,形成了巨大的反差。

朱江洪非常好奇:为什么经济发达的省份反而卖不过发展较为落后的省份?为了解开心中的谜团,他决定亲赴华东考察。

朱江洪的第一站是安徽。其实,朱江洪到安徽,说是考察市场,实际上是想考察一下董明珠。早在董明珠单枪匹马追回42万欠款时,他就对董明珠有所关注,这之后,董明珠在安徽市场上的所作所为他也有所耳闻,这一次,他想近距离地观察一下,看看这个刚刚从事营销行业两年的业务员究竟有什么魔力,能让一片黑暗的安徽市场在短时间里迸发生机?

朱江洪是一个务实的人,听完董明珠的汇报之后,他话也不多说,直截了当地要求她带自己到安徽的各个经销商处走访一下。

朱江洪的用意董明珠了然于心：所谓实践出真知，只有实地走访，才能了解到最真实的情况。于是，第二天，董明珠就带着他开始了安徽经销商拜访之旅。

一路上，朱江洪所到之处，听到的几乎全是对董明珠的赞美之辞。在朱江洪的自传《我执掌格力电器的二十四年》中，他写道："我到芜湖市场考察，见她与经销商关系融洽，工作麻利，整个安徽市场的销售搞得不错……她的业绩比别人好，所得也比别人多。"[1]

在安庆，有一家经销商得知格力电器的老总来了，特意找上门来表扬董明珠："你们的业务员是我见过最勤奋、最能干的，帮了我们很多忙，感谢格力电器培养出这么优秀的人才。"

在合肥，一家汽贸公司的负责人告诉朱江洪："在与你们厂子合作之前，我从来不了解格力电器，也没见过你们的产品。不过我在商场这么多年，自信我的直觉还是很准确的，我信得过董明珠，事实证明我的眼力还是不错的，董明珠做事很认真，她帮着我们分析市场，果然给我们带来了收益，让我们赚了好几十万。"

在铜陵，经销商说："我们从来都没去过格力电器，为什么觉得你们是值得信任的呢？主要是因为格力电器的业务员水平高，这让我们觉得，格力电器的管理水平一定更高，我们有信心做格力电器这个品牌。我们相信在不久的将来，格力电器在安徽一定有更大的发展。"

……

朱江洪越了解越感慨，他对董明珠说："没想到，在一个经济发展不算好的省份，在空调还没普及到普通家庭中时，你就挖掘出了如此巨大的市场潜力！我知道你一定付出了很多心血，不容易！我代表

---

[1] 朱江洪.《我执掌格力电器的二十四年》[M].北京：企业管理出版社.2017

全厂感谢你,你在安徽的经验也要向全厂推广。"

朱江洪的认可与肯定让董明珠激动不已。自从来到安徽开拓市场,一年来,为了让格力电器空调逆势崛起,她不知经受了多少白眼与嘲讽,付出了多少心血与汗水,她从来都不诉苦、不抱怨。但听到朱江洪的这句肺腑之言,她再也控制不住自己的情绪。她知道,一切都是值得的:"朱总,有你这句话,我拼死拼活也要干下去!"

从那之后,董明珠一直把朱江洪的知遇之恩牢牢记在心里,后来,她说:"这许多年,我能忍受那么大的委屈,顶住那么大的压力,把太多太多的心事深埋不露,而忘我地为公司卖命,其中有相当一部分原因是对这位总经理的知恩图报。这'恩',就是他对我的肯定与理解。我常想,一个人在成功的道路上不管走多远,当她回首往事的时候会发现,能使她义无反顾地往前走的,也就是那么几个人。要说格力电器的总经理朱江洪对我就起到了这种作用,我认为一点儿也不过分。"[1]

完成对安徽市场的考察后,朱江洪非常满意。他对董明珠也越来越赞赏,在他看来,与大多数业务员不考虑公司利益、一味计较个人利益不同,董明珠骨子里有一种超强的责任意识,她不但敢于担当,而且善于担当,更难得的是还很有思想和悟性,是一个值得培养的"好苗子"。他当即决定,邀请董明珠与自己一同前往江苏市场考察。

两个人先是到江苏徐州走访,然后又坐着火车奔赴南京。在车上,遇到知音的董明珠打开了话匣子,向朱江洪讲述起了自己的营销理念:真正行之有效的营销策略,不只是把公司的产品卖出去,赚得丰厚的利润,更要在厂家与经销商之间建立起一座桥梁,使彼此形成稳固、诚信的合作关系,从而实现共赢。这对消费者来说也是有利的,这样,

---

[1] 董明珠.《棋行天下》[M].广东:花城出版社.2000

他们就能买到放心的产品、得到最好的服务。消费者满意了，生意才能越做越大。

这些话，让朱江洪深受触动。当时，朱江洪正打算在格力电器大干一场，然而，尽管在他的努力下，格力电器的产品质量得到了极大的提高，营销策略跟不上的问题却始终得不到妥善解决，成了格力电器发展的一大掣肘。董明珠的话，让他看到了一丝希望。

一路风尘仆仆，他们终于抵达了南京。南京是董明珠的故乡，也是六朝古都，古朴而繁华，秀美而厚重。然而，这里却有一个先天的不足——夏天太热，是我国著名的"三大火炉"之一。每年七八月份，这里都会有持续不断的高温天气。但如此酷热的天气却给空调销售带来了机会，因此，这块"风水宝地"就成了空调厂家的"必争之地"。

但朱江洪与董明珠在南京感受到的却是一种前所未有的尴尬：在这里，格力电器的踪影遍寻不着。他们先后去了几家南京有名的大型家电商场，得到的是统一的答复——"从来没听说过格力电器这个牌子"。有一次，在一家商场，董明珠向其业务经理介绍朱江洪说："这位是格力电器的总经理朱江洪。"朱江洪伸出手来与对方握手，对方看都不看他一眼。他们向对方推销格力电器空调，对方说："我们的空调全部放在一起，没有'隔离'。"[1] 朱江洪与董明珠对视一眼，无奈地笑了。

两个人不死心，继续一家家商场搜寻，终于，在一家与格力电器有过合作的商场里找到了自家的产品。但此时，他们又发现了新的问题：新品牌"格力电器"已经启动一个夏季了，可在这家商场里摆着的仍然是"海利"牌产品。显然，他们的新品牌始终未能进入南京市场。

他们来到经理室，想向商场经理了解下情况，谁知道，对方看到他们之后，第一句话就是："你们的产品太不好卖了！"

---

[1] 朱江洪.《我执掌格力电器的二十四年》[M].北京：企业管理出版社.2017

对商场经理的抱怨，董明珠与朱江洪早已做好了心理准备。之前，他们在其他商场的遭遇就已经表明了一切，所以，他们并没有把这句话放在心上，而是顺着对方的话题，问起格力电器空调的问题与不足。搞清楚为什么格力电器空调在南京市场上的销售如此惨淡，成了他们的当务之急。

对方经理打开了话匣子，滔滔不绝地数落起了格力电器空调的问题，从产品设计到销售，他都表达了很多不满。他还着重提到了格力电器的售后服务非常差，格力电器空调的售后人员从来都是"神出鬼没"，每次想找他们都找不到。

这位商场经理说的每个字都像利刃一样，扎在了董明珠和朱江洪的心上，让他们坐立不安。作为理亏的一方，他们只能连连道歉，检讨自己的工作没做好。

经过几天的走访，董明珠和朱江洪发现，格力电器空调在南京市场根本没有立足之地，在知名品牌春兰空调和华宝空调的强大市场攻势之下，格力电器显得非常弱小，毫无还手之力。朱江洪感慨："只不过跨了一个省，怎么像是到了两个国家？"

但事实上，对问题的根源，两个人都是心知肚明——不是市场的问题，是人的问题。

朱江洪怀着沉重的心情离开了江苏，董明珠知道，他的心里一定在酝酿着一项重大的决策，这个决策或许与自己有关。

两难的抉择

回到安徽后,董明珠全身心地投入到各地市场的开拓中。此时,经过一年的努力,董明珠的诚信已经成了她的招牌,赢得了无数客户的信赖。很多安徽的经销商都认准了董明珠,说跟她合作就两个字——"放心"。

在合肥发生的一件事,令董明珠始终无法忘怀:合肥有一家公司,主要经营汽车贸易,旗下有很多汽车展厅,资金充足。格力电器空调的一个经销商于是就把董明珠引荐给了这家汽贸公司的总经理。董明珠前去拜访时,两个人一见如故。这家公司的总经理带着她一边参观他们的展厅,一边滔滔不绝地介绍起了自己是如何销售汽车的。轮到董明珠向他介绍格力电器的情况时,董明珠也打开了话匣子,说起了格力电器在安徽市场的现状,以及未来的发展。说着说着,这位总经理竟然让她根据合肥的市场需求,给他们公司制定一个要货计划。董明珠把各种型号进行了搭配,告诉那位总经理,他们要的货价值125万。对方大手一挥,让财务当即付款。他的下属看到老总如此豪气,感觉有些提心吊胆,提醒他要调查一下市场,不要上当受骗。但那位总经理却豪爽地说:"不用调查,如果董明珠是骗子,我也认了!"

后来,董明珠每每回忆起这件事,总是感慨万千。后来,她曾说:"人家说我是营销女皇,但是我没有任何诀窍,只有两个字——诚信,一定要让经销商、合作者跟你共赢。"[1]

就在董明珠四处奔波、全力将格力电器空调在安徽市场的销量推向新高峰时,远在珠海的朱江洪却在筹划着一项关于她的新安排。

一个月后,当董明珠回到珠海总部报账的时候,朱江洪把她叫到了自己的办公室,给她出了一道极具挑战性的难题:"小董,你能不能把江苏市场也接过去?"

南京分别时,董明珠就已经预感到朱江洪会对江苏市场进行调整,但她没想到,这一天竟然来得这么快。朱江洪的这个问题让她陷入了两难的境地。按理说,从公司利益的角度出发,她应该义无反顾地承担起这个重任。但是她又不能不考虑到同事的利益,毕竟,她把江苏市场接下,就等于在与现在负责这个市场的同事抢"饭碗"。虽然格力电器空调在江苏市场上的销售非常惨淡,但一年的销售额也有300万。格力电器当时的提成是1%,在那个年代,这可是一笔不小的收入。这么做,同事会怎么看自己?董明珠虽然性格倔强、外向,但从小接受的是传统中庸的教育,骨子里有股侠义风。让别人丢掉饭碗,这对她来说是难以承受的心理包袱。

另一方面,当时安徽市场的局面刚刚打开,正在如火如荼地拓展中,为此,董明珠投入了自己大量精力和心血。在这种情况下,如果她再接手江苏市场,很有可能分身乏术,使自己陷入"捡起芝麻丢了西瓜"的尴尬境地。

权衡再三,董明珠实在是不愿意接下这块"烫手山芋"。朱江洪看到她如此犹豫,直接将了她一军:"接不接手江苏市场,你不能太自私了,应该考虑一下公司的整体利益。"

朱江洪的这句话让董明珠汗颜不已。前段时间实地考察时看到的

---

[1] 引自2014年董明珠参加杨澜主办的"天下女人"庆典时的发言

江苏市场现状，重新浮现在了她的脑海里。她知道，如果放任江苏市场继续低迷下去，未来，格力电器空调在这块"兵家必争之地"将会彻底失去机会。等到各大空调品牌把江苏市场的"大蛋糕"瓜分殆尽以后，格力电器空调就再也无法打进这块利润丰厚的市场了，这给格力电器带来的损失是无法挽回的。从这个角度来说，她必须接下江苏的烂摊子。毕竟，只有安徽市场的蓬勃，并不能让格力电器更快更好地发展，整体的提高才是真正的进步！

经过慎重思考之后，董明珠终于打消了心头的顾虑，接受了朱江洪的任命。但是，她还是希望在公司利益与同事利益之间找到一个平衡点，于是向朱江洪提出了一个条件："我服从您的安排，但是我只能接下南京市场，江苏其他地区还是让原来的同事去做吧，也给人家留一点儿余地。"朱江洪答应了她的请求。

就这样，董明珠开始了两地奔波的日子，一边在安徽市场上精耕细作，一边抽身到没有一丝市场裂缝的南京开拓市场。肩上担子千钧重，但她不曾后退半步。

在困局中求破局

1992年秋天,董明珠乘坐火车一路北上,直奔南京。但火车快要抵达目的地时,董明珠的心中突然涌起了一股难以言喻的复杂情绪。

南京是董明珠的家乡,此时,距离她南下打拼已经两年多了。在这两年的时间里,虽然她曾经为了探望儿子回来过几次,却大多只是蜻蜓点水般暂居几天。就连上次与朱江洪一起到南京市场考察,也是匆匆而来又匆匆而去。此时,难免有些"近乡情怯",她不知道家乡是否发生了新的变化,一切是否还如过去那般熟悉。

南京也是新的战场,董明珠知道,她即将面对的是一块非常难啃的骨头。此前的南京之行,让她对南京市场的情况已经窥见一斑。虽然国家正在大力推动计划经济向市场经济转轨,但在南京,董明珠还是感受到了浓厚的计划经济的影子。在这里,商家大多是"官商",有一种先天的优越感,无论是对制造厂商还是对消费者,都是一副颐指气使的姿态。而且,南京市场上奉行的仍然是先发货后付款的陈规陋习,债务纠纷时有发生。因此,她的心头始终萦绕着一丝挥之不去的忧虑。

更令她揪心的是,格力电器空调在南京市场可谓毫无知名度,而且因为起步晚,失去了先发优势。当时,海利空调刚刚改名为格力电器空调不久,对这个在市场上新出现的品牌,用户根本不认可,就连很多经销商都没听说过"格力电器"的名字。而且，由于经济富庶，南京的空调市场已经相对比较成熟，华宝、春兰等很早就进入这个市场的空调品牌已经占据了市场的半壁江山，其他后进入的品牌很难与之抗衡。

不仅如此，雪上加霜的是，在南京市场上，格力电器空调不但要面对国产空调之间的角力，还要与"洋品牌"进行厮杀。当时，松下、日立、飞歌、飞仕达等洋品牌已经先后杀进了南京市场，这些舶来品以其高质量、高价格傲视群雄。国产空调即使如春兰、华宝等知名品牌，也只能与它们打打价格战、比一比售后服务，像格力电器这种在市场夹缝中生存的小品牌，只能被无情碾压。

身处这样的困局，如何才能找到破局之道？如何才能从激烈的厮杀中冲出一个缺口？董明珠陷入了深深的思索之中。她知道，在这个风起云涌的战场上，不打几次硬仗，是不可能把市场啃下来的。但是，最重要的是，自己一定要有打赢这场攻坚战的信心和勇气，绝不能还没开打就认输！

于是，董明珠开始分析格力电器的优势，她发现，格力电器并非毫无胜算。

首先，格力电器虽然起步晚，却恰好赶上了"天时"。1992年之前，空调行业的发展受到了"电荒"的巨大限制，始终无法充分挖掘市场潜力。但到了1992年，我国的电力增长非常迅猛，这个瓶颈随之突破，空调的生产量一下子猛增数倍。因此，此时的空调行业迎来了第一个大发展时期，各地空调市场都呈现出前所未有的热潮，而格力电器空调非常幸运地赶上了这个关头。

其次，南京的夏天酷热难耐，而且持续时间长，格力电器有"地利"。这意味着，这里有广阔的市场，而且潜力巨大，只要格力电器能进入这个市场，一定能分一杯羹。

再次，随着社会经济的迅速发展，城市居民的购买力大幅度上升，空调已不再是"奢侈品"，开始进入很多普通家庭的视野。因此，空调市场的需求也会出现大幅度的增长，此所谓"人和"。

除了天时地利与人和之外，格力电器空调自身也有其优势：质量过硬、价格低廉，与其他品牌相比，更符合普通家庭的购买力。

如此分析之后，董明珠的心中顿时有了底气。

不过，只有底气是远远不够的。董明珠在南京的第一次主动出击就惨遭滑铁卢。

在南京安顿下来后，董明珠径直来到新街口。新街口位于南京的市中心，是南京最繁华的商业区，拥有百年历史，被誉为"中华第一商圈"，汇聚着众多大型商场。董明珠此行的目的地就是这里规模最大的商场——人民商场。她打算采用"擒贼先擒王"的策略，先攻下最难攻的堡垒。

到了人民商场后，董明珠没有轻举妄动，而是先到家电部溜达了一圈。果不其然，与她料想的一样，这里的黄金位置摆放的都是国产大品牌和洋品牌的空调，一些不知名的小厂生产的空调则在角落里无人问津，而格力电器的产品，无论是海利空调还是格力电器空调，都毫无踪影。

这让董明珠难免有些惆怅，也让她越发感受到一种紧迫感。心急如焚的她当即找到了经理室，与商场经理进行洽谈。然而，当她介绍起格力电器空调时，对方经理打断了她，用傲慢的语气说道："格力电器？哪个格力电器？我怎么从来都没听说过这么一个牌子？"

这位经理的表现早就在董明珠的预料之中，她耐下性子，接着详细地对格力电器空调的质量、品质和售后服务进行了介绍，并用格力电器在安徽市场上的火爆作为背书和证明。

商场经理摆摆手，说："每个业务员都是这么说的，我听得太多了。说得好听不如产品卖得好,这样吧,我们商场以前没有卖过你们的产品,你先送一批货来,我看看好不好卖。"

董明珠赶紧问:"那你们什么时候付款呢?"

那位经理一听,用难以置信的眼神看着董明珠:"这个问题还用说吗?不都是先发货后付款吗?你看看我们这里有多少空调,就是那些大品牌,也都是让我们代销的。你竟然让我先付款再发货?没有这样的规矩!"

董明珠竭力保持着耐心:"每家企业都有自己的制度,我们格力电器是先付款后发货的,我在安徽的时候一直采取这样的方式,事实证明……"

还没等她说完,商场经理就再次打断了她的话:"不好意思,你来错地方了!"

董明珠这才切实地感受到什么是"话不投机半句多"。她知道,与这样一个固执己见、不懂得尊重别人的人继续谈下去,等于对牛弹琴。于是,她愤怒地站起身来,离开了这家商场。

一条路走不通,就另找他路。董明珠相信,总有一天,她上能在南京市场找到突破口。

"编外营业员"

董明珠的身上,有一种锲而不舍、金石可镂的执着精神。即使遇到重重困难,即使经历了无数次失败与挫折的考验,她也不会停止前进的脚步。虽然在南京人民市场遭遇了冷嘲热讽,但她马上调整好情绪,开始了第二站的开拓。

她的第二个目标是太平商场,这也是南京的老牌商场,规模大,而且地理位置优越,毗邻中山陵,每到周末,这里总是人潮涌动。最重要的是,太平商场曾经经销过海利空调,因此与格力电器有一些渊源。

太平商场的经理是一位女性,姓雷,看上去非常憨厚可靠。董明珠一见到她,就莫名地松了一口气。按照她的经验,女经理比男经理更容易打交道,而且,同为女人,她们往往更理解她在商场打拼的艰难。董明珠暗自忖度:这次或许希望更大一些。

这一次,董明珠吸取了教训,采用了更委婉的方式与对方交流,她先介绍了自己是格力电器的新业务员,然后诚恳地问:"你们在经销海利空调的时候,都遇到了哪些问题?我们的业务员有没有什么地方做得不到位?您尽管说,我一定改善。"

雷经理一听,连句客套话也没说,马上"控诉"起了格力电器的服务:"你们的服务实在是太差了,业务员架子也大,从来都不到我们这小庙里来。货到了以后三个月才露一次面，用户投诉也找不到人，最后还得我来收拾烂摊子。这样的生意谁敢做？"

这与董明珠之前在南京考察时了解到的情况是一样的——业务员不负责，缺乏跟踪服务。董明珠只能连连道歉："实在对不起，我们工作做得不到位，给你们带来麻烦了。您放心，以后我一定会全力配合你们的销售。"

雷经理面色不悦地说："先别说以后了，我们仓库里现在还压着很多海利空调，先把这些卖完再说吧。"

尽管这次拜访没能签下新订单，但董明珠的心里却不像上一次那么愤懑。从雷经理的话中，她读到了一丝希望。虽然雷经理对格力电器之前的服务非常不满，但语气中仍然留有余地。董明珠敏感地捕捉到了这个信号，她想，如果能通过自己的努力让雷经理看到服务上的根本改善，或许就能打动她，扭转她对格力电器的印象。离开太平商场之前，她向雷经理承诺："从明天开始，我每天都会来这里帮你们卖空调，一定帮你们把空调卖完，我说到做到。"

这之后的日子里，董明珠一有空闲时间就到太平商场，与那里的营业员一起推销海利空调。因为她天天来"站柜台"，人们都戏称她是太平商场的"编外营业员"。

在太平商场"上班"期间，董明珠一直用心地观察着各个品牌的空调销售情况。她发现，格力电器的海利空调被摆放在了角落里，顾客们往往没等转到那里就已经做出了购买决定，所以，海利空调很难卖得出去。董明珠赶紧与营业员套近乎，希望她们把海利空调换到更显眼的位置上去，这样销量或许就会提升一些。

营业员听了她的话，满不在乎地说："不要白费力气了，大家来买空调这样的大件，都是奔着春兰、华宝这样的大品牌来的。就是把海利空调摆在大门口，人家也未必会认。"

不过，虽然她们没有采纳董明珠的建议，在遇到有人来买空调的时候，却也会给董明珠几分面子，主动向顾客推荐格力电器的产品。

在当"编外营业员"的过程中，董明珠学到了很多以前在安徽做生意时没有学到的东西。比如，与安徽不同，南京作为底蕴深厚的六朝古都，这里的消费者更加自信，也有很强的自主意识，体现在买东西上，就是不喜欢强迫式的推销，更愿意自己逛一逛、看一看。因此，当顾客前来购物时，一定不要亦步亦趋，更不要一直盯着顾客，最好与他们保持适当的距离。但当顾客有需要的时候，必须在第一时间出现，为他们解疑答惑。当顾客来退货换货时，态度要比来购买时更加热情，这样顾客还有可能成为回头客。如果顾客有意见，一定要认真倾听、虚心接纳，并且马上进行改进，这样顾客才会产生信任感。

除此之外，董明珠还利用自己对空调行业的了解，为那些拿不定主意的顾客分析各个品牌空调的优缺点，根据他们的不同需求推荐不同的空调类型，帮助他们找到最适合自己的产品。

在董明珠持之以恒的努力下，原本堆在仓库里卖不出去的海利空调，竟然快要卖光了。被董明珠的诚信和用心深深打动的雷经理主动找到她，说要再进一批货。

看到自己的付出终于有了回报，董明珠很欣慰。后来，她总结道：

"做企业，做产品，首先要从做人开始，做一个诚信的人，这样才能做一个诚信的企业，打造一个有信誉的产品。诚信这个正能量带来的利益回报，远远大于急功近利和不择手段。"[1]

---

[1] 引自 2013 年 9 月董明珠在商务部、工信部等部门举办的"首届国家信用盛典"领奖时的发言

但高兴之余,她又不得不问起那个或许会令人扫兴的问题:"我们怎么交易?"

雷经理想都没想就回答说:"当然是按照老规矩,先发货后付款。你也在这待了这么久,知道我是可以信任的,再说,太平商场这么大,怎么可能赖账?"

经过这些日子的接触,董明珠知道,雷经理是一个值得信赖的人。但她是一个原则性极强的人,既然已经立下了"先付款后发货"的规矩,就一定会坚持到底。不过,考虑到具体情况,权衡再三,她还是做出了让步:"我相信你,也相信太平商场,你也应该相信我们。不如这样,我们能不能各自退半步,先付一半的款?"

雷经理摇摇头:"你们格力电器的牌子毕竟不够硬,我现在对格力电器还没有足够的信心。而且,你也知道的,在你来之前,你们的空调一直很难卖出去。"

董明珠对雷经理的顾虑了然于心。在空调行业,业务员的流动率是很大的。雷经理担心的是,如果董明珠不干了,换了另一个不用心的业务员,格力电器空调的销售又会重蹈覆辙。她对董明珠是非常认可的,但要把这种认可上升到对格力电器的认可,还远远不够。精明的生意人是不会将对人的信任与对产品的信任混为一谈的。

董明珠赶紧向她做出了承诺:"我们也认识一段时间了,你一定对我的为人有所了解。你放心,我现在就可以给你一个保证——以后如果格力电器的产品包括现在还在卖的海利空调出现什么问题,我们一定会负责到底。我也是南京人,不会坑骗自己的老乡!"

董明珠的话让雷经理的态度有了一丝松动,但尽管如此,她还是没有妥协,而是为难地说:"我不是不信任你,只是我们商场经销的商品太多了,流动资金很紧张。"

董明珠想了想,提出了另一个解决方案:"我理解你的难处,咱们也可以这样：你把支票开好，暂时不用给我，等到我们公司把货发来之后，咱们一手交货一手付款。"

雷经理沉思了一会儿，最终同意为董明珠开一个先例：先付款，后交货。

此时已经是 1992 年深秋了，是空调销售的淡季。在很多厂家为卖不出去空调而犯愁的淡季，董明珠竟然一举签下了一个大单子，令格力电器上下都为之振奋。而董明珠也从中感悟到："对于做生意而言，无所谓季节，也无所谓景气不景气，不论何种情况，只要你用了心，就能把钱赚到手。"[1]

在与太平商场达成新的订货协议后，董明珠一直以长期合作的态度来对待格力电器与太平商场之间的生意来往，用心做好各种后期服务，并尽全力保证太平商场的旺季供货。

在不断的沟通中，董明珠与雷经理之间建立起了更深的信任感。太平商场与格力电器的合作也没有止步于最初的 20 万，在以后的日子里，双方的生意往来越来越密切，订货数量屡创新高。

---

[1] 董明珠.《棋行天下》[M].广东：花城出版社.2000

牵手江苏五交化

拿下太平商场后,董明珠迫不及待地想要扩大战果。她紧紧盯着市场,寻找下一个合作伙伴。

所谓"踏破铁鞋无觅处,得来全不费工夫",正在这时,她得到了一个消息:不久后,春兰空调将在扬州召开一场订货会。董明珠马上意识到这是一个难得的机会:在当时的空调行业,春兰是当之无愧的龙头老大。他们举办的订货会,一定有很多实力雄厚的经销商参加,如果她也能参加这个订货会,说不定能与他们寻求合作。而且,春兰空调为什么能成为行业中的翘楚,为什么那些经销商都认这个牌子?一定有其秘诀。董明珠也想借着这个机会找到格力电器与春兰的差距,帮助格力电器进行改进。

1992年11月,董明珠如期到了扬州。此时虽不是孟浩然诗句中的"烟花三月",繁华的扬州依然美不胜收,十里湖光,园林相接,宛如一幅动人心弦的画卷。然而,董明珠却无心欣赏美景,她的脑海已经完全被春兰订货会占据。

参加春兰订货会的董明珠如同"刘姥姥初进大观园"。那时,春兰空调一直稳坐国内空调市场的第一把交椅,有"中国空调之父"的美誉,因此,慕名前来参加订货会的商业精英数不胜数,大家互相交流商业信息,各种观点层出不穷。董明珠置身其中,听到了各种新奇的观点，如饥似渴地吸收着精神食粮，对空调行业的发展与未来有了更深入的了解。

尤其是在餐桌上，大家紧张的神经暂时放松了下来，纷纷打开了话匣子，谈起了业内各个品牌的逸事。比如春兰空调，人人都知道做春兰利润高，但春兰也有短板，那就是服务跟不上，让经销商总有后顾之忧。说着说着，有一些经销商竟然煽动大家联合起来，让厂家让利。

董明珠坐在一旁听着，心中感慨万千：企业做大了，管理跟不上来就会出现各种问题，不是营销不给力，就是服务拖后腿。企业内部不能拧成一股绳，就无法及时解决这些问题，最终企业在内忧外患的交困下走向末路。她忍不住想：如果有一天格力电器出现这样的危机，该如何处理？此时的董明珠没有想到的是，两年后，她将不得不面对这个棘手的问题。

董明珠一边听着大家的议论，一边观察着身边的人，这时，她发现，所有人都在说说笑笑，只有坐在自己对面的一位女士一言不发，看起来非常落寞。

出于一种女人特有的同情心，董明珠走上前去，主动与她攀谈了起来。她们年龄差不多，又都是女人，话越说越近，很快就变得熟络起来。那位女士问她从哪里来，董明珠坦诚地说："其实我不是经销商，我是珠海格力电器空调厂的业务员，我想来学习一下，如果能拓展业务就更好了。"

那位女士表现出了浓厚的兴趣："我是江苏五交化[1]的，我们也销售空调，你们的空调怎么样？快给我介绍一下。"

董明珠一听"五交化"，顿时眼前一亮。这位女士所说的"五交

---

[1] 五交化是指商业界和民间对生产、供应和销售"五金类""交电类""化工类"或与其相关行业的产品和服务的商业单位的统称。

化"，指的是江苏南京五交化联合公司，是一家比较知名的公司，在江苏可谓家喻户晓。五交化不但资金充足，而且销售渠道非常多样，如果格力电器的空调能进入它的销售范围，那格力电器在江苏市场上的局面将会发生根本性的扭转。

董明珠不敢怠慢，赶紧向她介绍起了格力电器空调的质量、性能、技术，尤其重点介绍了1991年格力电器刚刚研发出来了大圆弧流线型结构的窗机，她如数家珍地说道："这款空调不但自带压缩机自动保护装置，设置了三挡风速供调整和自动送风装置，而且还有一个其他品牌不具备的特点——只有48分贝。"[1]

那位女士是个内行人，听了董明珠的介绍，一下子提起了精神，又问道："你们的产品不错，你们厂怎么样？"

董明珠如实相告："我们厂的规模不大，一年的空调产量只有两三万台。"她知道现在的格力电器厂还不能跟春兰、华宝、宝花这样的大厂相提并论，说出厂子的真实情况或许会让这位女士产生疑虑，但诚信是她做生意的第一原则，所以她没有进行一丝一毫的隐瞒。当然，对格力电器未来的发展，董明珠充满信心，她也告诉那位女士，格力电器正在进行大规模的工程技术改造，一个占地10万平方米、投资达3亿元的新厂马上就要建成，这个厂子投产之后，格力电器每年的产量将会达到100万台以上。她又介绍了格力电器在今年夏天刚刚研发出来的"空调王"，这款分体式壁挂机主打国际市场，不但质量过硬，各项技术指标完全达到了国家A级规定，而且功能强大，有通风除尘、温度调节、独立除湿、调节风速和睡眠等多种自动控制功能，采用微电脑控制。现在已经进入了香港多家大型商场，销量一路攀升，未来很有可能成为格力电器在国内市场上的尖刀产品。

---

[1] 当时国家规定空调噪音不得超过54分贝。

董明珠滔滔不绝地介绍着，那位女士认真地听着，一直到酒席上的人们散尽，她们还在聊着。离别时，那位女士递给董明珠一张名片："我是五交化的业务经理，有时间的时候你来我们公司吧，我带你去见我们总经理。"

董明珠高兴地几乎要跳起来，赶紧连声应承下来。

正是这次机缘巧合，让董明珠与五交化搭上了线。在人的一生中，会有各种各样的机遇光临，为什么有的人只能眼巴巴地看着它溜走，而像董明珠这样的人却能敏锐地把握住机遇，让它成为人生的转折点？原因很简单，前者在机会到来之前无所事事、想入非非，只想守株待兔，这样的人，即使机遇来到他们面前，他们也不会发现。而后者却脚踏实地、一步一个脚印地做了充足的准备，不断地蓄积能量，因此当机遇来临的时候，他们就能立刻抓住。机遇时常出现，但机遇只青睐有准备的头脑。

春兰订货会结束后，董明珠没有回南京，而是马不停蹄地赶火车去了合肥。她以最快的效率将安徽市场上的各项事务处理妥当，然后迅速赶回了南京，到五交化公司去找那位新朋友，想趁热打铁推动双方的合作。但不凑巧的是，那位女士正好出差了，董明珠只能失望而归。

这之后，她吸取教训，每天都会打电话到五交化，看对方回来没有。终于有一天，是那位女士本人接到的电话，她高兴地对董明珠说："欢迎你来商谈。"

第二天，董明珠就再次到了五交化公司，两个人重逢，都喜不自禁。聊了一会儿，女业务经理遗憾地说："真是不巧，今天我们总经理正好不在，不能把你引荐给他了。"董明珠闻言，心中涌起了一丝失望，但她并未表现出来："不要紧，我已经感受到了你们真诚合作的态度。我觉得你们见到我这个业务员，不一定会对格力电器产生深刻的认识。如果方便的话，我想邀请你们钱总到珠海考察一下，与我们朱总见个面,那时,他一定会发现,我们格力电器是值得信任的。"

话虽这么说,但董明珠心中其实没抱什么希望,毕竟,她只是一个微不足道的业务员,人家会不会只是把她的这番话当是客套话?

不过,令董明珠惊讶的是,1992年12月初,五交化公司的钱总竟然真的南下到珠海与朱江洪见面,对格力电器进行实地考察。

得知这个消息后,董明珠心里马上有了底:合作已经成功了一半。她相信,朱江洪的人格魅力和格力电器一派欣欣向荣的发展氛围一定能让钱总信服,对格力电器产生信心。

果然,几天后,五交化公司就向董明珠提出合作,希望格力电器在江苏的所有产品都交给五交化来代理,并保证年销售额不低于1000万元。

但是朱江洪却毫不犹豫地拒绝了这个合作方案。他有其考量:江苏地区的潜力是很大的,未来,格力电器在江苏市场上的发展前景一定会越来越好,1000万的年销售额过低。他提出了自己的想法:由五交化代理苏北地区,以1000万元的销量为基数,2000万元为目标。

对于格力电器的这个新方案,钱总当然不同意,经过一番磋商后,五交化公司定下了他们的底线:以1000万元的销售额为基数,超出部分要给0.5%的奖励。

这段时间,董明珠一直在五交化与格力电器之间奔波,竭力促成这次合作。但无奈的是,双方都不愿意松口。朱江洪的态度很坚决,在他看来,绝不能给经销商奖励,这个先例一开,一定会带来很多麻烦。

商谈就这样陷入了僵局。

董明珠急了,没有人比她更了解搞定五交化对格力电器拿下江苏市场有多重要。慎重思考之后,她决定说服朱江洪做出妥协,她打电话给朱江洪,推心置腹地分析利弊:格力电器在江苏毫无知名度,苏北经济不发达,要想把空调销售搞上去,完全依赖苏南市场。在这种情况下,想把年销售额从去年的300万提高到1000万,绝非易事。人家也要投入很多广告费、安装费。而且,即便是以0.5%的比例给予五交化奖金,超出部分的利润肯定也远不止这个数……

朱江洪并非一味固执己见的人,听了董明珠的分析,他当即拍板:"就按你说的办吧。"

很快,董明珠就与江苏五交化签下了合作协议。没过多久,五交化就把第一笔预付款 200 万元打到了格力电器的账户上,这一下又轰动了整个格力电器。要知道,当时还是 12 月,正是空调销售的淡季,从来没有经销商会在这段时间大量进货。

格力电器与五交化的合作在江苏的空调行业引起了一阵骚动,很多人认为,五交化在这个时候与格力电器这样一个不知名的国内品牌达成合作,是非常不理智的行为。但五交化的钱总却有自己的看法:未来,空调品牌之间的竞争一定会越来越激烈。这种情况下,做名牌不一定能有多大的利润,而炒质量好的冷门货说不定可以挖掘出巨大的商机。

后来空调行业的发展证明了钱总的策略是对的,这个前瞻性的选择,让五交化在以后的日子里赚了个盆满钵盈。

与苏宁张近东的"骂战"

1993年,在南京市场上,董明珠与苏宁电器的掌门人张近东曾经有过一次激烈的交锋。

事情还要从苏宁与"八大舰队"的那场空调大战开始说起。

1992年,中国与美国针对中国加入WTO(世界贸易组织)一事达成共识,并签署了《市场准入备忘录》,这意味着,中国入世取得了关键性的突破。借着这股东风,很多国际知名家电品牌凭借关税优惠政策进军中国市场,给国内家电品牌带来了巨大的竞争压力,空调行业也不例外。与此同时,这一年,南京高温时间相比往年更短,空调销售遇冷,因此很多商家对下一年的市场状况缺乏信心。基于以上两个背景,在1992年11月的春兰订货会上,大部分经销商都持观望态度,不敢轻易进货。然而,苏宁的张近东却独树一帜,不但挺身而出支持春兰,还一举签下了5000万的大单,令众人为之哗然。

到了1993年,中国入世谈判继续僵着,人民币升值,空调经销商们苦不堪言。而张近东却因为上一年的淡季进货,获得了充足的资源和价格竞争优势。

抓住这一时机,张近东在南京市场上发起了一场声势浩大的广告战。1993年1月,苏宁投入巨资,在南京各大媒体上刊登了"要想夏天过得好,就到苏宁买空调"的广告,对消费者进行疯狂的广告轰炸。

虽然此时还属于空调销售的淡季,但苏宁却凭借着密集的广告宣传创造了一个销售奇迹——空调销售额突破9000万元,占据了南京空调市场70%的市场份额。

1993年5月,苏宁又一鼓作气掀起了一场前所未有的价格战,向消费者承诺:他们在苏宁买到的空调一定是市场最低价。如果消费者在南京任何一家商场购买的空调价格比苏宁低,苏宁将会全额收购并支付差价。

苏宁的低价策略令消费者趋之若鹜,在降价的第一天,就有上万名消费者闻风而来,苏宁的门店内外到处都挤满了人,收银台前也排起了长龙,日销售额突破1000万元。在90年代初期,这个日销售额是难以想象的。

真正的高手,都是不按套路出牌的人!但张近东的搅局行为却激怒了那些凭借国企优势轻松占据市场的国有大商场,于是,鼓楼百货商店、中央商场、南京新街口百货商店、山西路百货大楼、南京交电集团公司、太平商场、南京商厦、家电商场八家南京著名的大型国有商场联合起来,成立了"南京家电拓展协调委员会",对苏宁进行围剿。他们紧急发布了《致全国空调生产企业的一封信》的檄文,宣称他们"将采取统一压价和停销等经济手段,对支持苏宁损害大多数同行利益的厂家展开反击",试图掐断苏宁的货源,同时,向消费者宣布八大商场将对空调统一售价、统一维修服务和统一调换。

由此,商战全面爆发,彻底进入白热化。对战的双方可谓实力悬殊,一方是刚刚成立不到三年的民营企业苏宁,无论是资金实力、营业面积,还是在市场地位、社会资源都处于弱势,因此被当时的媒体称为"小舢板";而另一方是当时的市场主渠道八大国有商场,它们都是在本地深耕多年的老牌企业,规模大、实力强,它们之间的联手恰如构建了一个"联合舰队"。小舢板大战联合舰队,让人不由得为苏宁捏了一把汗，但张近东却始终面无惧色，从容应战。

实力雄厚的八大商场从一开始就摆出了气势汹汹的架势，势要把苏宁拉下马。1993年5月19日，广东三洋空调在南京举行新闻发布会暨供货商会议，当主持人介绍苏宁总经理张近东时，八大商场的代表马上起身，集体退场。张近东后来回忆说："当时我的感觉是震惊！第一次体会到商战的残酷，但我还是镇定地把我的发言讲完，我觉得我赢了。"[1]

张近东并非孤立无援。当时，八大国有商场的官商作风和极度的傲慢无礼，激怒了很多空调生产厂家。当时的广东三洋董事长陆维光就公开发话，即使一台空调都卖不出去，也要把空调代理权授予苏宁。

这场空调大战持续了很长时间，可谓一波未平一波又起，波及了当时南京市场上的所有空调品牌，堪称激烈又惨烈。

这场商战，董明珠并未主动参与，而是隔岸观火。但八大商场一个负责人说的话却引起了她的警醒："打价格战，我们不怕。我们每家商场拿出50万，加在一起就是400万。我们可以搞集中倾销，但是这样，很多空调厂就会被拖垮。"那时她就意识到，打价格战，最终受损的是厂商。

但作为空调业内人士，董明珠也不可能完全置身事外。1993年夏天，空调旺季时，因为五交化前期为格力电器做了很多市场开拓工作，格力电器在江苏已经小有名气，苏宁开始注意到了这个日渐崛起的空调品牌。苏宁的业务员找到她，说："董明珠，我给你500万，你给我发货。"但董明珠却不为所动，她毫不犹豫地拒绝了这500万的支票。因为她跟江苏五交化是有言在先的，江苏市场是由五交化全权代理，她不能破坏行规，如果她见利忘义，格力电器在江苏乃至全国市场都

---

[1] 成志明.《苏宁：成长的真谛》[M].北京：机械工业出版社.2006

将失去信誉。

张近东听说董明珠不肯合作，便亲自给她打了一个电话。于是，未来家电领域的两个商业巨头的第一次认识，就是通过电话进行了 40 多分钟的骂战。张近东说："你这个家伙真不是东西，给你钱你还不要。"董明珠回应："不是东西我也不给你货，你要货唯一的办法，就是到五交化去取货。"[1]

诱惑当前，董明珠守住了自己的诚信。后来，董明珠说："我们不能因为看到别人获利就随波逐流，要坚持诚信的信念。我相信随着时间的推移，诚信企业终将会获得人们的认可。格力电器能够成为行业第一，就是最好的例子。"[2]

1993 年，董明珠在南京市场上创造了 3650 万元的销售额，这是 1992 年整个江苏地区销售的 10 倍，格力电器人再次见证了奇迹。人们都以为江苏市场的潜力已经完全挖掘出来了，但第二年，董明珠在江苏市场上再创新高——1994 年，整个江苏市场的格力电器空调销售额达到了 1.6 亿元，格力电器一举成为江苏市场空调品牌的三强之一，与春兰、华宝等大品牌平起平坐。

在带领格力电器空调在江苏市场上高歌猛进的同时，董明珠也没有将安徽市场弃之不顾。凭借着在安徽打下的坚实基础以及积攒的丰富人脉，1993 年，她在安徽市场上创造了不错的业绩。安徽市场与江苏市场的年销售额相加达到了 5000 万，董明珠一个人就卖了整个格力电器六分之一的空调。到了第二年，这个比例变成了五分之一。

---

[1] 引自 2013 年董明珠在《董明珠说管理》中的演讲
[2] 引自 2013 年 9 月董明珠在商务部、工信部等部门举办的"首届国家信用盛典"领奖时的发言

第四章

坚定信念:"保持初心,
干自己坚持的事"

在一片降价狂潮中,格力电器成了一个"异类",坚持不降价。但不降价就意味着要承受他人的不理解甚至是嘲讽。董明珠没有争辩,她深知,打价格战是饮鸩止渴,这种事格力电器不能做。那些利用这种手段暂时获取了短期利益的厂家,或许有一天会被反噬。

山雨欲来风满楼

在董明珠的厉兵秣马中,新的一年到来了。

1994年,江苏的气候有些不同寻常,整个春天都阴雨霏霏,气温始终没有回升。到了原本应该是空调销售旺季的四月份,仍然处于低温状态,使人们无法脱去冬装。天气不热,空调销售也"热"不起来,即使各大经销商使出浑身解数进行宣传、推广,也无济于事。

看到这种情形,董明珠心急如焚,一边未雨绸缪地进行着旺季到来前的准备工作,一边翘首盼望着天气赶紧恢复正常。

此时的董明珠已经放弃了做得非常成熟的安徽市场,专攻整个江苏市场。对于董明珠的这个选择,很多人说她把自己辛辛苦苦开拓出来的市场拱手让给他人实在是太傻了。但董明珠有自己的考量。如果她是一个安于现状的人,那么,守着安徽市场继续深耕细作也是一个不错的选择。然而,她想要的不是这样的生活,她希望接受更大的挑战。在她看来,从集体利益的角度来说,将经济发达的江苏市场彻底开发出来,对于整个格力电器的发展具有极其重要的战略意义。如果格力电器空调想要成为像春兰、华宝那样的大品牌,在全国打出知名度,甚至走向世界,就绝不能放弃江苏市场。而从个人利益的角度来说,选择江苏市场可以使她站在一个更广阔的舞台上,这个格局上的抉择,对她以后能达到什么样的高度将会起到决定性的作用。正是出于这样的公心与私心，董明珠毅然决然地作出了别人不理解的选择，并且抱着坚定的信念，摩拳擦掌地准备在江苏市场上大干一番。

然而，天公偏偏不作美！董明珠的心情也像这阴沉、压抑的天气一样不畅快。

正所谓"屋漏偏逢连夜雨"，正在这时，一场突如其来的车祸又使董明珠雪上加霜。

1994年4月下旬的一天，董明珠与五交化负责业务拓展的汪总约好了，一起到江苏徐州考察市场。董明珠一大早就赶到了事先约好的会合地点，她站在路旁，一边等着汪总，一边思考着如何在不利的局势下打开格力电器空调在江苏市场的局面。这时，一个骑自行车的人从她的身边飞速驶过，一个不小心把她拽倒在地。

董明珠感觉从自己的腿部传来一阵锥心的疼痛，她顿时暗叫不妙。骑车的小伙子赶紧跑过来把她从地上扶了起来，连声向她道歉，还问要不要送她去医院。董明珠常年在外奔波，磕磕碰碰总是难免的，骨裂了都坚持跑业务，今天这种情况，当然是"轻伤不下火线"。于是，她责备了那个小伙子几句，然后就挥挥手让他走了。

过了一会儿，汪总开车赶来，看到她一瘸一拐的样子，赶紧问她发生了什么，说着就要调转车头到医院去。董明珠马上制止了他，说自己没事，只是一点儿皮外伤。听到董明珠这么说，汪总只好听她的，开车前往徐州。

谁知道，开到半路上，董明珠感觉疼痛感越来越强烈。为了不拖汪总的后腿，董明珠一路强忍着，额头上冒出了豆大的汗滴。汪总以为是车里太热了，还安慰她天气变热是好事，这样空调就更好卖。

到了徐州以后，董明珠的腿已经肿了起来，脑子也感觉昏昏沉沉。但尽管如此，董明珠一直硬挺着，身边的汪总都没看出她的不适。

返回南京之后，董明珠知道不能再拖下去了，于是放下了手头的事情，赶紧到医院检查。医生看到她的身体情况实在太过糟糕，直接将她"扣"在医院，告诉她必须住院调理。

董明珠知道这一次无论如何也不能强撑了，于是就遵从医嘱，在医院里住了下来。她原本以为最多住一个星期就能出院，但谁知，一住进医院，她就发起了高烧，身体上的病痛一日甚于一日，迟迟都无法出院。

躺在病床上的董明珠仍然没有休息，她通过各种方法打听着市场上的消息。这些消息使她的焦虑更加加倍——从各个途径了解到的情况都表明，一场惨烈的空调大战即将打响！

董明珠的猜测绝非凭空而来，事实上，当时的整个空调行业都处于"山雨欲来风满楼"的备战状态中。

1994年的这场空调大战，是一个偶然，也是时代的必然。

从当时的经济大环境来看，1994年，中国出现了高通货膨胀，通胀率最高达到了18%。在这种情况下，很多人选择购买空调这种高端白电，这对空调行业来说是一个利好。

从空调行业来看，空调市场需求的日益旺盛，使得整个行业都呈现出一种蓬勃发展的态势。为了从空调市场上分一杯羹，诸多制造厂纷纷转型进入这一领域，一时间，全国的空调器生产流水线迅速增加到了150多条，年生产空调能力也飙升至500万台以上。还有一些国内空调生产厂商，开始与外资合作兴办合资企业，比如青岛琴岛海尔公司（海尔公司的前身）就与日本三菱重工业株式会社签订了合资兴建三菱重工海尔（青岛）空调机有限公司的协议，准备抢滩中国的空调市场。

以上的各种因素，都使得各个空调生产厂商感受到了一种无形的压力和紧迫感。为了在激烈的市场竞争中获胜，他们纷纷枕戈待旦、剑拔弩张，整个江苏市场上都弥漫着一种大战来临前的紧张气氛。

身为格力电器在江苏的负责人,董明珠当然也嗅到了兵临城下的火药味。但是,偏偏在这个时候出了车祸,不能为这场即将到来的"空调大战"进行准备,真叫她心烦意乱!

躺在病床上的董明珠该如何应对这场大战?她是否能够在江苏市场上打赢这场仗?

一切都是未知的。

没有硝烟的"空调大战"

董明珠在病床上一躺就是一个月,这段时间里,整个江苏仍然笼罩在连绵的阴雨之中,气温也始终没有回暖。江苏的经销商得知董明珠生病后,纷纷前来探望她,董明珠看到他们全都愁眉苦脸,只好安慰他们天气很快就会热起来。但实际上,她的心里一点儿底都没有。

其实,不只是格力电器的经销商备受煎熬,整个空调行业都沉浸在一片阴郁的气氛中。只不过,所有人都在努力忍耐着,不愿意做引燃这场酝酿许久的空调大战的导火索。

1994年5月下旬,终于有人熬不住了——刚刚进军空调领域的科龙电器率先发起了降价大战,在南京家电商场将其主打产品分体式空调的价格调低了1000元,降价幅度高达20%。

科龙空调的降价行为瞬间引发了多米诺效应。空调厂商们全都开始采取行动,一个接一个地比赛着降价。经销商们也不甘落后,纷纷加入了降价的行列。就连那些素来高傲、鲜少降价的进口空调,在降价风潮的裹挟下,也不得不屡屡调低空调价格。

这场价格战打得可谓惊心动魄:同一款空调,这家商场卖6500元,那家商场马上降价到6000元。第三家经销商看到了,赶紧把旧的价格标签撕掉,挂上新标签,价格直接大跳水——只卖5000元!

此时,所有的厂家、商家都扔掉了矜持,打起了刀刀见血的肉搏战。他们一改含蓄的传统广告方式，直接在广告上标出了产品价格，与原价一对比，简直是悬崖式暴跌。

然而，迅猛的价格战并没有使死气沉沉的空调行业重新焕发生机。看到空调价格一天天跳水，消费者们反倒冷静了下来，抱着看戏的心态开始观望，想看看价格会不会继续跌下去。当然，这也符合市场规律——买涨不买跌。而且，在当时那个年代，空调还属于相对比较奢侈的家电产品，普通老百姓总是要考虑再三后才会掏钱。

不过，也不是所有人都能保持理智，有些人看到价格猛降，就按捺不住了，迅速入场买下一台回家。但是，用了一段时间后，就后悔不已。其中，既有空调继续降价带来的烦恼，也有由这次降价风潮导致的售后不佳带来的不便。

《解放日报》曾经报道过这样一个新闻：上海的一位消费者，趁着降价买回了一台1.5P的三菱分体式空调。去买空调那天，商家看到有人光顾，服务非常热情，不但免费送货上门、免费安装，还送了一副雨棚，让这位消费者感受到了"上帝"一般的待遇。但是，没过多久，这位消费者发现空调竟然出现了漏气的问题，于是赶紧去找商家，让其负责。没想到，这时的商家却完全换了一副面孔，先是问他当初安装是不是到位，又问他安装的时候是不是不漏气。得到了肯定的回答后，商家就信誓旦旦地下了结论：这个问题是使用不当造成的，不归自己管。消费者一听，怒气马上涌上心头：空调安装好以后，自己除了用遥控器远程操控之外，根本没进行过其他操作。空调挂在墙上，也没出现过碰撞和摩擦，何来"使用不当"？为了出一口气，这位消费者找到了消费者保护协会，要求讨个说法。消费者保护协会很重视这件事，马上派专家来鉴定，结果发现，空调没有质量问题，是安装方式不对导致的漏气。消费者保护协会到商家进行了解后发现，原来，因为降价幅度太大，空调利润被削减得极低，不得已之下，商家只能想尽办法降低成本。安装队请的都是外地民工，简单进行几天培训后就"赶鸭子上架"。这些人没有经验，技术也不熟练，往往只是把空调挂到墙上就算完成任务了，问题当然是层出不穷。

在这场轰轰烈烈的价格战中，不只是消费者花了钱却没有得到良好的使用体验，空调商家也不是赢家。1994年的《中国经营报》曾经报道过，当时杭州的一家商厦虽然生意一度非常火爆，但是最后一结算，竟然发现是赤字，根本没有赚到钱。

躺在病床上的董明珠读到这则新闻，真是哭笑不得。董明珠向来不喜欢这种压价血拼的价格竞争，在她看来，这是市场不成熟的一种表现。价格战的所有参与者都会"伤筋动骨"，可谓得不偿失。而且，打价格战，表面上看能让消费者"占便宜"，但实际上，羊毛总是出在羊身上的，最终，生产厂商和经销商们受到的损失，还是要由消费者来买单。

在董明珠看来："在保证产品品质的前提下，降价对消费者是一件好事，但单纯的价格战会造成变频空调偏离产品研发的方向。在起跑线上要把握好方向，从技术做起，以价值为导向，慎打价格战，否则只会误己误人，让企业心碎，行业心痛，消费者心酸。"[1]

价格战中，没有赢家！正是因为清醒地认识到这一点，后来，董明珠执掌格力电器之后，格力电器一直以拒绝价格战的形象出现在世人面前。

---

[1] 2018年董明珠接受《中国电子报》的采访时如是说。

价格战中的异类：格力电器不降价

空调市场上对垒正酣，格力电器的情况自然也不乐观。

尽管董明珠仍在住院，但每天打给她的电话络绎不绝。眼看着空调一直卖不出去，五交化以及一些二级、三级经销商急得如同热锅上的蚂蚁，纷纷向董明珠要求降价，令原本就被病痛折磨的董明珠更加不堪重负。

从格力电器总部传来的消息也让董明珠心急如焚：厂子里生产出来的空调严重积压，过道、车间里到处都堆着发不出去的空调。格力电器内部，人人都陷入了恐慌之中。出于个人利益或者部门利益，很多人跳出来要求格力电器加入降价大军，业务员们希望尽快把货卖出完成自己的业绩，生产部门希望尽快出货，供应部门希望清空库存，财务部门希望资金回笼……就连格力电器的一些高层领导也坐不住了，也呼吁降价出货，减少损失。

一时间，降价竟成了"众望所归"。

在董明珠的心中，也有两种声音在不停地进行着斗争：是随大流降价将格力电器空调抛售出去，还是坚持己见决不降价？

面对这个两难的抉择，董明珠陷入了迷茫之中。从短期利益的角度来看，降价似乎符合大多人的意愿——经销商们可以甩货，消费者可以享受低价，业务员们可以获得提成，格力电器也可以清理库存，使生产恢复正常……所有人的压力都可以暂时得到缓解，可谓多赢，何乐而不为？然而，董明珠却深知，降价是一种不可控的手段，如果出现问题，最终承受恶果的只有格力电器自己，严重者甚至有可能彻底毁掉格力电器这个品牌。而如果坚持不降价，各方面的压力将会向董明珠席卷而来。如果因此出现仓库积压、与经销商合作关系破裂等严重后果，也只能由董明珠一力承担。

究竟该何去何从？

正当董明珠内心饱受煎熬之时，朱江洪打来了电话。他没有客套，开门见山地问："公司里很多人都提议降价，你是怎么想的？"

朱江洪的这个电话让董明珠的心中顿时充满了力量，她知道，朱江洪之所以从千里之外打电话来询问自己的意见，一定是非常看重她的观点，这是对她的认可，也是对她的信任。因此，她不敢大意，认真思索了一会儿后，才回答道："朱总，我现在还无法给出结论。我请你给我三天时间，三天后，我会给你一个明确的答复。"

三天，是董明珠给自己留下的实地考察的时间。她要利用这三天的时间，到南京市场上去走访，了解最真实的情况。

但老天偏偏要跟她作对，第二天一大早，一道闪电就从厚厚的云层里跳了出来，在天空中划过，紧接着，震耳欲聋的雷鸣声开始响起，倾盆大雨直泻下来，雨点像枪林弹雨一样劈头盖脸地拍打着病房的窗户。看着外面的滂沱大雨，董明珠发起了愁：身体本来就未痊愈，在大雨里奔波能吃得消吗？不过，一想到这连绵不断的雨天正是格力电器空调滞销的主因，董明珠咬咬牙，一头扎进了雨里。

拖着疲惫的病体，董明珠跑遍了南京的所有商场。她只想搞清楚一个问题：降价真的有效吗？是不是降价之后，空调就能卖出去了？

在一家大型家电商场，董明珠看到各大品牌的展位前全都门可罗雀，无所事事的营业员只能站在柜台前发呆。她问一个营业员："现在都在大降价,来买空调的顾客是不是比以前更多了?"营业员抬起头来看了她一眼,说道:"你不都看见了吗?哪里有人来?"其他商场的情况也大都如此。

越了解,董明珠心中的答案就越清晰:不能降价!

三天后,董明珠将自己的调研结果毫无保留地汇报给了朱江洪:"降价没有用,降多少消费者都不会买的。"

朱江洪继续追问:"为什么?"

董明珠坦诚地说:"从我个人的角度来说,我不应该反对降价,因为降价对我是有好处的。一是大家都要求降,将来错了也不是我一个人的错;二是我的营销压力减轻了。但您想一想,这对以后的市场有没有好处呢?降价后空调是不是一定能卖的出去?根据我在南京市场上的了解,科龙空调降价以后还是很少有人去买。如果科龙降1000元,消费者马上排长龙购买,那我就说格力电器也该降价。但现在根本就不是降不降价的问题,问题出在天气上,不是产品价格的问题。"[1]

在与朱江洪的交流中,董明珠了解到,整个格力电器只有她一个人坚持不降价。在一片降价的呼吁声中,朱江洪承受了巨大的压力。董明珠知道自己人微言轻,于是在电话中意在强调:"千万不能降价,这样做是头疼医脚,解决不了根本问题。我觉得今年肯定还会热起来,我们一定要顶住。"

听了董明珠的话,朱江洪的心中为之一动,他又接着问道:"厂里积压的空调怎么办?"

董明珠早已想好了应对之策:有些与格力电器合作了很多年的老客户是值得信赖的,可以让他们分流一些,相信他们一定愿意帮助格力电器度过这段艰难的时期。

---

[1]董明珠.《棋行天下》[M].广东:花城出版社.2000

朱江洪沉思了一会儿，最终同意了董明珠的方案。董明珠悬着的心终于落了下来。

朱江洪是一个果敢的人，这之后，他顶住了来自各方的压力，拒绝了所有降价的要求，把积压的空调分散到了一些关系比较好的老客户那里，只要是愿意接收的，哪怕暂时没钱也发货。

在一片降价狂潮中，格力电器成了一个"异类"，坚持不降价。但不降价就意味着要承受他人的不理解甚至是嘲讽。看到格力电器不降价，其他疯狂降价的空调生产厂家非常震惊，都等着看格力电器的笑话。而在格力电器内部也充斥着各种声音，很多人甚至抱怨起了董明珠，说她根本不懂市场、不懂营销。

董明珠没有争辩，她深知，打价格战是饮鸩止渴，这种事格力电器不能做。那些利用这种手段暂时获取了短期利益的厂家，或许有一天会被反噬。

后来很多空调品牌的发展也验证了董明珠的判断。当时在国内空调行业排名第二的华宝空调，在接连降价后销量虽然大增，但却并未盈利，反而巨额亏损。这次价格战后没多久，华宝空调就退出了竞争，被科龙空调收购。同时，这场价格战还断送了当时被誉为"窗机大王"的东宝空调等一大批品牌的前程。这些品牌之所以惨遭"滑铁卢"，原因如出一辙：实力雄厚的大经销商为了抢夺地盘、扩大市场份额，采取各种手段逼迫厂家降价。价格的一天三变让中小经销商苦不堪言，最终人心涣散。

这些品牌原本很有发展前途，却因为错误的策略而走上了不归路，从风光无限到黯然陨落，可谓令人唏嘘。尤其是华宝，董明珠一直将其视为值得敬重的竞争对手，每次想到它的失败与消亡，她的心中总会涌起无尽的感慨与惋惜：一家企业之所以会走向衰落，往往不是因为竞争的激烈、经营的不善，而是因为丢掉了心中坚持的信念。

杀出一匹"黑马"

董明珠跟老天赌了一把,幸运的是,她赌赢了。

在董明珠的记忆里,1994年6月21日是一个非常难忘的日子。这一天,连绵的雨季终于结束,明晃晃的太阳高高地悬挂在天空中,烘烤着江苏大地。几乎在一夜之间,天气突然变得酷热难耐,夏天终于姗姗来迟。

阳光透过窗户照在董明珠的脸上,感受到这炽热的温度,董明珠在病床上再也躺不下去了。她不再理会医生的劝告,直接跑去办了出院手续,然后冲出医院大门,向着格力电器南京办事处狂奔而去。

烈日似火,把大地烤的如同蒸笼一样,让人走不了几步路就会汗流浃背。一路上,很多人都在抱怨"热死了""怎么天一下子就这么热了",董明珠越听心里越高兴:空调销售的旺季已经到来了,现在是她大展身手的时候了!

迈着欢快的步伐,董明珠回到了南京办事处。走进办公室,她的第一件事就是向朱江洪报喜:"朱总,南京的天气终于热起来了,我们不降价是对的!"

紧接着,她又提醒道:"用不了多久,长江一线也会出现高温天气,我建议你抓紧时间给武汉、重庆发货,不要错过时机。"

董明珠的心中始终有一种大格局的观念。其实,作为江苏市场的负责人，她只需要管好自己的业务就行了。但是作为格力电器的一员，强烈的责任感使她凡事都会从大局着眼，把公司的整体利益放在个人利益、单个市场的利益之前。后来朱江洪之所以会重用和提拔董明珠，或许正是因为她的大格局。

可惜的是，武汉的业务员却不像董明珠这么有远见。朱江洪打电话给他，他一听公司还要继续发货，忙不迭地拒绝了，说办事处里到处都堆着货，根本卖不掉。几天后，武汉的气温果然如董明珠预料的那样迅速上升，这时，那位业务员才慌了起来，一天往总部打十几个电话，催着赶紧发货。

而南京这边，温度持续攀升，从36度一下子升到了39度。高温天气让人们叫苦连连，走在路上，迎面的风似热浪扑来，没一会儿就让人浑身冒汗，感觉昏沉沉，头重脚轻。大地被晒得发焦发烫，生鸡蛋都能直接烤熟了。到了晚上，屋里闷地让人喘不过气来，很多人干脆带着凉席到广场上睡觉，有些人甚全爬到楼顶纳凉。

酷热的天气让空调行业苦尽甘来，人们纷纷跑到商场里抢购空调，不到一周的时间，江苏市场上的空调存货就被一扫而空，就连一些中小经销商积压了好几年的库存货也被买光。负责安装的工作人员忙得就像陀螺一样，每天只休息几个小时，即便这样，还是有数不清的空调在等待安装。

那段时间，董明珠的电话一刻也不消停，经销商们都像疯了一样，拼命地给董明珠打电话，催命般地要货。每个电话都是问同样的话：货怎么还没到？什么时候能到？

董明珠如实相告：现在格力电器正全线调配空调机，武汉形势比较紧张，所以让一部分货先发往武汉了，要先保住那边的市场。

听了这话，有些经销商按捺不住自己的情绪，直接冲董明珠大喊："从来没见过你这么傻的！现在这紧要关头，江苏都管不过来你还管武汉？"

　　董明珠知道他们无法理解自己的做法，也不再解释什么，只能尽力安抚他们的情绪。

　　格力电器的坚守与付出，在这一年得到了丰厚的回报。因为抓住了这个时机，格力电器在江苏市场的销售额迅猛攀升到了1.6亿元，实现了质的飞跃。因为坚持不降价，格力电器空调的售价高，不但自己赚到了丰厚的利润，代理格力电器的经销商也同样赚了大钱，从此以后，他们对格力电器更忠诚了。

　　董明珠的业绩与格力电器的崛起是同步的，这一年，格力电器公司的销售总额达到了8亿元，在品牌评比中也屡有斩获，进入了中国首届国产名牌空调综合实力二十强，名列中国首届十大国产名牌之一。

　　转战南京市场的两年多，董明珠几乎每天都在为格力电器而奔忙。忙碌的她已经记不清有多少次"过家门而不入"。空调大战结束之后，她终于能抽出时间回家待几天，想多陪陪母亲和孩子。谁知道，她刚回到家，还没和儿子好好聊聊天，就突然接到了公司的电话，让她回去"救火"。

　　一场突如其来的危机，让董明珠的职业生涯发生了彻底改变，也使她从此走上了从业务员到"铁娘子"的蜕变之路。

第五章

勇担责任:"不可忘记责任二字,否则会失去方向"

  突如其来的"集休辞职",使格力电器的销售系统几近瘫痪。董明珠受命于危难之际,在关键时刻出任公司经营部部长,力挽狂澜,使格力电器重回正轨。董明珠从来不掩饰自己的坚守对格力电器的意义:"1994 年,如果不是我回来,格力电器确实有灭顶之灾。"

集体辞职事件

1994年秋天，轰轰烈烈的空调大战终于落下了帷幕，格力空调抓住这个时机迅速崛起，成为知名品牌，格力电器也随之步入了发展的快车道。但就在这时，格力电器内部突发爆发了一场严重的危机——公司的十几名销售骨干突然"集体辞职"，格力电器的销售系统几近瘫痪。

"我们的销售员带着客户跳槽到竞争对手那里去了，这是一个非常危险的阶段，格力电器随时可能倒下。"[1]董明珠受命于危难之际，在关键时刻出任公司经营部部长，力挽狂澜，使格力电器在这场灭顶之灾中得以幸免。

"风起于青萍之末，浪成于微澜之间"，任何一个事件的发生，都必然有其根源。这场集体辞职事件的爆发，还要从朱江洪对销售提成的一次调整说起。

空调大战后，朱江洪深刻地认识到，企业发展的根本是产品，产品的真正实质是科技含量和质量水平。而当时的格力电器，却是"销售为王"，销售人员的工资最高、待遇最好。为了平衡科技人员与销售人员的待遇水平，使科技人员全身心投入到科技创新中去，朱江洪毅然决然地做出了一个决定：将销售人员的提成比例从原来的1%下

---

[1] 引自2016年9月《鲁豫有约大咖一日行》节目对董明珠的采访

降到 0.28%~0.38%。[1]

后来，朱江洪在自己的自传中曾提及此事："格力电器初期，员工中要数销售人员最牛，在普通员工年薪只有一两万元的年代，他们已是过十万甚至几十万的年薪了。很多科技人员及公司骨干自然心头痒痒的，纷纷争着挤进销售部门，就连产品开发的技术尖子也整天找我，希望能做一名光荣的销售人员。我想，销售人员对产品的销售固然起着重要的作用，但把产品设计出来，并且把产品做好，使消费者满意的科技人员更是功不可没。如果都想当销售人员，谁来搞科研、搞设计、搞管理呀。为了平衡这一关系，我决定大幅度调低销售人员的提成比例。"[2]

在当时那个"渠道为王"的观念盛行的年代，拿销售人员"开刀"，无疑是逆水行舟。这个消息仿佛一枚重磅炸弹，在格力电器内部引起了轩然大波，使所有人都瞠目结舌。最震惊的当然要属格力电器的业务员了，作为这一决定的利益相关者，他们纷纷表示强烈的不满。在他们看来，1994 年格力电器之所以能打赢这场空调大战，业务员可谓功不可没。在企业利润不断提高的情况下，居然大幅度地降低业务员的待遇，简直是鸟尽弓藏、兔死狗烹！

在格力电器高层，也有一些人对朱江洪的这一决策提出了反对意见。分管销售工作的一位格力电器副总认为，产品质量好是打开市场的必要条件，但却不是充分条件。质量好的产品不一定就能在市场上畅销，而营销的作用就在于将好产品推向市场，让它们得到消费者的认可。销售人员担负着企业的命运，业务员在企业中的身价也在企业之间的相互"挖墙脚"中不断提高。

对这种观点，朱江洪马上进行了反驳：当时的空调行业属于卖方

---

[1]董明珠.《棋行天下》[M].广东：花城出版社.2000
[2]朱江洪.《我执掌格力电器的二十四年》[M].北京：企业管理出版社.2017

市场，一到旺季，空调就会供不应求，在这种环境下，空调企业主要通过业务员的个人能力打拼天下，所以，要运用销售提成的方式刺激销售人员的积极性。这往往使有些企业陷入了一种误区之中，过高估计了销售队伍的能力，认为企业的兴衰完全靠销售人员，把他们的身价抬得太高。在这种情况下，很多业务员就会高估了自己的能力，以为他们只要到哪个企业去，哪个企业的品牌就一定能够打响。殊不知，这只是一种自我膨胀。

就这样，两个人你来我往，争执不下，谁也说服不了谁。那位副总一气之下，拂袖而去。没过多久，他就离开了格力电器，打算自立门户。

这位副总辞职的消息传出之后，广东中山一家叫做汇丰的民营空调厂马上向他抛出了橄榄枝，并对其做出承诺：如果他能从格力电器挖一位能干的销售精英过去，那么，只要销售额超过3亿元，业务员就可以获得3%的业务提成，外加2%的广告费。

在如此巨大的利益诱惑面前，有几人能不动心？格力电器的业务员们集体跳槽也就成了顺理成章的事情。

1994年11月，格力电器1995年度订货会在珠海宾馆拉开了帷幕，数百家经销商从全国各地赶到这里，齐聚一堂。大家欢声笑语不断，看上去似乎一片和谐，但实际上，在这表面的不动声色之下，谁也不知有多少暗流在涌动。

后来，董明珠曾回忆起在这次订货会上的难忘经历："会议期间，火药味四溅。准备跳槽的业务员们到处游说经销商们，说格力电器长不了，内部如何乱，以后倒了，售后服务谁管？确实，在格力电器的经营管理、库存管理，在销售人员私设账单方面，经销商们也略知一二，因此他们也产生了动摇，为格力电器的前途担忧。身逢此境，我对这些业务员的做法非常生气，又没有过硬的理由说服经销商们，感到有力使不上，毫无办法。"

更令董明珠愤愤不平的是，就在格力电器订货会结束后的第二天，同样是在珠海宾馆，汇丰空调厂也举办了一场订货会。在这场订货会上，以格力电器原副总为首，包括八名格力电器原业务员、两名格力电器原财会人员在内的十一名人员再次露面。这些人都是格力电器的骨干，每一位都掌握着大量忠诚的老客户。前一天还在参加格力电器订货会的340名经销商中的绝大多数，都跟着他们来到了竞争对手那里。

这场集体辞职事件给格力电器带来的损失是无法估量的。在当时那个年代，信息管理还不发达，在哪里有哪些客户、谁订了多少货等，都是记在业务员的脑子里的，业务员跳槽了，这些账就统统成了一笔烂账。在前一天的订货会上，格力电器签下了超过10亿的订货单，如此一来，这些订货单全都成了毫无用处的白纸。

原本发展势头强劲的格力电器，一下子变得风雨飘摇。内部人心浮动，局面极为不妙，似乎到了难以控制的程度。

这次残酷的经历，让董明珠刻骨铭心地认识到：对于一家企业来说，忠诚是多么重要！后来，谈到选人用人（格力接班人）的标准时，她总结道：

"我对接班人的要求有三点：一要忠诚，二要有奉献精神，三要讲诚信。如果这几个最基本的要素不具备，他的能力再强，对企业来说可能是埋了一个定时炸弹，我在格力倡导的文化就是'忠诚'。"[1]

董明珠永远不会忘记，这个教训是用多么沉重的代价换来的！

---

[1] 引自2013年10月28日人民网专访文章《董明珠：当总经理那天我就开始培养接班人》

永远选择忠诚

在这次集体辞职事件中,作为格力电器的销售冠军,董明珠当然也是对方"挖墙脚"的对象。而且,汇丰空调厂的老总点名要"不惜一切代价"把董明珠挖过去,颇有志在必得之意。

董明珠清楚地记得,1994年秋天,格力电器的那位已经出走的副总打电话给她,约她见一面。对这位副总的真实用意,董明珠心知肚明。但考虑到对方是她的老领导,过去也曾合作无间,无论如何都不该驳了他的面子。于是,这之后的一天,趁着回珠海的机会,董明珠去拜访了这位副总。

那位副总知道董明珠是个爽快的人,所以没有绕弯子,直截了当地邀请她跟自己一起走,其中,有一句话董明珠至今还记忆犹新:"你看,回扣有5个点,收入多高。大家一起过来,干一点儿事吧!"[1]

一听这个数字,董明珠就知道汇丰空调厂是下了血本。这个提成比例在当时的空调行业是非常高的,1993年董明珠一年的销售额达到5000万,如果按这个比例来算,年收入能达到200万!

面对这样的天价诱惑,有几人能抗拒?董明珠不是圣人,当然也会动心。作为一个业务员,她也希望提成越高越好,这与她的利益是

[1] 董明珠.《棋行天下》[M].广东:花城出版社.2000

直接相关的,而且也是对其能力的一种认可。而且,当时的董明珠也看到了格力电器内部存在的一些问题,比如内部管理不完善、缺乏监督机制、沟通渠道不通畅等,这让她对格力电器的现状并不满意。

其实,因为董明珠在空调行业早已名声在外,在汇丰空调厂之前,就有很多企业向她抛出了橄榄枝,但董明珠都没有动心。她不断地问自己:这些年不辞辛劳地到处跑营销,推动自己一直坚持不懈的根本动力是什么?思考再三,她给出了答案:是要把一流的中国产品向更大的市场推广的激情。有了这股激情,她才会有始终不衰的干劲。但是,如今的格力电器是否能与她一路同行?她并不确定。

于是,她决定到汇丰空调厂进行实地考察,看看这家企业究竟是一家什么样的企业,是否能承载她的梦想。

谁知道,这一去使她的心态发生了巨大的变化,她不但下定决心留在格力电器,还对中国企业有了更加深刻的了解。

董明珠先后去了那家企业两次,在与汇丰空调厂的总经理交谈的过程中,董明珠敏锐地发现,他在经营理念上完全走入了歧途。

在董明珠看来,空调行业是技术密集型、资金密集型的产业。在这个行业中,企业之间的竞争,是包括产品、技术、人才、管理、营销在内的综合实力的竞争。任何一个方面出现"短板",都会产生木桶效应,导致企业在激烈的市场竞争中落败。而其中最为重要的,莫过于产品。消费者认可一家企业的产品,才会掏钱去购买。有了消费者的信赖,企业的利润才会源源不断。如果产品不好,即使宣传再疯狂、价格再优惠、业务员的营销再卖力,也不可能打动消费者的心。在产品创新上下功夫,在品种结构和质量上下功夫,才是令产品有长久生命力的根本之所在,才能使企业得到真正长远的发展和壮大。

而汇丰空调厂却过分夸大营销的作用,而对企业真正赖以生存的产品毫不关注。他们的产品还处于仿制阶段,而且,董明珠从其总经理的言谈中发现，他竟然认为开发自己的产品是完全没有意义的，这不但要投入大量的资金、人力，需要经过漫长的等待，还必须冒着巨大的风险——等到产品研发成功后，能不能得到市场的认可是一个未知数。如果消费者不买单，所有的努力就都打了水漂。相比之下，仿制是多么简单，看到什么产品畅销，只要"照葫芦画瓢"就行了。至于仿制以后产品能不能卖出去，完全看业务员的本事。正是出于这样的想法，他们才会不遗余力地挖格力电器的墙脚。

在董明珠眼中，这位总经理就像井底的青蛙一样，只能看到头顶的一小片天，只为了眼前的利益而活，根本不考虑企业发展的长远规划。对这种本末倒置的企业经营思路，她实在不敢苟同。

而与这位短视的总经理相比，朱江洪却算得上是一位有胆识、有远见的真正企业家。从上任伊始，他就狠抓产品质量，重视技术创新，带领格力电器人研发真正的好产品。他常说："一个没有脊梁的人永远挺不起腰，一个没有核心技术的企业永远没有脊梁。"在他看来，一个企业可以没钱、没厂房，但不能没技术。他把产品的开发和质量看作企业的生命之源，抓住了企业发展的正确方向。因此，虽然在格力电器内部遭遇了重重阻力，他仍安心搞科研，努力提高产品质量，为格力电器夯实家底。从朱江洪的身上，董明珠看到了企业发展的希望。只不过，管理是朱江洪的"短板"，他缺了一个能帮他搞好管理的帮手，一直没找到能齐心协力跟他一起打造格力电器品牌的人。董明珠相信，只要能解决格力电器在管理上的"顽疾"，格力电器一定会有远大的发展前景。

想到这里，董明珠心中已经有了决断：既然格力电器的问题并非无法治愈的癌症，为什么不留下来，与朱江洪站在同一阵营？

更何况，现在的格力电器正处于困境之中，无论如何也不该在这个时候离开格力电器。在董明珠心中，是格力电器培养她进入空调行业，让她从一个什么也不懂的外行人成长为数一数二的销售精英的，这份恩情,她一直感念于心。这几年,她为格力电器竭尽全力打拼,早已把格力电器当成自己的第二个家,她不愿意看到格力电器垮掉。因此,她最终听从内心真实的声音,做出了自己的选择——留下,与格力电器风雨同舟!

后来,董明珠说:

> "我多年来的人生观,就是认为人要做一点儿有意义的事业。如果只想搞钱,老实说,我作为一个销售员,每年的销售量那么大,只要稍微有点儿私心、做一点儿小手脚,而且是合法的,数量就相当大了。各人有各人的处世原则,我没有资格反对其他一些人把赚钱视为第一目标,但它不是也不可能是我的唯一目标。也许有人不相信,哪怕是在最困难的日子里,我也没有仅仅为了赚钱而活着。但我确实认为,人不是赚钱的机器,人应当有自己的事业心,青史留名谈不上,留下一个好口碑,搞好一个企业,这是我可以做得到的。"[1]

那些已经打定主意要跳槽的业务员们,听说董明珠决定留下,纷纷当起了"说客",前来进行游说。心意已决的董明珠摆出了三个理由:第一,格力电器没有对不起大家的地方;第二,朱江洪是个好老板;第三,大家长期在一个公司,已经产生了感情。

三个理由,充分显示了董明珠的价值观:比起利益,她更看重发展空间和发展前景,更在意企业领导的好坏。

董明珠坚定地选择了格力电器,她相信,这是一个无悔的选择。

事实证明,董明珠的选择是对的。几年后,格力电器已经发展成为国内领先的家电品牌,而汇丰空调厂却早已淹没在历史的尘埃中。

---

[1]董明珠.《棋行天下》[M].广东:花城出版社.2000

危急时刻的"救火队长"

朱江洪是技术出身,在他的身上,有典型的传统知识分子的烙印:心思单纯,行事直接,不搞权术,不懂也不屑于平衡之道。自从接手格力电器以来,他把自己的全部心思都放在了产品质量和新产品技术开发上,其他的工作则全权交给了格力电器的各个副总,自己很少过问。因为缺乏必要的管控,格力电器的各个部门纷纷自立山头,搞"独立王国",互不配合,难以协调,最终导致目标不一致、行动不统一,使格力电器的战斗力大大减弱。当时,格力电器内部的很多人都观察到了这种现象,有些人甚至忧心忡忡地说:"格力电器两年之内必垮。"

但朱江洪却始终沉浸在技术的世界里,丝毫没有察觉到危机的到来。直到集体跳槽事件爆发之后,他才意识到,自己对管理上的忽视已经酿成了大错。这件事也让他清醒地认识到,必须为格力电器建立起一支忠诚、有力的中层干部队伍,找到那些具有责任心和使命感、能时刻抵御诱惑侵袭的人作为事业伙伴,与自己一同为格力电器的未来奋斗。

既然危机爆发于主管营销工作的经营部,那么,干部队伍的重建也就首先从经营部开始。

经过慎重思考后,朱江洪决定采用民意选举的方式,让大家来选谁是最适合这个职位的人。

在格力电器内部，一场大张旗鼓的民意测验就此展开。为了确保公平性，民意测验的内容包含了工作经验、工作能力、团结精神、组织水平、管理素质等各个方面，每个员工都可以为候选人打分。结果很快就统计出来了——董明珠的得票数是最多的。

其实，朱江洪心目中接手经营部这个"烫手山芋"的最佳人选，正是董明珠。在上次的华东市场考察之行中，朱江洪就发现董明珠是一棵"好苗子"，如果能悉心培养，前途不可限量。在后来的接触中，朱江洪对她的了解更加深入，知道她不仅工作能力强，业绩突出，年年都是销售冠军，而且为人正直，有责任心，敢于攻坚，能当大任。更重要的是，董明珠的强势风格也正好适合收拾这个"烂摊子"。

于是，朱江洪初步决定由董明珠来担任经营部部长。

然而，这对董明珠来说却是一个艰难的抉择。

从个人利益的角度来看，董明珠认为，回总部接管经营部不是一个好选择。此时她在江苏市场上已经旗开得胜，但在她看来，这个市场的开发也大有潜力，她想尽自己的最大努力，继续将市场做大做强，这也是她之所以选择留在格力电器的初衷之一。而如果接手正处于混乱中的经营部，她必须从头做起。而且，经营部的工作不但繁琐、复杂，更有多年积累下的很多"顽疾"，要想把它们根除，绝非易事。

然而，从公司利益的角度来看，董明珠又认为，她应该接受这个任命。此时格力电器的内部管理出现了危机，正是需要人才的关键时刻。既然公司需要她，她应该义无反顾地站出来，承担起自己的责任。

左思右想，董明珠始终拿不定主意。此时的朱江洪表现出了一个现代企业家的风范，他主动找到董明珠，与她进行了一番推心置腹的长谈。后来，董明珠说："许多人说朱总很厉害，可他和我的一番恳切交谈，使人觉得他和善宽厚，眼光深邃。他现在需要我助他一臂之力，助格力电器一臂之力，令我感动。我知道，自从决定留下来以后，我的命运就和格力电器联系在一起，我有义务为它承担责任。所以我答应朱总考虑一下。"[1]

这时，越来越多的人前来劝说董明珠，希望她站到更高的位置上，帮助格力电器走出难关。经营部的很多同事找到她，恳请她回来主持部门工作。甚至很多经销商也打来电话，说相信她有能力当好经营部部长，就连老客户江苏五交化的负责人也一再鼓动她回总部。在与董明珠打交道的过程中，他们被这个女人彻底折服，在这些经销商看来，只要董明珠在，格力电器的牌子就不会倒。

经历了一番思想斗争后，董明珠毅然决然地决定接受挑战，她希望通过自己的努力帮助格力电器走出困境，为格力电器的辉煌尽一份力。

董明珠从来不掩饰自己的坚守对格力电器的意义："1994年，如果不是我回来，格力电器确实有灭顶之灾。"[2]

有人或许会认为她的这番言论过于狂妄，但事实上，在当时的那个危急时刻，若不是她临危受命，当起"救火队长"，格力电器的发展轨迹很可能会走向另一个方向。

---

[1]董明珠.《棋行天下》[M].广东：花城出版社.2000
[2]引自2018年7月《中国新闻周刊》的报道《董明珠：1994年如果不是我回来，格力电器确实有灭顶之灾》

艰难险阻浑不怕

谁也没有想到的是,在格力电器办公会上,朱江洪任命董明珠为经营部部长的这个决策,却遭到了格力电器一些高层领导的反对。他们的理由是,董明珠性格耿直,讲话尖刻,从来不留情面,很容易就会得罪人,而且她过于自信,恐怕很难搞好团结。

可见,在那时,董明珠鲜明的个性特征就已经为众人所熟知。很多时候,她得罪了人自己都不知道。

这时,朱江洪力排众议,坚持要提拔董明珠。后来,朱江洪在他的自传中说:"我当时做了大家的思想工作说:'人无完人,不可能没有一点儿缺点错误,我们用人是要用她的长处。董明珠的长处是销售工作抓得很细,善于与客户打交道,遇到困难时想方设法解决,不达目的不罢休,这都是销售工作最需要的长处。'"[1]

"如果不是因为朱江洪的器重和信任,我这个普通业务员是不可能得到这个机会的。"多年后,董明珠是这么总结自己被提拔的原因的。其实,如果没有她努力拼搏打下的业绩,没有她关键时刻的忠诚和坚守,朱江洪又怎么会选择她呢?

在朱江洪的游说下,格力电器高层的反对者们最终做出了妥协,

---

[1] 朱江洪.《我执掌格力电器的二十四年》[M].北京:企业管理出版社.2017

同意由董明珠来接管经营部，不过，他们提出：董明珠必须先当一段时间的副部长，经过考核合格后，方可晋升为部长。

其实，这些人之所以千方百计地阻止董明珠上位，是别有一番用心。当时的经营部部长负责的是格力电器的营销工作，在当时的空调行业，营销是企业生存发展的命脉。把握住了这一命脉，就等于控制了整个格力电器。因此，他们想把自己信任的人安插到这个职位上。

他们笃定，董明珠是一个宁为玉碎、不为瓦全的人，当初朱江洪是要任命她当部长的，现在只让她当副部长，她一定不会甘心，说不定会找到朱江洪大闹一场，甚至还有可能在一气之下跳槽走人。如此一来，他们就能如愿以偿。

然而，他们的阴谋诡计并没有得逞。他们根本不了解董明珠，她之所以临危受命，不是为了"部长"这个头衔，而是为了让自己接受更大的挑战，为了不辜负朱江洪、经营部同事以及经销商们的信任，为了让格力电器走向更好的明天。她不计较自己当的是部长还是副部长，只要能给她一个创造价值的舞台，即使朱江洪让她回来当一个普通员工，她也会心甘情愿地接受召唤。因此，尽管董明珠对这些人的这种做法愤怒不已，她还是决定回来就任经营部副部长。不过，她在这个位子上并没有待很久，一个月后，朱江洪就将她提拔为部长，让她一手负责公司的营销业务。

在回到珠海之前，董明珠向朱江洪提出了一个要求："我回到总部，不是为了权力，而是为了做好一件事，只要不是为个人谋私利，希望我做的任何一个决策都能得到你的支持。"她深知，收拾烂摊子需要的是铁腕管理，不强硬就达不成目的，其间得罪很多人是在所难免的，因此，来自朱江洪的绝对支持是非常有必要的。朱江洪想都没想就答应了她的要求。

由集体辞职事件引发的这场内部危机，虽然使正如火如荼发展着的格力电器遭受了沉重的打击，却也收到了"失之东隅，收之桑榆"的效果。这次事件之后，格力电器不再过度依赖销售员的单打独斗以及个人英雄主义去开拓市场，而是更倾向于依靠产品的价值、集体的力量、组织的作用、品牌的威力来为格力电器谋求发展。更重要的是，这次事件也把能力超群的董明珠推上了格力电器营销的领导岗位，从而拉开了朱江洪与董明珠密切合作的大幕。正是从那时起，董明珠与朱江洪并肩作战十余年，一路风雨，可谓峥嵘岁月稠。

与此同时，在格力电器内部开始有了一个不成文的规定：只要是从同行企业出来的人，无论他有多能干，格力电器原则上一个也不收留。董明珠认为，跳槽的人，在原来企业"叛逃"有很多原因，但大部分都是利益上的问题，或者说个人的利益、愿望达不到满足。格力电器的发展绝对不需要这样的人。

"整风运动"

世事总是知易行难，真正接手经营部之后，董明珠才发现，格力电器内部已经积累了无数痼疾——管理制度不到位，人浮于事，各种关系网和利益网盘根错节，腐败问题严重，体制弊端也日益凸显……看似欣欣向荣的大好局面下却隐藏着巨大的危机。董明珠后来回忆道："我回来当部长才发现，公司里面原来有那么多的问题。到了旺季，不要说这些开票的人有权力，连我们的搬运工都有权力：你想先上货吗，你先送给我一箱水。甚至后来，演变成'谁给我好处多我就给谁先发货'，这是公司所面临的最严重的问题。你们可以想想，当时这样的一个状态，这个企业还能不能有生命力？"[1]

对于经营部这种混乱的局面，董明珠看在眼里，急在心里。如果不及时解决这些管理积弊，长此以往，格力的发展必将受到严重掣肘。"沉疴下猛药，非常出重典"，因此，走马上任后，她的第一件事就是在经营部掀起了一场轰轰烈烈的整风运动。

过去，在经营部，迟到早退、上班时一杯茶一张报纸、吃零食聊天，已经是延续多年的"传统"。董明珠看不惯他们自由散漫的行事风格，从来到经营部的第一天，她就开始抓内勤，整顿工作作风，绝不允许

---

[1] 引自 2016 年 10 月中央电视台《开讲啦》节目中董明珠的演讲

一个人抱着混日子的心态工作。如果被她发现不好好工作,她就会毫不留情地当众批评对方,有时甚至把员工训得直掉眼泪。为了从行为上约束员工,她制定了很多规定,比如上班不准吃东西,不准窃窃私耳,不准互相交流讲话,甚至规定女员工最好都剪短发,留长发的则要盘起来,不许戴首饰。

这些强硬的规定引起了很多人的反感,大家都说她把自己的人生观强加给别人。但董明珠之所以这样做,却是出于一番苦心:"女中豪杰固然不少,但女人确实有弱点,主要就是不精神,特别是结了婚生了孩子后,不少女人拖拖拉拉,人们往住说她们是'家属工',语气当中包含着轻视,似乎她们做不了大事。而我们女人也认可了这一点,衣着不整齐,办事不精神,在形象上就给人成不了大事的感觉。我这样要求,其实就是女人当自强,不要自轻自贱,好像只有男人才能做大事。"[1]

一开始,很多人还心存幻想,以为董明珠只是说说而已,不会真的执行。但董明珠却动了真格。

有一天,董明珠走进办公室,看到有位同事从家里带了一些土特产,大家都在抢着吃。董明珠很生气,斥责他们:"谁让你们上班吃东西?"巧合的是,她的话音刚落,下班的铃声就响了,大家全都长出了一口气,以为这事就这样不了了之了。谁知道,董明珠却说:"规定就是规定,谁也不能违反。别说提前半分钟,提前一秒钟也不行。刚才动嘴的每人罚100元!"

1994年底,董明珠在关窗户时不小心滑倒在浴缸里,摔伤了肋骨。住院期间,同事们在工作日前去探望她。对此,董明珠感动不已。可是,出院的第一天,她就对这些违反工作纪律的人进行了批评和罚款。

---

[1]董明珠.《棋行天下》[M].广东:花城出版社.2000

同事们因此给她贴上了"不近人情"的标签，可是董明珠却明白，只要一"近人情"，管理就失去了效果，恐怕没过几天大家就会像以前一样混日子了。她认为：

"制度必须是刚性的，是不讲条件和不讲人性化的，不论哪一名员工违犯制度，不管什么原因，都必须按制度严格处理。制度怎样规定就该怎样执行，这样才能达到令行禁止的效果。"

董明珠并非不讲人情，只是，在她看来，中国人所谓的"人情"，不是"人之常情"，更不是一种博大情怀，而是小恩小惠的代名词，甚至是曲意迎合。董明珠不欣赏这一套，她认为，真正的"人情"应该是长远地关心一个人的未来和成长，该严格的时候严格，该批评的时候批评，在别人确实有需要的时候给予无私的帮助。

董明珠在中央电视台的《开讲啦》节目中曾经讲过这样一个故事："有一个女员工违反规定被罚了100元。这个女员工的丈夫跑售后服务长年在外，她一个人带着个孩子过日子，夫妻俩收入都不高，100元对她来讲是个大数字。我心里很不安，但规定又不能因她而破。第二天晚上，我找到她，塞了100元在她口袋里：'这是我私人的钱，给你补上。记住，明天一定要把罚款交上去，以后工作不要再马马虎虎了。'"

刚柔并济，这就是董明珠的管理方式。

董明珠的另一个重要举措，是对公司的欠账进行大刀阔斧的清理，在格力内部推行先款后货的营销模式。从那之后，在格力电器的账面上，再也没有出现过应收款项。

然而，这只不过是她对公司业务进行梳理的第一步。她发现公司内部存在着无数损公肥私的行为，比如，一张宣传单的印制价格通常只有两毛钱,然而,格力电器支付的费用却是 0.88 元,高达 4 倍多。公司投入了 450 万元的巨资,在机场租了一个广告牌,然而是背朝着人流的方向……

这是她无法容忍的。为了杜绝损公肥私的行为,促进销售管理体制的进一步完善,堵住公司财务漏洞,董明珠直接找到朱江洪,要求公司全部的对外财务归她管。下级跟上级伸手要权,原本是一个大忌,但朱江洪当场就同意了。

但她的这些举措,在很多人眼里是"多管闲事",甚至还有一些别有用心的人,因为董明珠断了自己的"财路",把她视为眼中钉。他们联合起来,要把董明珠轰下台。但朱江洪却给了董明珠最大的信任、最坚定的支持,让他们的阴谋没有得逞。利用这来之不易的权力,董明珠开创了格力经营工作的新局面。

第六章

无私无畏：
"和谐都是斗争出来的"

　　董明珠是一路斗争过来的，在格力电器任职的这些年里，她时刻都在进行着博弈与拼斗：与不诚信的经销商斗，与竞争对手斗，有时甚至还要和自己的亲人斗，当然，更要与格力电器内部那些损害公司利益的人斗。对原则的坚守，在她身上刻下了深深的烙印，让她的对手甚至身边的人全都望而生畏。

领导的面子也敢驳

"水至清则无鱼"这条古训被很多人奉为圭臬,然而,董明珠却偏偏反其道而行之,认为"水至清亦有鱼"。

当然,她并不是抬杠,自有其一套说得通、行得通的理论:

"假如将企业比作一池子水,当池水浑浊的时候,会滋生腐败的杂质,这些杂质能把一部分池鱼养得又肥又大,却最终逼死了其他的鱼,破坏了健康的生态。浑水摸鱼,永远无法建立一个大家公平竞争的机制。我们说的水清有鱼,只有水清了才能看到哪条鱼是健康的,哪条是生病的。"[1]

为了营造一个"水至清"的生长空间,在格力电器内部,无论谁破坏制度,董明珠都绝不姑息,一定严惩不贷。即使是朱江洪为其说情,她也不会留情。

1994年的那场业务员集体跳槽使得格力经营部出现了人才断层,为了补充营销队伍,朱江洪将一些曾与自己在广西一起打天下的老部下网罗了进来。这些人中的某些人,仗着自己与朱江洪的关系为所欲

---

[1] 崔丽、张莹.《董明珠:水至清也有鱼》[N].中国青年报.2013

为，管理起来非常困难，就连分管的领导也拿他们没有办法。因为这些"关系户"的肆无忌惮，经营部的制度形同虚设，无人遵守。

如果换做一般人，对于这些领导的"心腹"，即便不去拉拢，也会忌惮三分。但董明珠却不一样，她是偏找"硬石头"去碰。越是领导身边的人，越要严格要求，甚至要拿他们开刀立威，"杀鸡给猴看"。

1995年初，董明珠查账时发现，有一位业务员利用手中的权力，在没有收到货款的情况下就擅自向经销商发货，导致账目上出现了多达500万元的货账不符。当时，在格力电器，"先付款、后发货"已经成为一条不可触碰的铁律，这种触碰底线的行为令董明珠勃然大怒，她决定对这位业务员按照制度进行严厉处罚。

这时，有人善意地提醒她，这位业务员是朱江洪的老部下，与朱江洪的关系很"铁"。董明珠听了之后，二话没说，直接对其罚款并将工资降了一级，而且还要将处罚情况在全公司进行通报。在她看来，这恰好是一个难得的机会。有这么一个现成的"出头鸟"，还是关系很"硬"的关系户，如果能够，对其他人将会起到非常好的警示作用，这样一来，所有人都会知道纪律执行的严格与一视同仁。

这个决定一公布，格力内部一片哗然。

那位业务员接到处罚通知后，气急败坏地找朱江洪告状。朱江洪把董明珠叫到自己的办公室，问她："这几天闹得沸沸扬扬的处罚是怎么回事？"

董明珠没有隐瞒，坦诚地讲述了事情的原委，并且毫不留情地说："对这种违反公司制度、破坏公司利益的人，这样的处罚实在是太轻了！如果给我权力，我马上就会把他开除！"

朱江洪为人宽厚温和，而且对自己的老部下有很深的感情，因此，听到董明珠这么说，就想从中斡旋，让董明珠"从宽处理"，于是建议道："罚款加警告我觉得是应该的，但是降级通报是不是可以再考虑一下？

毕竟，他对咱们公司也作出了很大的贡献，这么做会让很多人寒心。"

董明珠丝毫都不退让，强硬地进行了反驳："我不是不给你面子，站在个人的角度我完全可以做好人放过他。但是，我必须从企业的角度来处理这件事，现在，经营部已经有了要送礼才能拿到货的风气，这样下去只会对公司贻害无穷！我这样做是为了维护格力的利益。如果放任这样的人继续为非作歹，还谈什么生存与发展？"

董明珠的这番话让朱江洪无言以对。

董明珠就是这样不讲情面，在她看来：

"有道是无私才能无畏，身正不怕影子斜。我不讲情面，也不怕得罪人，更不怕别人背后的非议。我只有这样才能尽到职责。我以原则说话，凭业绩说话。我有没有犯过错误，有没有不负责任，有没有拿国家的财产当儿戏？有没有以权谋私？没有！既然没有，那我为什么还要顾忌得罪人而不坚持原则？一个老是计较个人得失的人，永远不会成功。"[1]

这件事平息之后，格力分管人事的领导找了一个机会劝告董明珠：人事工作急不得，要慢慢来，太着急了就容易出问题。现在很多人都对你有意见，要注意搞好人际关系，搞不好你这个部长会当不下去。

但董明珠却果断地表示：为了搞好人际关系而对破坏公司制度的事情视而不见，搞得公司不能发展，是不可能的。我从来到经营部的第一天起就做好了随时下岗的准备，既然不是为了钱回来而是要做事业，那就一定要坚决履行自己的职责。

后来，她说：

---

[1]董明珠.《棋行天下》[M].广东：花城出版社.2000

"我在格力真诚地为企业服务,赢得了广泛的尊重和关心,只是认真干工作,不可避免地要触及某些人的利益,自然会招致他们的怨恨和嫉妒。爱和恨是生命对我的赐予,与他们的较量,让我更清楚地懂得了我该如何做人。"[1]

董明珠坚持原则不妥协,果断坚决地处理了这个以前谁都不敢动的"关系户",令格力上下刮目相看,经营部的风气也一下子得到了荡涤。

董明珠后来回忆说,朱江洪当时可能会有些不开心,但是他是一个有格局的人,并没有因为这双"小鞋"而抹杀她的能力和功劳,仍然一如既往地全力支持她的工作。1996年朱江洪又推荐董明珠做了销售公司经理。董明珠曾说公司不会迁就任何人,所以她一直强调管理者要以身作则,在这点上,她非常佩服朱江洪,所以两个人才能实现完美的"朱董配",共同引领格力走进一个辉煌时代。

---

[1] 董明珠.《棋行天下》[M].广东:花城出版社.2000

"六亲不认",亲哥也要得罪

"不让格力的利益受损"是董明珠拼死都要守住的原则。对这个原则的坚守,在她身上刻下了深深的烙印,让她的对手甚至身边的人全都望而生畏。在这个问题上,董明珠可谓"六亲不认",即使是自己的家人,她也毫不留情。

其实,执掌经营部之后,董明珠得罪最深的一个人,正是自己的亲哥哥。

1995年夏天,全国各地都出现了高温天气,空调销售火爆异常。因为质量过硬,格力空调在市场上遭到了消费者的疯抢,一度供不应求。那时,只要谁能抢到货,谁就能赚得盆满钵盈。于是,经销商之间展开了激烈的竞争,为了拿到货源,有些经销商甚至打起了各种各样的"小算盘",可谓无孔不入。

其中,有一个经销商千方百计地联络上了董明珠的哥哥,希望通过他的关系从董明珠那里直接拿货,并向他承诺,可以给他2%的提成。董明珠的哥哥一听马上就动了心——这个经销商每进100万的货,他就能从中赚到2万块钱,这在20世纪90年代中期可不是一个小数目。他想,妹妹在格力电器管的就是空调销售,这点儿事对她来说就是举手之劳,不费吹灰之力,而自己也可以从中赚到一笔钱改善家里的生活,何乐而不为?于是,他毫不犹豫地应允了。

做着发财梦的哥哥马上就给董明珠打了一个电话,直截了当地说要找她拿货,希望她能优先供应。董明珠一听,感觉非常蹊跷:"你又不是经销商,你来拿什么货啊?"听哥哥讲完事情经过后,董明珠马上对他说了一句:"你不用来珠海了。"尽管哥哥软磨硬泡,说出一千条理由,董明珠就是两个字——"不行"。最后干脆挂了电话。

挂掉电话后,董明珠马上打电话给那个经销商,问他是不是通过她的哥哥拿货。那位经销商以为事情已经办妥了,非常高兴。谁知道董明珠说的下一句话给他当头泼了一盆冷水:"我通知你,从现在开始,格力停了你的货。"

那位经销商一听,彻底愣了,一句话都说不出来。

后来,董明珠说:"那个经销商觉得不可理解,因为你格力没有任何损失,而且通过你哥哥拿到货,你哥哥也能得到好处,对公对私都有好处,你为什么不干呢?他想来想去想不明白,跑去找我哥哥说,你这个妹妹是不是你亲妹妹啊?我哥哥不理解,他说,你手上有这个权力,又不是让你违法,你就为我们家里做一点点事,让我们有一点点发财的机会,你为什么不给?我跟我哥讲,一个人拥有权力的时候,这个权力不是为自己和家人服务的。半个月后,那个经销商写了个保证书给我,说绝不再找我哥哥了。那一年格力跟他做了七千多万,如果按照那个百分之二的比例提成,我哥哥当年就可以拿到一百几十万的。"[1]

哥哥想不明白,既不违法,又不违规,为什么董明珠宁肯让别人赚钱,却偏偏不让自己赚钱,这不是脑子有问题吗?他觉得董明珠不讲情面,不念亲情,一气之下,与她断绝了关系。据董明珠事后回忆,从那之后,她与哥哥二十多年都没有来往。

---

[1] 引自 2016 年 10 月中央电视台《开讲啦》节目中董明珠的演讲

"他到现在也不理解,但我始终觉得我做得对。"每当提起旧事,这位"女强人"的眼神里总是会泛起些许伤感,不过,她的言语依旧坚定:

"这就是作为一个企业领导人所要付出的代价,领导人并不是得到的好处更多,而是付出的代价更多。只有多付出,才能带出好企业来。"[1]

在董明珠看来,吃亏是福:"中国人有句古话说得好,叫'舍得',先舍后有得。我所做的其实也不能算是舍,只是做到了坚持原则而已,想得到的也只是兄弟姐妹、亲朋好友更多的理解。"董明珠"底气十足"——"不能坚持原则的人,一定是有私心的。我没有一点儿私心,所以我能坚持原则。"

或许在很多人看来,董明珠的这种行为很"傻"。作为空调生产厂家,格力的目的是把自己的产品卖出去,从中赚取利润,而董明珠作为经营部部长,有权力把自家的空调卖给任何一个人。只要是给到厂家能接受的价格,只要是能赚取一定的利润,她完全可以利用自己的工作之便,让哥哥拿到这批货。这对于她来说,只不过是小菜一碟,格力也没有任何损失。更何况,从公司的生产运营角度来说,这样做还能为公司创造几千万的销售额,何尝不是一件好事?于公于私,都很"划算"。明明是"三赢",董明珠却偏要得罪哥哥、得罪经销商,实在是不可理解。

董明珠当然能看到眼前的这点儿蝇头小利,但她考虑的是格力电器的长远利益。她的心里横着一条红线:如果答应了帮哥哥拿货,开了这个先例,可能导致的后果就是其他经销商依样画葫芦,破坏了原

---

[1] 钟良.《董明珠:吃亏人常在》[N].二十一世纪经济报道.2011年12月

有的秩序。

在她看来，因为当前的市场不成熟，空调产品才会供不应求。但这只是暂时的，终有一天，市场会越来越饱和。为了在空调市场饱和的时候，格力空调更有竞争力，在属于卖方市场的时候，就要与经销商建立起稳固的、互惠互利的关系。一家讲诚信的企业，一定要充分考虑经销商的利益，绝不能做违背合作原则的事。她说："这样做我哥哥可能发财了，但所有的商家将如何看格力电器？他们以后还会用心去做市场吗？只怕那时候他们唯一要做的事情，就是天天找格力电器去勾兑关系。"

只着眼于眼前的利益，甚至自己破坏游戏规则，就会在所有的经销商、合作者心目中失去信任。长此以往，必然会导致经销网络混乱无序，给那些脚踏实地、诚信经营的经销商带来巨大损失。而一旦失去这些忠诚的老客户的支持，企业经销网络的健康创建也就无从谈起，格力电器也就失去了赖以生存的保障，有可能从此陷入万劫不复的深渊。

董明珠想得更远，所以才会做出正确的取舍，宁肯得罪自己的哥哥，也要维护经销商的利益，保护企业的未来财富。

几十年过去了，董明珠提起此事依然有说不出的滋味，但是她不后悔。她说：

"在格力这么多年，我几乎牺牲了所有的亲情。但是，如果站在企业的角度去看一下，我就觉得自己的牺牲是值得的。因为我牺牲了自己小小的局部，而得到的是企业的一个整体，是成千上万员工的利益。就像一个人的肌体，利用自己的职权为亲人谋私利就是一个癌细胞，如果不及时地清除这个癌细胞，让它蔓延开来，到一定的时候，整个人的生命就会失去。所以，作为一企业的经营者,我决不会开这个口子。"[1]

如果让董明珠再做一次选择,她还会做出同样的选择。在她心中,原则大过天,在亲情和原则之间,她的重心,永远倾斜在原则这一边。亲情的撕裂,让董明珠心痛,却无悔。

正是因为董明珠对"原则"的坚持,格力电器才有了今日的辉煌。董明珠相信,她的苦心一定有人理解:"没有亲人,没有朋友,很多人议论说董明珠很可怜,她老了、退休了,一定没有朋友,一定很孤独。但我相信一定会有很多人来看我的,有90%的职工、90%的经销商、90%的消费者拥护,这就是我的成功。"

在董明珠看来,"越是单纯的东西,越是需要付出百倍的努力去捍卫它。把一种单纯的信念贯穿于生活之中,往往需要付出并不简单的代价。它需要疯狂的热情去浇灌,也需要坚强的内心去支撑"。

---

[1] 郭宏文.《董明珠:倔强营销的背后》[M].北京:中国言实出版社.2015

整顿经销大户

自从当上经营部部长之后,董明珠比以往更加忘我的工作,有时甚至到了废寝忘食的程度。即使是在睡梦中,她仍在为格力电器的发展而忧心不已。半梦半醒中,有一些好点子时不时会出现在她的脑海里。每当这时,她就会一个鲤鱼打挺从床上跳起来,抓起旁边的本子把自己的所思所想记下来。她的付出与汗水,最终全都化成了推动格力电器不断前行的动力。

经过她的不懈努力,经营部的工作终于步入了正轨,各种关系都理顺了,管理制度更加完善了,危害企业发展的漏洞也堵上了,上下的精神面貌也都焕然一新。内部整顿告一段落了,董明珠又马不停蹄地开始了对经销商的整顿。

1996年,又是一个"凉夏",空调销售困难。为了在市场上活下去,中国的空调行业再度爆发了一场激烈而残酷的价格大战,国内各大品牌的空调产品竞相降价,价格直至逼近进货成本和生产成本。格力的经销商们也纷纷要求降价,但在对市场进行调研之后,董明珠拒绝了他们的要求。格力高层采纳了董明珠的意见,格力空调的销售价格一分钱也不会降下来。

格力的合作伙伴都知道,董明珠是说一不二的,她决定的事情谁也无法改变。与她打过交道的人,都会记着她说的那句霸气十足的话:

"我从没犯过错误,我永远是对的。"但偏偏有人不服气,非要与她唱对台戏。

这个人就是格力空调的第一销售大户。这位经销大户的年销售额上亿元,占当时格力年销售总额的10%左右。这个人是董明珠一手培养起来的大型经销商,从1994年代理格力空调,坐拥武汉、苏锡常以及上海市场,不到两年时间,就做成了格力第一大经销商。

按理说,他与董明珠合作了很长时间,对董明珠的脾气了如指掌,应该知道她是绝不会妥协的。然而,经营格力空调取得的巨大成功,使得这个人过高地估计了自己的能力,因而有些得意忘形,他甚至公然宣称:"我现在是格力最大的经销商,只要我想要什么政策,格力就必须给我什么政策。"

在以后的营销中,这个人完全不遵守格力的营销规则,大搞倾销小动作,严重冲击各地市场。他通过跟格力上层的关系,在空调销售淡季,向四川、广东、湖南、河北、江西和安徽等10个省份发货倾销,甚至还出现了低于进价抛售的现象,严重破坏了格力的营销秩序,使许多守规矩的格力经销商陷入困境,无利可图,不得已之下,很多人跑到董明珠那里诉苦。

而在1996年这个号称"冷夏"的季节,此人一次性就向格力电器打款8000万元,疯狂订货。他的目的就是想大量囤积格力空调。只要格力降价,他就会不惜亏本去排挤别人,实现独占江苏市场,让格力不得不依赖他。

因此,当他听说董明珠坚持不降价后,马上飞到珠海来向格力施压,要求格力降价。

通常来说,对于这种有极大影响力的经销商,厂家一般都会听之任之、恭敬有加。格力的一些高层就是这样的态度,他们对董明珠说:"给他,管他呢,只要把货款收回来就行。"可董明珠却不是这样的人。

她认为不能让经销商牵着鼻子走,而且必须稳定整个经销商群体的利益和情绪。她不怕硬,不信邪,非要创造一个让所有的经销商都平等竞争、按规矩享受相应待遇的营销环境。

于是,董明珠果断叫停了对这位大户的供货,即使他已经打进钱来,也不再给他发货。这位经销商与格力电器高层的某位领导的关系很不一般,不但不知错就改,还怂恿很多的经销商接二连三地跑到珠海,告董明珠的状,要求格力妥协,威胁说如果格力对董明珠的决策听之任之,他们就放弃经销格力品牌。

这位经销大户还曾经自信地对董明珠说:"董明珠你要明白,我们才是你的真正后台。你把我们搞好了,你这位置就坐稳了。想一下,如果大经销商都说你不好,你还能在这位子上坐多久?"

董明珠可不是一个见硬就软的人,她宁肯被撤职,也坚决不做出让步。她说:

> "以当官来要挟我是没有用的,部长、经理都不是我的人生目标,他的这番话对我没有任何威胁。反之如果退让,容忍他的恐吓行为和经销商们的降价要求,格力空调的定价权将落入大经销商的手里,我们就会丧失主动权,失去竞争力,很快被市场淘汰。"[1]

最终,这位经销大户在珠海的兴风作浪以失败收场。

但他对格力电器的损害并没有到此为止。这之后不久,董明珠出差路过武汉,宜昌的一家二级经销商特意找到她,向她投诉:他从那位经销大户那里进了2000多万的格力空调,但对方一直想方设法拖

---

[1] 董明珠.《棋行天下》[M].广东:花城出版社,2000

欠他的安装费。董明珠听说这位经销大户如此欺压二级经销商，勃然大怒，在格力经销队伍中公开揭发了这件事。

那位经销大户得知了这件事后，一下子本性毕露，找到投诉的二级经销商，破口大骂："董明珠算个什么东西！你知道我与格力的某某、某某某是什么关系？你以为有姓董的撑腰就了不起？你瞧着，我要到珠海去收拾她！"

不过，他的话说得再狠，也无法改变董明珠封杀他的决定，此时董明珠已经通知所有人不要再给他发货，谁敢给他发货，就处罚谁。如此一来，这位经销大户的财路彻底断了。无奈之下，他只好跑到珠海找朱江洪，希望朱江洪能从中说和，让董明珠放他一马。但董明珠的态度非常坚定——不行！

董明珠踢掉经销大户的决定，让格力的经销商们都目瞪口呆。过去大家都认为，经销大户能为格力电器带来上亿元的销售额，无论如何，董明珠也不敢在太岁头上动土。现在董明珠竟然将其彻底封杀，让他们都倒吸了一口凉气，他们觉得董明珠太厉害了，做事丝毫不留情面。

但董明珠却告诉他们，对不守规矩大户进行封杀，可以极大地维护大多数经销商的切身利益，让众多中小经销商更好地经营销售，格力经销队伍的军心会得以稳定，格力空调的销售市场也会恢复往日的平静。事实证明，董明珠采取的强硬措施是完全正确的：1996年，国家统计局与央视联合发布的调查数据显示，格力空调在全国的市场占有率高居榜首。这充分说明，踢掉经销大户并没有影响格力的销售。

那些与董明珠直接交过手的人，是最能够见识到她厉害的人。无怪乎，有人给了她这样的评价："董明珠走过的路，草都长不出来。"

吃里扒外,不行!

董明珠是一路斗争过来的,在格力电器任职的这些年里,她时刻都在进行着博弈与拼斗:与不诚信的经销商斗,与竞争对手斗,有时甚至还要和自己的亲人斗,当然,更要与格力电器内部那些损害公司利益的人斗。

20世纪末期,一些经销商为了赚取更多利润,置经销协议和格力电器的长期利益于不顾,进行跨地区降价倾销。为了整治"窜货"顽疾,董明珠于1997年成立了第一家区域性销售公司——滨江销售公司,以格力品牌为核心,将区域内的几大经销商凝聚在一起,并总揽二三级经销商。然而,令她意想不到的是,这家具有招牌意义的公司,在一年之后竟给格力带来了严重的危机。

滨江销售公司的经理叫吴良一,以前曾经经营过很多空调品牌,但是业绩不好,一直亏损。滨江销售公司成立后,他抓住时机加入格力,趁势快速崛起。

从1998年秋天开始,格力电器总部不断收到针对吴良一的举报信,这些举报信有的是滨江销售公司员工写来的,有的来自格力电器在滨江地区的二级经销商,但反映的都是同一个问题:在滨江做格力品牌不但赚不了钱,还会赔钱。不仅如此,滨江格力销售公司的负责人吴良一还利用格力的销售渠道来推销其他品牌的空调,并且要求公司员工每人投入 5 万元来经营这一品牌的空调。

起初，这些举报信并没有引起包括董明珠在内的格力电器高层管理者的关注，对于一家大型制造企业，经销商的投诉是司空见惯的事情。毕竟，商人总是逐利而行的，总希望厂家能再多让出一些利润。

不过，随着时间的推移，类似的举报信越来越多。到1998年11月，九名滨江经销商联名向格力电器总部举报吴良一侵吞返利、定价过高、损害经销商利益等问题。原来，根据格力电器的"淡季返利"政策，格力电器总部将经销商应得的一部分利润转给了滨江销售公司，要求他们将其返还给各个经销商。没想到的是，身为滨江销售公司负责人的吴良一竟然私自将这笔钱侵吞了。除此之外，吴良一竟然连空调安装费都克扣，使经销商不得不倒贴钱来维持公司运转。久而久之，这些经销商渐渐心灰意冷，纷纷萌生了放弃经营格力品牌的想法。

董明珠拍案而起。她没想到，吴良一竟然利用手中的权力，为个人谋私利！吃里扒外，绝对不行！

不过，本着不冤枉任何一个好人的初衷，董明珠决定先到滨江市场考察，把事情查个水落石出。不过，就在她马上要启程时，她又了解到一个情况：一位格力电器总部派驻在滨江销售公司的员工向她反映，说吴良一经常对经销商大肆炫耀他与董明珠的关系有多么"铁"，甚至宣称董明珠做什么决定都要与他商量。正因为他的这种狐假虎威的行为，很多经销商才会忍气吞声到现在。

吴良一竟然敢打着自己的幌子损害公司利益，这令董明珠愤怒不已。考虑到滨江经销商现在或许已经对她产生了误解，以为她是吴良一的"后台"，见了她未必敢说实话，于是，她当即改变主意，把事情的来龙去脉向朱江洪讲明，请求他到滨江市场上跑一趟，把情况查明。

朱江洪同样意识到了问题的严重性，他接受了董明珠的建议，决定"微服私访",暂时先不惊动滨江销售公司。

在滨江私访的结果令朱江洪震惊不已:吴良一几乎成了一个不受节制的"封疆大吏",只手遮天,欺上瞒下,再这样下去,格力电器在滨江辛辛苦苦开拓出来的市场很有可能毁于一旦。

急火攻心的朱江洪当即赶往滨江销售公司,紧急召集当地的经销商开会,当着众人的面,他把吴良一狠狠地骂了一顿,责令他马上纠正错误,对经销商进行补偿。吴良一满口答应,保证绝不再犯,甚至指天发誓。

然而,朱江洪刚刚离开滨江,吴良一就换了一副面孔,恶狠狠地威胁那些写举报信的经销商要限制他们销售格力空调,而且还向董明珠泼脏水,说是董明珠指示他这样做的。

从那之后,他还当起了两面派,表面上对格力电器总部百依百顺,私底下却依然干着见不得人的勾当,甚至还变本加厉地开始了"二次创业",将通过销售格力空调赚来的钱偷偷转移出去,成立了一家新的空调销售公司,还让滨江格力销售公司为那家公司担保贷款。

吴良一的这家新公司销售的是其他品牌的空调,但用的却是格力电器的资源。他利用自己手中的发货权,无耻地要求格力空调的经销商必须把这个品牌的空调摆在专柜上,否则就不给他们发货。在2000年滨江全省订货会上,吴良一甚至公然表示第二年要做8000万元的某空调品牌,并一次打过去2000万元的款项!

吴良一的狼子野心,昭然若揭!

董明珠听到消息后,怒不可遏,她马上命令吴良一立即停止销售其他品牌,撤掉那些展台展柜。吴良一故技重施,连声道歉,并迅速撤掉了其他空调品牌的展台展柜。然而,等风头一过,他就又故态复萌。

董明珠深知,再继续纵容吴良一,就等于亲手毁掉滨江市场,毁掉经销商对格力的信任。考虑到滨江销售公司已经尽在吴良一的掌握之中，权衡再三，董明珠决定来一招"釜底抽薪"——组建新公司取代滨江格力销售公司的职能，以绝后患。

在董明珠的布局下，2001年3月，滨江新兴格力销售公司正式成立，由原滨江格力销售公司高管马得利担任负责人。新公司成立后做的第一件事就是对过去那些利益受损的经销商进行补偿，使其挽回损失，这让经销商们感受到格力公司的严谨和负责，重新恢复了对格力品牌的信任。

由于吴良一对滨江市场比较了解，在早期也曾为格力电器立下汗马功劳，董明珠决定再给他一次机会，让他到新筹建的销售公司当高管。遗憾的是，面对这样的宽容，吴良一仍然没有反思自己的错误，反而认为公司一而再地留任他，是因为他个人有能力，格力电器离不开他。

自忖有这样的"倚仗"，吴良一打电话到珠海总部，推说心脏不好，要求住院。同时又对下面的经销商说：怎么样？董姐说话了，新兴公司还是我当老总，还是离不开我吴良一！对我不满？走着瞧！

经销商们听到这番话，纷纷脸色大变，立刻打电话到珠海总部询问情况，担心新公司换汤不换药，最终还是会被吴良一踩在脚下。董明珠只好一个个地向他们解释说：新的滨江公司的常务工作并非由吴良一负责，而是由马得利同志负责。听了董明珠的保证，经销商们这才放下心来。

之后，马得利也没有辜负董明珠和朱江洪的期望，在他的领导下，新兴公司各项工作很快就理顺了。

在医院装病的吴良一原本还等着董明珠来请他"出山"，可是等了很久，也没人前来探望他。他再也憋不住了，主动打电话给董明珠，要求回去"好好上班"。但这时，已经再也没有人搭理他了。

滨江事件为董明珠敲响了警钟，她深刻地认识到，一个企业，仅仅建立起严格的管理制度是远远不够的，必须要有好的人来执行，更要有完善的监督体系。后来，她说：

> "一个人是否是优秀人才，权力在手的时候最能充分体现出来。人的权力地位上升到一个较高的层次，更容易暴露其内在的品质。这个阶段的人最容易犯错误，他最需要的不是信任，而是监督；我认识到，不能仅仅依靠人情关系来管理销售公司，必须有一套完善的规则来制约。"[1]

这之后，董明珠为格力电器的各个销售公司制定了完善的管理制度，而且加强了对销售公司的监督。不仅如此，为了避免损害广大经销商利益的行为再次发生，董明珠更加重视供货和返利的管理与监控，格力电器的管理层次延伸到二级经销商，形成了层次分明、权责明确的营销管理体系，足不出户，就能运筹千里。像从前滨江格力销售公司那样依靠"玩阴招"谋取暴利再也不可能得逞了。

---

[1]董明珠.《行棋无悔》[M].广东：珠海出版社.2006

"他们罢免你,我罢免他们"

正所谓"天下熙熙,皆为利来;天下攘攘,皆为利往",有利益的地方就有数不清的矛盾、纷争。在格力内部,也有一些人,为了一己私利,不择手段,甚至向自己人举起屠刀!

董明珠深知,"堡垒总是从内部被攻破的",一旦出现内耗,就会从内部瓦解企业的战斗力,让企业虽然表面看起来非常光鲜,实则金玉其外败絮其中。当企业自身已经溃不成军时,又何以御敌?再强的企业也怕窝里斗!

因此,最令董明珠痛心的,莫过于格力人同根相煎!正因为如此,当河南销售公司以"莫须有"的罪名罢免一位优秀总经理时,她毫不犹豫地说出了一番豪言:"别怕!他们罢免你,我来罢免他们!"

事情还要从1999年说起。

1999年秋天,董明珠忽然收到了河南格力销售公司发来的一封"弹劾书":

董明珠董事长:

河南销售公司5名股东代表于10月8日上午组织召开股东会议,听取了总经理郭书占同志关于1999年度格力销售有限公司工作情况的报告,与会各股东针对1999年3至9月份的工作进行了认真讨论,并实事求是地进行了评价,特别是对1999年3至9月份的工作失误,大家本着负责的态度,达成了共识,郭书占同志本人对此也有所认识(另附会议纪要)。鉴于这种情形,为维护格力空调这一品牌的信誉,继续做好河南市场格力空调的经营,股东会成员经过充分讨论,在意见一致的基础上,形成了河南格力销售有限公司股东会决议,现将会议纪要呈报于您,请予指示。

1. 鉴于河南格力销售有限公司1999年经营中出现的工作失误,与会股东单位的代表(董事)一致认为,作为总经理的郭书占同志有不可推卸的责任,同时,一致同意郭书占同志辞去总经理职务的意见。

2. 向董事长董明珠同志报告情况,建议新的总经理人选由格力厂派人担任或从其他方面委派。如果格力厂不直接委派,由公司董事会根据总经理人选的素质要求公开向社会招聘。

3. 为防止公司资产流失、损失,暂时冻结公司资产,何时解冻,由董事会另行通知,同时为保证公司正常的业务开展,暂明确由×××、××两位同志负责日常业务的协调。

4. 对河南格力销售有限公司1999年3至9月份工作情况,财务状况进行会审,会审的时间、地点及形式另行通知。[1]

看到这封信,董明珠的心里不由地"咯噔"了一下。河南格力销售公司的情况她是非常了解的,这家公司成立于1999年春天,在格力的地区销售公司中属于较晚的。

当时,入股公司的股东大多是河南地区销售格力空调的大户。过

---

[1] 董明珠.《行棋无悔》[M].广东:珠海出版社.2006

去他们为了争夺消费者在市场上进行了激烈的"厮杀",结下了不少"梁子",现在虽然汇聚在同一家公司,却互相提防,而且都打着自己的算盘,有人想用格力牌子赚大钱,有人想以此转嫁危机,有人则抱着试试看的态度,想着万一不行就散伙。人心不齐则众力难聚,河南格力销售公司宛如一盘散沙。

不仅如此,河南格力销售公司的成立还遭到了当地的二三级经销商的排斥。河南市场原本处于几个大户相互竞争的局面,突然间这几个大户竟然握手言和,合为一个公司运作市场,这个巨大的转变让二三级经销商们感觉难以接受,在他们看来,这些大户这么做,一定是为了从他们身上抢夺更多的利润,因此他们对河南格力销售公司始终抱着防备的心态,行动上更是完全不配合。

正因为如此,河南格力销售公司的总经理郭书占从上任伊始就不得不在夹缝中生存。一边是大户股东,一边是二三级经销商,哪边都得罪不起。

他的处境之尴尬还不止于此。当时格力在山东、河北、北京、安徽、陕西、江苏等地还没有成立区域销售公司,来自这些地方的一些经销商纷纷向位于中原腹地的河南"窜货",令格力电器在河南的经销商们非常不满。他们要求郭书占必须堵住外省货源,保护河南市场。但与此同时,这些经销商自己却也改不了"窜货"的坏习惯,对那些外省经销商倾销的低价格力空调来者不拒、照单全收。如此一来,河南格力销售公司刚成立时向经销商们保证的规范市场、控制价格、提高利润全都变成了空话。

外有强敌环伺,内有重重矛盾,河南格力销售公司的发展可谓举步维艰。那些大股东看到公司陷入了困境,不但不愿意与郭书占风雨同舟、共克时艰,反而把矛头纷纷对准了他,指责他的管理水平太差,甚至要求他必须事事听命于他们,做到事前请示事后汇报。这样的无理要求，郭书占当然不能应允，他回应说销售公司不是为几个大股东服务的，而是为全体经销商服务的。

看到郭书占不肯屈服，那些大股东干脆撕破了脸，露出了狰狞的面孔，隔三差五就会到河南格力销售公司闹事。有一天，一个大股东打着审计的旗号，突然跑到销售公司搜集郭书占的"罪证"，又是撬门窗，又是撬抽屉，搞得销售公司一片混乱、人人胆战心惊。

这样的闹剧在河南市场上上演了一出又一出，那些对格力品牌嫉恨不已的竞争对手们看得心里乐开了花。有些人还趁机落井下石，在社会上造谣说：河南格力销售公司不行了，要解散了！郭书占有严重的经济问题，马上要被罢免了！漫天飞的流言蜚语让很多经销商都对格力这个品牌失去了信心。

然而，就是在这样的内忧外患中，郭书占仍然没有放弃，一直勤勤恳恳地在河南市场上深耕细作。最终，他不但带领河南格力销售公司挺过了这一关，到当年年底一盘账，竟然还创造了不少盈利。

那些只知道一味搞破坏的大股东们看到公司赚了钱，纷纷转变态度，来找郭书占凑近乎，想要从中分一杯羹。于是，利益之争又起。

郭书占为人公道，为了消除经销商们对格力的不信任、增强他们对格力空调的信心，也为了巩固历尽千辛万苦打下的市场，他决定拿出一部分利润来对二、三级经销商进行奖励。然而，这样的利润分配方式却惹恼了那些唯利是图的大股东，在他们看来，郭书占的行为损害了他们的利益。

1999年10月8日，股东们串谋起来，在河南南阳召开了一次"股东会"，唱了一出"风波亭"的戏。在会上，股东们以莫须有的罪名罢免了郭书占，并逼迫他签字承认错误、写辞职报告，郭书占被逼无奈，只能签字。

事后，悲愤交加的郭书占打电话给董明珠："董总，他们开会罢免了我……"堂堂七尺男儿,在电话里嚎啕大哭。

董明珠知道,不能让好人受委屈,让好人受了委屈、寒了心,以后谁还愿意为格力卖力?她毫不犹豫地对郭书占说:"他们的做法是错误的,你没有为个人谋私利,一定要挺住,我会支持你、相信你。现在无论受多大委屈,你都要挺住,工作照样做,总经理照样当,不能让市场遭受任何损失!"

郭书占无奈地说:"现在说什么也没用了,他们已经开会向下面经销商宣布我不再担任总经理了。"

董明珠一听,马上给他打气:"别怕,他们罢免你,我来罢免他们!我现在就来处理此事,让股东全部退出,格力电器选择新的、更加优秀的经销商投资,你继续当总经理。"

紧接着,董明珠就打电话给带头闹事的股东,厉声警告道:"你要是不想干了就马上退出!但如果你干扰郭总经理的工作,我绝对不会轻饶你!"

这之后,董明珠又派人到河南市场进行了认真的调查,查明了那些股东罗列的"罪状"全都是子虚乌有的事情,为郭书占正名。在董明珠的强力支持下,郭书占继续担任河南格力销售公司的总经理,并继续推行之前的计划:拿出销售公司当年的部分利润对全省格力经销商予以重奖。

河南市场的利益之争让董明珠深刻地认识到,一个企业的经营者必须把惩恶扬善的利剑磨亮,把坏人清理出队伍,好人才能发挥其价值。她说:

"一个企业中的绝大多数人都属于'善'的一类,'善人'越多,企业就越健康。由于'善人'通常会按照公司的要求和规章制度办事,并且有愿望把工作做好,所以对待这些人的基本原则是信任他们，重用他们，给他们提供一个舞台去表演，对于表演出色的人予以奖励。这就是人们常说的'扬善'。一个企业如果在'扬善惩恶'方面做得好，就能树立正气，使企业有一个健康的肌体，不扬善就不会有更多的人'变善'，而不惩恶就会有更多的人'变恶'。"[1]

郭书占也没有辜负董明珠的信任，这场风波之后，他带领着河南格力销售公司逐步实现了预期的战略目标，淡季回款从2000年的2亿元增长到2002年的4亿元，销售额从1999年的3.5亿元增长到2002年的10亿元，创造了一个又一个销售神话！

[1]董明珠.《行棋无悔》[M].广东：珠海出版社.2006

淮地哗变之危

从一名小小的业务员一路成长为格力电器这艘大船的领航员，董明珠知道，前路漫漫，任重道远，还需砥砺前行。她正摩拳擦掌，准备全身心投入市场，带领格力电器走上新的台阶。然而，就在这时，一场内部"哗变"事件意外爆发。

这场哗变事件发生在董明珠起家的安徽市场上，是由安徽格力销售公司的负责人梁君引发的。如果说吴良一的行为属于吃里扒外，那梁君的行为就称得上是"叛乱"了。

安徽格力销售公司筹建于1999年秋天，与滨江格力销售公司和河南格力销售公司一样，这家公司成立的初衷是为了整治经销商低价销售、价格倒挂、冲击其他地区市场等乱象。加盟安徽格力销售公司之前，梁君在安徽电业公司下属的一个空调门市部任职。安徽电业公司是格力空调的重要经销商，后来成为安徽格力销售公司的股东。在安徽电业公司高层的推荐下，梁君出任销售公司的高管。董明珠与梁君打过几次交道，认为这个人还是可以信任的，本着"疑人不用，用人不疑"的原则，便放手让他经营安徽市场。

不过，令董明珠惊讶的是，梁君上任后不久，安徽格力销售公司的几个股东就打电话给她，希望她将梁君撤职，理由是他把安徽市场搞得一片混乱。董明珠赶紧找到梁君询问事情的来龙去脉，梁君回答说:"有的股东提出了赊货等不合理要求,我不愿意违反原则,拒绝了他们,所以他们想让我下台。"

有河南格力销售公司的前车之鉴,再加之董明珠深知,坚持原则容易得罪人,因此,对梁君的话她并未起什么疑心。她想,既然选择了他,就要给他一个成长的空间,让他多历练历练。她叮嘱梁君,凡事一定要以经销商的利益为重,处理问题要讲究方式方法。梁君满口答应。

不过,考虑到梁君在管理经销商方面缺乏经验,董明珠还是有些不放心,于是,2000年春天,为了加强对安徽格力销售公司的监督,董明珠打电话让财务部长张力来珠海谈话。没想到,梁君竟然跟着张力一起到了格力电器总部。董明珠很意外,一见面就问梁君:"我让财务人员来,你来干什么?难道她到总部来你有什么放心不下的?"

这之后,董明珠与张力进行了单独谈话,她向张力提出了两点要求,一是加强内部管理,健全财物制度、报销审批制度,二是从财务制度、价格核算方面,协助梁君搞好安徽市场的销售工作,要对经销商负责。

回到安徽后,按董明珠的指示,张力对梁君的一些违规做法进行了抵制。比如,梁君以格力销售公司的名义给某股东提供担保,这违反了公司管理规定,张力当即限制了其提货额度;当股东欠钱提货,犯了格力电器经销大忌的时候,张力及时地、如实地将情况反馈给董明珠;对梁君其他违反财务制度的行为,张力也都进行了有力的抵制。

因为坚持原则,不愿意与其沆瀣一气,张力成了梁君的眼中钉、肉中刺,他一直在找机会,想要清理掉张力这块绊脚石。

到2000年年底,董明珠发现了一个非常严重的问题:2000年度安徽格力销售公司的报表上,不但没有盈利,反而出现了严重亏损。这在过去是从来没有过的事情。而且,梁君还暗地里拉拢股东,擅自向股东承诺"分红",根本没有召开过董事会。

2001年3月初,空调销售马上就要进入旺季之时,董明珠又接到了一些安徽经销商和安徽格力销售公司股东对梁君的投诉,真凭实据,反映了很多具体问题:比如安徽格力销售公司向内部员工和二、三级经销商集资,私下承诺给高达40%的回报,以此来违规吸纳资金;然后是公然收买股东,一些股东单位擅自将股本金抽回,在没有盈利的情况下照样分红。期间,梁君和几个股东勾结起来,利用手中的发货权,不付钱就拉走空调;再就是滥加广告投入,梁君原本只有权使用100万元的广告费用,最后却支出了数百万元;还有低价抛售空调,损害公司和广大经销商的利益,以满足股东的利益等。

事态严峻,董明珠再也坐不住了。她紧急赶往安徽,召开股东会议,又与经销商进行了座谈。在这个过程中,她心中的担忧越来越重:梁君在安徽只手遮天,把她辛辛苦苦打下的安徽市场搞得乌烟瘴气。空调销售旺季即将到来,如果梁君的问题处理不好,会给企业带来重大损失,格力电器的中小经销商也将成为最大的受害者。

当时格力电器在安徽格力销售公司还有一些股份,各股东推选董明珠担任董事长。在第二天的董事会上,董明珠以董事长的身份果断宣布:从现在开始,梁君只负责面上工作,主要起监督作用,具体工作分工给下面做。梁君不再管业务,另派一人主管业务。之所以没有将梁君一撸到底,是因为董明珠是个爱才之人,在她看来,如果梁君能彻底认识到自己的错误,转变思想,真正做到维护经销商和消费者的利益,还是可以继续留任的。

面对这场突然变故,梁君并没有手足失措,相反,他欣然接受了董明珠的安排,并表示要认真反省自己,痛改前非,继续为格力效力。

看到梁君态度如此诚恳,董明珠欣慰不已。她以为梁君迷途知返,于是在开完董事会的第二天就踏上了归程,毕竟,总部还有堆积如山的工作在等着她去处理。

然而,就在她离开安徽的当天,销售公司就发生了抢夺财务章的恶性事件!

事情的经过是这样的:

2001年4月17日下午,得知董明珠已经匆匆赶回珠海后,梁君来到了张力的办公室,说:"一个股东通过某银行帮我们贷款3000万元,你快到某行去!"张力不知道其中有诈,赶紧收拾东西出门了。

张力前脚刚走,梁君后脚就找到了财务主办会计,向她索要财务章。梁君是总经理,会计不敢违抗他的命令,于是就将财务章拿了出来。梁君拿到财务章后,要将其带走。会计知道财务章被拿走的严重后果,赶紧对其进行阻拦。梁君一看会计不放行,就与两个股东一起把财务章夺下,扬长而去。把财务章抢到手后,梁君又到前台出纳处,以要购房为由,将银行印鉴一并拿走了。这之后,梁君又和与他串通一气的其他几名股东一起举行了"临时紧急董事会",在未能获得董明珠授权的情况下,罢免了张力财务部长的职位。

当张力意识到自己中了调虎离山之计匆匆赶回公司时,梁君得意洋洋地向她宣布了罢免决定。张力又急又气,无奈之下只好打电话向董明珠求助。刚刚落地的董明珠被惊得目瞪口呆,她无论如何也没想到,才不过半天时间形势就发生了如此急剧的变化,更想不到梁君竟然如此无法无天!

董明珠知道,财务章被抢,对格力电器总部的影响并不大。安徽格力销售公司是有限责任公司,即使资金被骗,官司也打不到格力电器头上;不过,二、三级经销商却会蒙受重大损失,各地经销商打给安徽格力销售公司的货款多达5000万元,其中有相当一部分还没有提货!这些经销商的钱有很多是从银行贷来的,如果被梁君等人侵吞,不知会有多少可怜人血本无归,甚至家破人亡!

为了维护经销商的利益，风尘仆仆的董明珠没等安顿下来，就采取了"救火行动"——要求公司两名负责保安的人员第一时间赶往安徽，尽全力保住账目。

可惜的是，狡猾的梁君早就料到了董明珠会这样做，开完"临时紧急董事会"后，他命令公司所有业务员连夜从淮县、淮阳等地打出租车赶回公司，谎称道：珠海来人要罢免我们，不让我们再做下去，你们这些业务员都没有工作了！

那些被蒙蔽的业务员一时间群情激奋，当总部保安人员索要账目时，他们纷纷破口大骂，有的甚至撸起袖子准备打架，还有人打"110"报警：快来！我们这儿来了两个不明身份的人，要闹事。

局面陷入一片混乱，冲突一触即发！

所幸的是，董明珠早就叮嘱保安人员无论形势多么紧张，都要保持镇定冷静，绝对不能冲动，否则，不但不能解决问题，反而会激化矛盾，使问题更加复杂。所以，梁君的诡计当天没有得逞。

第二天，董明珠又马不停蹄地赶回了安徽，一路上心急火燎。到了安徽后，董明珠马上召开股东会，解决财务问题和抢财务章问题。梁君得知消息后撕下了温和的面具，开始与董明珠硬碰硬。他一方面向员工散布流言说，"董明珠是来解散公司的"，"珠海人欺负到安徽人头上了"，另一方面雇了一批地痞来公司吓唬其他股东，想把股东会搅黄。

为了破局，董明珠临时把股东会的召开地点挪到了她下榻的酒店，并与众股东草拟了一份协议，大意是：一、梁君可留任，但要反省；二、财务要归格力总部管；三、对外投资及大额广告必须由董事会决定，而董事长为董明珠。[1]

---

[1] 董明珠.《行棋无悔》[M].广东：珠海出版社.2006

对于这份协议，梁君当然不愿意接受，他一方面拒绝参加后续会议，另一方面鼓动员工到酒店去找董明珠闹事。

当时董明珠作为格力电器的总经理，公务繁忙，再加之当时正值空调经销旺季，于是就想先返回珠海，慢慢处理这件事。在临走前，她留下了全权代理律师，并对财务及库管做了交待。

董明珠走之后，已经图穷匕见的梁君就开始铤而走险。他不断地鼓动投资员工和代理商去纠缠董明珠留下的人，同时，加快速度将安徽格力销售公司账上的数百万资产转移到支持他的三名股东以及他自己的广告公司名下。

董明珠虽然远在珠海，但仍然密切关注着安徽的局势。当她得知梁君妄图转移资产后，马上采取措施进行回击——登报宣布安徽格力销售公司的公章、财务章已经作废，并停止了对梁君的所有授权，使得公司资产得到保全。同时，先前嘱托的库管也很给力，没让梁君提走那5000多万元货。根据账目底单，董明珠把其中的3500万元货发给了经销商，及时安抚了经销商，稳定了军心。

阴谋未能得逞的梁君仍不死心，开始疯狂地报复董明珠。他给朱江洪发了一封"劝和信"，历数董明珠的种种问题，以及自己遭受的委屈。还买通一些媒体，以《格力内讧》《"帝王意识"！格力旧臣再曝"内讧"惊人内幕》等为标题，对董明珠进行大肆攻击。但董明珠全都一笑置之。

这场淮地哗变终于得到了平息，董明珠为此付出了极大的代价。事后有人问她："当时你害怕吗？"她回答：

> "我已经不知道什么叫害怕，假如用我这条命能换来经销商的利益，就是牺牲了，也是值得的。"[1]

---

[1] 董明珠.《行棋无悔》[M].广东：珠海出版社.2006

来一场"刮骨疗毒"式的革命

2001年,因为累积多年的沉疴,格力电器的运营发展陷入了举步维艰的困境之中,销售额屡创新低。员工们再也无法忍受格力内部长期以来存在的腐败与不公,联合起来,举行罢工抗议。

为了安抚员工们,在这紧要关头,格力高层任命董明珠为总经理。

当时,所有的格力人都心知肚明,董明珠接过的,是一个"烫手山芋",这个总经理不好当。然而,董明珠没有胆怯,更没有退缩,相反,她表现出的勇气和果决令所有人惊讶。

"有交易的地方就有腐败。"董明珠上任后,烧的第一把火就是整治腐败,净化格力电器的内部环境。

为了加强对中高层干部的监督,董明珠在公司设立了无数个"总经理信箱"。原来信箱挂在厂长办公室门口,员工有意见也没人敢投。但董明珠却另辟蹊径,让人把信箱挂在厕所旁、楼道边、食堂里。员工们私下议论,看来,董明珠是认真的。从此信箱每天塞得满满当当,最高纪录一天收到700封信。

这些随处可见的"总经理信箱"成为董明珠了解民情、沟通民意的渠道,其中反映的问题,有的令她深为震惊。她马上对被举报的人员进行调查,通过蛛丝马迹,发现几名中高层干部确实存在贪腐行为。

她当即找到朱江洪,说明了问题的严重性,两人想法一致,对于这种原则性问题绝不妥协。得到了朱江洪的支持后，董明珠快刀斩乱麻，迅速将一大批不称职、失去民心的干部撤掉。

在董明珠看来，反腐败没有商量、不留余地。为避免有人以"无处上缴"为借口收红包和礼物，董明珠专门设置了一个小组，负责监察和保管经销商送给格力员工的礼物。一时间，无人不受触动。公司市场部外出接待的发票，她也事必躬亲严格审查，每一张都要问清来源去向，弄得找她报销的人员都神经紧绷。

眼里揉不得沙子的董明珠决心把公司制度变成一个筛子，只有筛网足够细密了，才能淘清杂质，清理淤塞。有一次，她打电话给一名中层干部，让他到公司处理一些事务。那位员工支支吾吾说在陪客户。后来了解到，他其实是在陪家人。董明珠毫不犹豫地将其撤职，有人认为这是一件小事，只要这位干部知错就改还可以继续任用，但董明珠却说："一个人如果在这种小事上都撒谎，如果遇到大事，会如何选择？"

董明珠动真格，敢碰硬，在格力电器上下都引起了强烈震动，那些中高层干部们无不提高了对自己的要求，企业内部的风气因此大为改观。

但是，也有一些人认为董明珠断了自己的"财路"，各种叫苦、埋怨和诋毁的声音不绝于耳，一些思想境界不高的人甚至说：格力是国有控股企业，又不是你董明珠的，何必那么较真？

对于这种不负责任的言论，董明珠给予了铿锵有力的回答：

"我最不能容忍的是，杂草在国企这块肥田里肆意侵占禾苗的空间和养料；我最痛恨缺乏责任感、只考虑个人利益的人和事……如果为了坐这个位置而瞻前顾后，考虑这个关系，照顾那个情面，总是在寻找人与人之间、领导与领导之间的平衡点，你就不可能坚持正义的东西,而不坚持正义,也就伤害了大多数正义的人。"[1]

不过,对正义的坚持往往要付出血的代价。那些被她拉下马的员工记恨起了董明珠,千方百计地想把她和朱江洪弄下台,于是在背地里搞了很多小动作,一场不见刀光剑影的对决在他们与董明珠之间展开了。

一天,董明珠突然接到上级主管部门打来的电话,让她来汇报工作。她马上联系朱江洪,得知朱江洪也收到了同样的电话后,两个人觉得可能不是什么好事,做好了准备一同前去。到了上级主管部门才知道,有人检举他们,请他们来是配合相关调查的。二人当即表示自己并无不轨行为,会积极配合。对方要求查看他们的账目,并在公司内进行简单的调查,两人没有任何异议。

很快,调查组进驻到了格力公司,他们先是查看了相关的账目,没有问题,然后对格力内部人员进行了问话,同样没有问题,董明珠和朱江洪安全过关。他们以为事情就这样过去了,可事实上这才只是一个开始。

又一次电话,又一次调查,那段时间内,表情凛然的调查组人员不断在格力电器匆匆进出,董明珠和朱江洪也不停地接受调查。终于,经过一段时间的反复调查后,调查组离开了,经过缜密的调查,他们的结论是二人没有任何贪腐问题。相反,格力的一位高层干部却因为贪污而被逮捕,只能在监狱里度过余生。

这件事给董明珠带来了很深的触动,她一直认为,这位高管是一位努力工作、有能力在更广阔舞台上挥洒热血的人,没想到却因为私

---

[1] 引自 2012 年 11 月《中国经济周刊》的报道《铁腕柔情董明珠》

欲断送了前程。这之后，她总用这件事鞭策自己，在从业的二十多年中，她一直严于律己，绝不犯这种原则性错误。很多人在争权夺利的时候首先从个人利益得失的角度出发，害怕伤害到别人的利益而给自己造成麻烦。而董明珠做决定的时候，永远是从企业的利益出发，只要是有利于企业运作的，就去争取。

无私无畏，身体力行，董明珠经常用自己的切身感受对下属进行现身说法：

"如果我们对企业不负责任，只是想着上班拿点儿工资，只顾我们的眼前利益，如果所有的人都这样做，企业亏损了，我们也会没有好日子过。再往大了说，国家弱了，外国人也不会给你好脸色看。"[1]

证明了自己的清白后，董明珠在格力电器内部继续铁腕治腐，她发誓，一定要把侵害公司利益的一个个毒瘤全部拔除。

董明珠先把格力的账目仔细地过了一遍，任何有疑问的地方都不放过。把账目调查清楚后，又把问题账目的相关人员筛查了一遍。通过侧面调查和正面询问，几个有贪污问题的人员相继落马，格力的毒瘤终于清理干净了。

那时的她，就像是一个时刻待命的士兵，随时都会以百倍的精神投入到战斗之中。后来，在她成为总裁之后，也一直保持着这种枕戈待旦的状态。

董明珠掀起的这场"刮骨疗毒"式的革命，让格力电器逐渐走出了停滞不前的困境，企业的运营和管理也走进了正轨。在众多空调生

---

[1]郭宏文.《董明珠：倔强营销的背后》[M].北京：中国言实出版社.2015

产企业纷纷走向衰落的时候，格力电器的发展之路反而越走越好、越走越顺遂。

不过，木秀于林风必摧之，董明珠也因此落得个"霸道""凶""没人情"的坏名声。但是，相比外界的评价，董明珠更在意企业是否得到了发展和好处："外面讲我是一个很强势的人，很多帽子戴在我头上。但我不是为自己牟利而做的决策，是为大众利益做的决策，我相信一定能获得大多数人的支持。每一件事虽然会得罪一部分人，特别是一部分既得利益者的利益。但是为了大众的利益，这些人一定要得罪，不得罪没有格力电器的今天。"[1]

2001年，金秋十月，美好的收获季节，格力人也在收获他们的成果，格力电器十周年庆典在珠海总部隆重举行。

在员工大会上，董明珠以总经理的身份自豪地宣布："经过中国空调市场暴风骤雨的洗礼，格力从一个年产不足2万台的无名小厂，一步一个台阶，今年达到200万台，年底可能超过250万台，年产数量、销售额、产值十年中增长了上百倍，成为中国生产规模最大、技术实力最强的专业空调企业，一个不折不扣的空调巨人，奠定了在国内空调市场的领导地位。格力正在开拓国际市场，培育新的利润增长点，投资2000万美元，年生产能力达20万台的格力电器有限公司已在南美巴西竣工投产。"

朱江洪走上讲台，说了一句话："格力有了董明珠，不会输！"董明珠知道，这是朱江洪给自己下达了新的任务：只许赢，不许输！

---

[1]张力升.《商界铁娘子董明珠》[M].北京：中央编译出版社.2009

第七章

追求极致：
"工业精神就是吃亏精神"

  执掌格力电器大权之后，董明珠对企业的经营发展有了新的思考，她说："对一家企业来说，技术才是核心，营销只是手段。"董明珠对技术的执着换来的是格力电器在全国空调行业中首屈一指的地位，所拥有的专利也是全国之最，目前每天都有 7 项专利问世，格力电器成为仅靠单品销售就能突破千亿的企业，是名副其实的技术之王。

研发经费没有上限

成为格力电器的掌舵者之后,董明珠对企业的经营发展有了新的思考,虽然是销售出身,但她却发现,工业精神和技术的金字塔尖才是她和格力电器存在的意义。

董明珠对技术的追求已经到了"痴迷"的程度,她曾经多次强调:

"格力研发投入没有限制,只要觉得需要就会投,上不封顶。"[1]

这就是格力电器的研发精神。

董明珠说作为一个管理者,与其他人的唯一区别是自己比别的管理者更加注重技术研发,她常说:"对一家企业来说,技术才是核心,营销只是手段。"即使在科研技术没有成功的情况下,她仍然愿意拿钱去失败。

格力电器曾经发生过这样一件事:对于空调在零下 30 摄氏度不能制暖的问题,从空调发明至今一百多年来都没有解决方案,董明珠却给格力电器科技部下了军令状,希望他们尽全力攻克这一空调业界

---

[1] 肖文建.《销售女神董明珠》[M]. 北京:中国致公出版社.2011

的难题。

在很多人眼里,这是一件艰巨的、根本不可能完成的任务,然而,格力电器却创造了一个奇迹:经过429次淋雨可靠性实验、903次超低温可靠性实验、852次测试数据分析、534次静音测试实验,历经四年时间,难题终于被攻克——零上54摄氏度超强制冷、零下30摄氏度超强制热的全新双级增焓技术的格力高端产品全能王终于进入最终评审阶段。

然而,董明珠在听取了技术人员的汇报之后,却有些不太满意。她说:"它依然还有缝,我要做到完全无缝!"

于是,技术人员再次投入到了技术攻关之中,经过三个月废寝忘食的研发,他们终于将缝隙从原来的8毫米降到了3毫米。这次科研人员自己都很满意了,但董明珠看完,立刻又给否决了,她说:"一个支撑点不够完美。"

为了实现这个小小的改变,科研人员又投入了整整三个月时间,最终,国际领先的双级增焓变频压缩技术的全能王系列新品终于完美问世。

董明珠曾经到一个检测机构拜访,她对检测机构的负责人说:

"以后我们空调来,你往死里整,要用鸡蛋里挑骨头的精神来挑我们产品的质量问题,一点儿不达标你给我打回去。"[1]

对方听了之后,感慨不已:"我干这一行几十年了,第一次有老板来给我提这样的要求。"

董明珠对技术的执着换来的是格力电器在全国空调行业中首屈一

---

[1]引自2016年4月22日董明珠获得"苏商终身成就奖"后的演讲

指的地位,所拥有的专利也是全国之最,目前每天都有7项专利问世,格力电器成为仅靠单品销售就能突破千亿的企业,是名副其实的技术之王。

对于质量近乎苛刻的要求,源自于董明珠对消费者负责的精神。她要求新产品设计出来,要经过严格的试生产、长期运转试验和重新调整设计等流程。经历长时间的试验调整过程后,产品质量真正过了关,才可以正式投入生产,并上市销售。

然而,中国的空调业竞争非常激烈,一旦有新产品问世,许多企业为了抓住时机,抢得第一桶金,纷纷模仿、制造、抢先投放。变频空调推出时,格力的"冷静王"分体式空调能效比为3.35,达到国家二级能效标准,噪音也仅为34.2分贝。此空调一旦问世,肯定是全国噪音最小、制冷效果最好的空调。然而一石激起千层浪,得知这一消息后,众厂家纷纷将自己并不成熟的空调推入市场,鱼目混珠。此时,董明珠采取了她一贯的原则:雪藏"冷静王",一心一意提高产品质量。

最终,格力以超出国家相关标准、在购买全球最贵的铜管的基础上推出了自己的产品,"冷静王"一经上市就一炮打响,赢得了消费者的青睐。

正是这种沉得住气、耐得下心、一门心思提高质量的方式,让格力空调赢得了市场。2005年11月28日,在中央电视台《东方时空》栏目播出的《时空调查》中,格力空调成了消费者认可度最高的空调产品,格力空调在空调类的得票最多。

董明珠说:"格力的目标,就是让全世界的人都信赖格力空调,就像人们信赖奔驰和宝马一样。"正因为有这样一个伟大的目标,格力才会如此严格要求自己,才会对消费者如此负责。

没有售后服务才是最好的服务

在空调行业,所有品牌都非常重视售后服务,有很多品牌甚至宣称"24小时售后服务"。然而,身为行业的标杆人物,董明珠却对售后服务有着与众不同的理解:

> "我们心里真的把消费者作为自己的上帝,所以我们要提升一个新的概念:最好的服务就是没有售后服务。一个消费者愿意买你的产品,你天天上门服务,态度再好他也是很痛苦的。"[1]

董明珠的经营理念非常简单,就是消费者的小事就是企业的大事,要对消费者负起责任,要用这样的精神来制造产品。

在董明珠看来,售后维修服务从本质上来说是对消费者的一种打扰,因为消费者把一个产品买回去,是因为信任它的品质,不是为了天天打电话要求上门服务的。很多人说售后服务好的企业能让消费者信赖,但事实上,承诺不需要售后服务的企业更能给消费者安全感。

2003年以来,董明珠先后提出了"没有售后服务的服务才是最好的服务""8年不跟用户见面"的服务观,并在生产、制造、物流、销售、

---

[1] 引自2018年12月4日董明珠在中国企业家博鳌论坛上的发言

安装等环节采取积极有效的措施，使格力电器向着"没有售后服务"的目标脚踏实地地前进。

与大多数企业疲于应付此起彼伏的售后维修问题不同的是，格力电器将主要精力集中于抓好售前的空调产品质量，不计成本地选用优质元器件。除此之外，格力电器在产品销售过程中还把规范安装提到了至关重要的位置。

众所周知，空调必须经过专业人员的安装才能使用，一台空调的售价中，不只包括了制造成本，还包括了生产厂商给安装公司的安装费用。但是，有的空调生产厂商因为自身的利润空间受到挤压，就打起了缩减安装费的主意。安装费用被一再压低之后，安装公司为了维持利润，就会在配件质量、劳动装备上打折扣，降低甚至克扣工人工资，这些因素都会造成安装质量的下降，从而埋下严重的安全隐患。

对于这种行为，董明珠十分不齿。在她看来，安装是空调销售中非常重要的一环，如果安装不到位，是不可能留住消费者的。她也相信，就格力的产品质量和其可靠性来说，只要做到了规范安装，售后就很少会出问题。格力电器每年发生的为数不多的售后服务案件中，80%是由于服务代理商没有按规范实施安装造成的。所以，董明珠要求格力电器从产品价格上来对售中安装服务的质量进行保证，将安装费用计入产品成本内，由经销商或维修点对用户实行免费安装，安装费由分销商直接同工厂或区域销售公司结算，从而确保安装环节万无一失。

为了对售中安装进行规范化管理，董明珠还要求格力电器每年投入大量的人力、财力、物力，对全国范围内的服务网点的安装技术人员进行培训，对安装质量情况进行监督、奖励和处罚。如格力电器在安装服务上规定，安装流程必须严格按照珠海总部统一下发的操作手册执行，总部还会定期跟踪拍摄每个安装工人的安装实况，开会时播放比较，不规范的要进行警告或罚款。同时，格力电器的安装规范强调服务细节,比如室外机的挂架很多厂家都只打四个孔,而格力电器则要求必须打六个孔,而且对钻孔的深度也有要求——深10厘米。管线的转角也必须成直角,既外型美观,又充分利用了原配材料,杜绝出现故意迂回、向用户多算材料费的U型转角。

有一次,董明珠到北京参加两会,开车去部委拜访的时候,她看到部委大楼的外侧墙体上都是清一色的新的格力空调外挂机。按理说,看到自家产品,她本应感到高兴,但是董明珠却并不满意。原因在于,她发现新安装的空调外挂机上的管子不够整齐。她马上叫来格力电器北京分公司的高管:"这个虽然不是技术或者质量问题,但是这也是品牌形象问题,而且格力对管子的倾斜程度都在安装标准里写得很明白,为什么不能做得规范一点儿漂亮一点儿?"这位高管当场与客户沟通,希望进行返工。[1]

在服务网络建设方面,格力电器通过销售公司统一进行规范的销售和服务,在很大程度上既保证消费者的权益,也保护了厂家和经销商有合理的利润空间。格力电器在全国组建了5000多个售后服务网点,受过培训的售后服务人员达到3万人,先后推出安装人员《房间空调安装培训合格证》和《格力空调安装资格证》双证上岗、维修服务"快速反应部队""格力专家服务纵队"等一系列业内独一无二的新举措,把格力空调的服务提升到新的水平,确保对消费者的需求快速反应。

格力电器的另外一项大胆创新也让整个空调行业都为之震撼。2005年1月1日,格力家用空调器产品一律执行"整机免费包修六年"的售后服务新标准,而国家对空调的强制性标准为"整机保修一年、主要零配件保修三年",这一举措不但大大超越了国家标准,也超过了国际标准。按照普通空调八至十年的使用寿命,格力空调"整机六

---

[1]引自2012年商业评论网的报道《董明珠:质量即品牌 不屑价格战》

年包修"的售后服务标准,实际上意味着终生免费包修。

在空调利润不断降低的2005年,执行这样的服务标准,无疑将大大增加格力的生产成本。格力为什么给自己提出这样的要求?董明珠表示,这个要求不仅仅是对消费者的承诺,同时也是对格力自己提出了苛刻的要求。承诺要兑现,对消费者要负责任,这就逼迫格力将产品做得更好,看起来是承诺,实际上对自己是挑战。格力有承受得起这种承诺的实力,因为控制了质量,实际上六年内几乎不用维修,所以维修的成本反而下降了,消费者得到了更多的实惠。

一石激起千重浪,此举彻底消除了消费者的后顾之忧,保护了消费者的利益,行业的竞争门槛就此被抬高了,有的质量不过关的空调企业,在重重压力之下不得不退出了空调行业,许多竞争对手纷纷仿效,也开始向格力的标准靠齐。志高空调推出了比格力更高的标准:压缩机免费保修6年,其余所有零部件10年内免费更换,而且免收一切人工费及上门服务费。格兰仕实行12年免费包修,成为全球售后服务标准最高的空调企业。

除了"整机六年包修",格力电器倡导的"八年不跟消费者见面""1+1=0(一流的产品品质加一流的安装服务等于零投诉)",以及百万巨奖推行的"零缺陷工程"等,都为格力电器成为全球售后服务标准最高的空调企业作出了巨大的贡献。格力的故障率维持在万分之一,而同行仅在千分之一。2004年格力卖了700多万台空调,如果是1%坏了,就是7万台需要维修,要投入1~2个亿,实际仅有数百万元。2007年格力卖出2200万台空调,维修费用仅1000万元,远远低于同等规模的竞争者的售后费用。

没有售后服务才是最好的服务,这是董明珠对于产品质量的执着追求,是她对于格力电器核心技术的自信,也是她对企业责任的自觉。

叫板国美

商场如战场，遇上董明珠，就必须做好打"硬仗"的准备。就连黄光裕，也不例外。熟悉黄光裕的人都知道，这位曾经一手掀起家电行业血雨腥风的"价格屠夫"，纵横商场多年，很少遇到对手，在他的带领下国美一路壮大，成为渠道商中的佼佼者。然而，就是这样的"狠角色"，在与董明珠的斗争中却也落了下风，最后还得表示"最崇高的无奈"，对这个女人又敬又恨。

格力与国美之间的斗争，还要追溯到2004年初春。

国美原本是格力最稳定的销售商之一，双方一直保持着密切的合作。然而，2004年2月，为了在空调销售旺季到来之前抢得销售先机，成都国美电器在没有征得格力电器同意的情况下，开始恶意进行低价倾销——擅自将格力的一款零售价为1680元的空调挂机直降为1000元，一款3650元的柜机直降为2650元。

熟悉国美的人都知道，国美一向秉持"薄利多销"的原则，降价是它在做促销活动时惯常使用的一种手段，各大生产厂商为此吃尽了苦头。不过，因为国美旗下拥有一百多家连锁商城，是全国最大的家电零售商，因此，厂家们都对其有所忌惮，无人敢站出来反抗。但是，格力的实力和董明珠的强势在家电行业也是出了名的，而且，此前，国美已经承诺过不得单方面降低格力空调的价格，因此，这次突然进行大幅度的降价，多少有些挑衅格力的意味。

当时，董明珠正准备前往北京参加全国人大会议，四川格力销售公司负责人打电话告诉她这一消息后，她勃然大怒：岂有此理，敢降格力的价，还不打招呼！

降价向来被董明珠视为大忌，在她看来，格力电器之所以能迅速成功，其秘诀就在于建立了一支稳定且高产的经销商体系，而这个体系得以长期维持，并不断壮大，靠的就是格力稳定的价格让大家都有钱赚。董明珠当初果断地将格力空调的第一经销大户踢掉，就是为了维护价格稳定，以稳定经销商体系。而国美的单方降价行为，显然破坏了格力的价格体系，损害了其一线品牌的形象。

因此，董明珠立即下令，停止向国美供货，要求国美马上停止低价销售行为，并向格力道歉。

格力公开叫板国美！这个消息传出后，很多业内人士都震惊不已，在当时那个"渠道为王"的年代，哪个家电生产厂商敢跟国美说半个"不"字？更何况，2004年上半年国美正筹备上市，怎能允许格力如此挑战？

在董明珠的强硬态度下，因为有协议在先的原因，国美象征性地向格力道了歉，但一向信奉"你不服就打到你服为止"的黄光裕却并不服气，他很快就发出紧急通知，要求全国各分公司的数百家门店在3月10日中午12点前将格力空调全部下架。

至此，家电领域著名的"格美之争"轰轰烈烈地拉开了帷幕。

这场大战的双方可谓势均力敌：一家是当时已经连续九年占据国内空调销售榜第一的制造商，一家是当时已经有130多个连锁商城的家电连锁巨头。而且，在这场对抗的背后，还有两个同样以强势著称的企业家：董明珠和黄光裕。两家重量级企业，两位强势的企业家，这种超级对抗一下子就吸引了无数人的目光。

其实，格力电器与国美之间的矛盾早已出现端倪。2003年4月5日，国美为了推销不知名的威力空调，在深圳曾经推出了一个"买威力，送格力"的促销活动，这让董明珠非常不满，她认为把格力空调作为赠品有损格力的品牌美誉度，涉嫌不正当促销，并有可能扰乱格力在深圳的销售市场。当时担任深圳格力分公司总经理的蔡杰还非常气愤地揭国美的老底："国美为什么要联合威力来开涮格力？一个重要原因就是因为格力是空调老大，我们一向奉行'现款现货'的原则，而国美则坚持要'厂家免费铺货，7天后再结算'，我们认为这一经营方式是对厂家极不公平的。还有一点，国美的进场费少则几万，多则几十万，这是一种严重的'垄断行为'。"格力甚至还扬言要把国美送上法庭，不过，出于种种原因，最后不了了之。

这次国美的降价促销，进一步激化了双方的矛盾。得知国美对格力产品的"报复"后，董明珠毫不退让，马上还以颜色：格力电器全面停止向国美供货，格力产品全部撤出国美，董明珠声称："国美一天不接受格力的价格原则，格力就坚决不在国美卖场设柜。"

当时格力电器的一些高层管理者劝董明珠再斟酌一下，毕竟，失去国美渠道对于一级市场影响很大。但是，董明珠却坚持认为，不能跪地求饶，一定要坚持立场跟国美斗。在她看来，与国美和解的唯一方案是国美接受格力的价格原则。关键时刻，朱江洪站在了董明珠的一边，也表示决不能接受被卖场摆布的命运，这是不容妥协的原则问题。

董明珠之所以坚持己见，不是因为一时赌气。首先，她有自己的底气，格力的产品质量过硬，知名度高，售后服务好，还有一支强大的营销队伍。国美虽然实力雄厚，但在格力的销售额中，也不过只占了1%的份额而已。即使不跟国美合作，对于拥有强大专卖体系的格力来讲，90%以上的销量已经有所保障，对国美并不是那么依赖，因此她并不担心与国美的决裂。

其次，当时国美电器等渠道商利用渠道优势，残酷挤压制造商的利润空间，使得国内诸多家电制造厂商怨声载道，很多企业因为对国美渠道的依赖，只能忍气吞声，敢怒而不敢言。据称，国美新开每一家分店，都要求厂商必须进入新店，进场费少则五万元，多则几十万元。如果不进入，国美就在全国范围内撤下该厂商的产品。然后，国美以低于厂商定价的方式促销，如果产生亏损，甚至还要求由厂商来承担亏损额。对此，董明珠早就心生不满。

董明珠对国美停止供货的举动，让很多生产厂商拍手称快。他们觉得，终于有人能站出来给国美点颜色看看了。与此同时，他们也为董明珠捏了一把汗，谁都知道，黄光裕不好惹。

格力与国美矛盾的背后，是双方不同销售模式的较量。格力与国美两种分销体制的矛盾与冲突，在双方的经营理念面前终将不可避免。国美是传统代理商的销售巨头，而格力则通过独创的"新兴连锁销售"模式，不断地验证着自己营销理念的正确性。具体来说，国美模式是用供货商的钱，解决了它的贷款问题，然后用贷款解决了现金流，用现金流解决了上市，用上市回来再杀供货商。董明珠认为，这种模式其实就是为了自己的利益来破坏双赢原则的模式。

董明珠再次表现了她的决策是极具远见的。她说："这件事发生以后，很多企业都拍手叫好，在背地里都说董明珠给我们出了一口恶气。但是，让我不理解的是，这些企业已经觉得被压制得喘不过气来，为什么不能跟国美进行一次平等的谈判呢？后来我才明白，并不是国美出了问题，而是我们的企业出了问题。我们的企业想依赖国美把产品骗出去，我觉得在这里用一个'骗'字还是比较合适的。如果企业的产品品质很好，国美不卖，别人一样卖，消费者最终会来追着买你的产品。但是，我们很多企业都没有意识到注重产品质量的重要性，仅是在交易的过程当中,想方设法地把产品推销出去。为了实现更多地推销产品,就不得不在价格上打主意,不断在价格上进行较量。到头来,产品的利润空间越来越小。没办法,企业就只好在产品生产的过程中偷工减料,降低成本,这就注定形成了一个恶性循环。"[1]

其实,格力与国美之间的这场仗,早晚都要打,因为董明珠与黄光裕在商业理念上存在分歧,各自代表着两种不同的商业理念。后来,在谈到与国美的这场斗争时,董明珠曾经总结道:

> "国美跟格力的矛盾并不是个人之间的矛盾,而是观念的矛盾。现在要创造和谐社会,发生矛盾时,我认为应该多考虑行为本身是不是能从自身做起,帮助实现和谐社会。格力始终把消费者利益摆在第一位,而不是今天卖一个低价,就认为我的价格最低,我是最好的。现在的商家和厂家都没有暴利,如果都亏损,企业就要倒闭,许多人将面临下岗,这不是大家所愿意看到的。企业要对自己的行为负责任,不能赚暴利,但不能不赚钱,这就是格力跟国美之间的不同观点。我希望合作的人都能成为赢家。同时,也给大家提醒,只要每个人都用诚信对待每一件事、每一个人,那么你就可能是赢家。"[2]

董明珠做企业的理念由此可以窥见一斑:格力电器需要的不是占山为王的诸侯,而是在满足格力电器发展战略和消费者根本利益前提下的互信互惠,需要的是一支共生共荣、共同将格力打造成为世界品牌的"联合舰队"。

---

[1]郭宏文.《董明珠:倔强营销的背后》[M].北京:中国言实出版社.2015
[2]韩笑.《董明珠传:营销女皇的传奇人生》[M].湖北:华中科技大学出版社.2017

与国美决裂后,董明珠加快了自建渠道进行销售的步伐,而外号"空调降价屠夫"的国美黄光裕则泼冷水说:"松下当年在日本建立了很多自由的营销途径,但到现在看来,都已经几乎不存在了。"双方一时形同水火。

退出国美后,许多人认为董明珠"不自量力"。但格力的好品牌摆在那里,"货好不怕卖",总会有更大的客户前来寻求合作。退出国美之后的格力销售额不仅没能下滑,反而更加如鱼得水。董明珠说:"跟国美合作才会死得快。"就在国美清场格力没多久,格力就迎来了一个客户——大中。2004年3月20日,格力就与尊重其价格原则的大中电器签订了一份总值为1.8亿元的空调包销合同,总销量在8万台左右。而上一年的情况是,格力在大中的销售额仅为1000多万元。

在这些专卖店和区域销售公司努力下,格力的销售业绩在被国美清场后不降反升,当年销售收入达到138.32亿元,比上年增长37.74%,净利润为4.2亿元,比上年增长22.74%。

此举让黄光裕火冒三丈,不乏"枭雄"气概的黄光裕得知这一事件后,隔空向董明珠喊话,直言道:"其实咱们谁也离不了谁。你若拿我黄光裕平衡我的对手,我就有办法去平衡你的对手。你对我有越大的信任,我就给你越大的信任。你能给我付出,我就带头扶持你的品牌。这就是做事的规矩。"[1]但之后董明珠依然没有选择与国美合作,双方大有"老死不相往来"的架势。

董明珠再一次向世人证明,她的原则不容挑战,不论对方是谁。

不过,在商场上,没有永远的敌人,也没有永远的朋友,只有永远的利益。2013年年底,格力和国美再度携手,重新达成战略合作伙伴关系。时隔多年后,格力与国美的江湖恩怨终于了结。

---

[1]张小平.《首富真相:黄光裕家族的财富路径》[M].浙江:浙江人民出版社.2009

谈及合作，董明珠说："我从来不担心我们的销量，因为我知道消费者想要什么，我做出他们喜欢的产品，他们自然就会选择我。所以我一直强调企业一定要想在消费者前面，国美在这一点儿上跟格力很像。他们的大数据分析能力非常强，基于云计算平台的实时共享，能够把消费者最新的产品需求、物流及安装需求等方面的数据提供给我们，让我们根据最新的市场需求制定生产、销售、服务计划，这也是格力空调在国美销售量有保障的原因之一。在空调（制造）领域里格力是第一，在家电销售领域里国美是第一，最好的空调品牌就应该与最好的渠道相结合，才能够达到 1+1＞2 的效果，这就是我们选择与国美合作的原因。"[1]

未来，是分是合？或许，在斗争中合作，在合作中斗争，才是格力与国美之间永恒的主旋律。

---

[1] 引自 2015 年 7 月《兰州晚报》的报道《董明珠：专业的人做专业事 国美是最好选择》

为本土品牌发声

2006年,董明珠对安徽省合肥市政府采购中心进行了投诉,并得到中央电视台的密切关注。经过一番有理有据的斗争,合肥市政府最终做出了让步。这是当年轰动商业圈的一件大事,事件的起因是安徽省合肥市政府一个不公平的招标公告。

2006年11月25日,安徽省合肥市政府采购中心发布了《合肥市国土资源局综合楼中央空调系统设备招标公告》,由合肥市政务文化开发投资有限公司通过公开招标方式,对国土资源局综合楼中央空调系统设备进行国内公开招标。招标公告称合肥市国土资源局综合楼项目公开招标的中央空调系统设备,包括螺杆式冷水机组两台、冷却塔两台、空调离心泵和空调末端若干。其中,螺杆式冷水机组和空调离心泵的整机,明确要求必须是"欧美原装进口"。

格力是标准的本土品牌,没有外来的资本和技术合作,尽管它占据了国内市场绝对份额并在国际市场上拥有一席之地,但不管格力空调的质量有多么好,技术有多么硬,可"出身"不符合要求,它就不具备参与公开招标的资格。

对此,董明珠非常不满,也很气愤。要知道,这样的招标对国内的民族企业来说,有失公允。不仅在这个地方,在其他相关部门也出现过类似的事件,在她看来,政府采购应该做出相应的调整。

在2007年召开的全国"两会"上,作为全国人大代表的董明珠,提出了两项议案。其中一项就是建议政府采购向自主创新的本土企业倾斜。她说:

"其实,本土企业的很多技术已经超过了国际水平,完全达到了政府提出的采购要求。但是,我们的政府却在采购的招标过程中,发出这样的告知'只采购进口的品牌',就这一条,就把本土企业无情地拒之门外。我觉得只要我们本土企业的品牌在质量上达到或者已经超过了进口品牌,政府采购就应该无条件地选择本土品牌,以此来支持本土企业的自主创新。"

然而,当时,在国家政府机关、国家重大工程、大型国企、地方政府及相关部门中央空调的采购投标过程中,即便民族品牌的价格比国外品牌低1/3,这些单位的采购仍优先考虑国外品牌。董明珠认为,政府应该多购买本土品牌,哪怕是只向本土自主创新的品牌倾斜一点儿,也是在重视和促进本土企业自主创新。

在董明珠看来,中国很多企业的自主创新能力还有很大的缺失,也是有原因的:

"首先,内外资企业享受不同的政策待遇,使得部分企业家急功近利追逐优惠政策,而不愿潜心钻研经营和技术进步;其次,国家的相关出口政策没有对自主品牌和贴牌出口产品形成差异扶持,导致市场竞争力下降;第三,一部分企业家耐不住制造业的艰辛,经受不住其他行业的诱惑,从而半途而废。"[1]

---

[1] 董明珠.《行棋无悔》[M].广东:珠海出版社.2006

在她的带领下，格力在努力学习国际先进经验的同时，也在不断进行自主创新，许多技术达到甚至超过了国际先进水平。早在2006年格力就获得了世界品牌的荣誉称号，并拿了全国质量奖。无论是技术、质量还是品种，格力完全可以满足国内各种场合对空调的需求。但一些政府采购部门却将其拒之门外，其实它们采购计划的外资产品大部分也是在中国生产的。这些企业采购的是中国的材料，技术和管理也跟国内其他企业处于同等水平，但它们的售后维护成本却非常高。唯一不同的是，它们贴的是国外商标。

纵观中国的空调企业，大部分都是合资企业，或者是以引进技术为主的合作企业，几乎没有一个像格力这样的纯粹的本土品牌。这种合资品牌的发展，对自主创新品牌的发展没有太多的好处。董明珠认为，能让本土品牌既有优势，又有竞争力，就是要切实加大研发投入，加快产品的更新换代。政府采购招标，应该以技术标准来定门槛，而不是以品牌来定门槛。她认为，政府采购与普通商业消费采购不同，必须强调执行公共政策职能，而不是完全的经济效益职能。应加快和完善立法，尽快出台有关政策，扶持自主创新的民族品牌。制定具体的、可执行的、可监督的措施，防止政策在执行过程中走样。政策的倾斜应针对自主创新品牌，严格规范自主创新产品目录。

董明珠强调政府采购应以性价比为标准，而不是以国产还是欧美、日本等洋品牌作为衡量标准。通过政府采购政策支持本国产业，是世界各国通行的做法。

董明珠的建言引起了各级政府的高度重视。2008年，珠海市率先在全省范围内创造性地制定了《自主创新政府采购审核办法》，从制度上落实政府采购对自主创新的本土企业的扶持功能，确立了珠海市自主创新企业在珠海市政府采购市场的竞争优势。

珠海市在空调机政府采购中亦给予充分政策倾斜，确定格力空调为珠海市政府采购协议供应商,为空调产品的首购、优先采购、强制采购品牌,使格力空调基本上垄断了珠海市政府采购市场。

2009年,广东省也制定了《自主创新产品政府采购的若干意见》,标志着广东省的政府采购为自主创新产品开启了一条绿色通道。董明珠认为,这一举措,相当于为自主创新型企业提供了四两拨千斤的助力。

2011年,国家财政部、工业和信息化部制定了《政府采购促进中小企业发展暂行办法》,要求任何单位和个人不得阻挠和限制中小企业自由进入本地区和本行业的政府采购市场,政府采购活动不得以注册资本金、资产总额、营业收入、从业人员、利润、纳税额等供应商的规模大小对中小企业实行差别待遇或歧视待遇。[1]

同时,董明珠又递交了一份《建议出口政策向自主品牌倾斜》的建言。她指出,目前是外贸出口升级转型的关键时期,国家应出台更加明确和有力的政策予以引导。自主品牌产品出口,要在国际营销费用、营运费用等方面做大量投入。在国际上创立一个品牌,动辄需要投入百万元甚至上亿元人民币,巨额的成本和风险使得我国的自主品牌企业裹足不前。

董明珠举例,当前家电产业是优势出口产业,也是贴牌出口居多的产业。如果是贴牌出口,可以通过与进口商之间收现汇或信用证的方式较快结算,符合国家对收汇核销期必须在90天以内的规定;如果是自主品牌出口,由于要经过较长的中间环节,如运输、自主销售等,等到将款收回时,经常要超过90天。

在出口退税方面,不管是自主品牌出口还是贴牌出口,都应享受到同样水平的出口退税。而国家目前并没有区别对待贴牌出口和自主

---

[1] 郭宏文.《董明珠:倔强营销的背后》[M].北京:中国言实出版社.2015

品牌出口的政策。在贴牌出口仍有微利可图且交易成本低廉的情况下，企业自然会更多地选择贴牌出口。这种做法对扶持自主品牌出口不利，因此在出口退税方面，国家应差别待遇。

有人指责董明珠，敢和当地政府叫板，对国家政策指手画脚。但时代缺乏的不就是这种为国家、社会利益着想，敢于同不公平政策做抗争的精神吗？

第八章

绝不服输:"我从不认错,我永远都是对的"

　　一个人的姿态有千千万万种,而在商海沉浮半生,董明珠却从始至终将一种姿态活到极致——霸道好斗。她不惮于得罪人,怼起各路人马从来都是直接指名道姓。其实,她的"狠",并非无理由的霸道,而是源于一份坚持的责任和一颗感恩的心。在她看来,"越是单纯的东西,越是需要付出百倍的努力去捍卫它。"

敢和政府打官司

2010年2月1日,在广东"两会"上,身为人大代表的董明珠向时任广东省委书记的汪洋倒起了苦水:"消费者终端零售里老百姓买我们格力占了50%,而一个政府采购却不要我的产品,反而买了比我们价格更高的产品。我要为政府讨回400万的差价损失!"汪洋现场支招说:"告他!"[1]

董明珠竟然敢向政府叫板?其实,事情的缘由要从2008年说起。

2008年,广州市番禺中心医院需要采购大批空调,为此,广州市政府采购中心发起了一次投标。广州格力电器以1707万元的报价成为"中标候选供应商",然而,最后却落败于报价2151万元的广东省石油化工建设集团公司。

通常而言,在资质相差无几的情况下,报价低的企业更有可能中标,然而,这次政府采购项目却不同,反而是报价比格力电器高了整整400万的广东省石油化工建设集团公司拿下了项目,这不由得地让董明珠怀疑是否存在暗箱操作。

董明珠当然不会忍气吞声,在她的指示下,广州格力电器向广州财政局投诉,要求对投标进行审查。根据2007年11月26日广东省

---

[1] 引自南方网2010年2月报道《董明珠质疑政府采购不公,汪洋现场支招》

人大常委会审议通过的《广东省实施〈中华人民共和国政府采购法〉办法》规定:"确定中标、成交供应商后,采购人或者采购代理机构应当在指定的政府采购信息发布媒体上公布中标、成交结果和评标委员会、谈判小组、询价小组成员名单,并公开评审记录等相关资料。而供应商对审查和答复结果有异议的,可以向政府采购监督管理部门提出复审或者废标申请。"广州格力电器的投诉是非常合理的,但令人惊讶的是,广州财政局却接连两次将其驳回,理由是:采购方认为,格力空调的投标文件"不符合招标文件中有星号标记的内容",不应中标。

这个所谓的理由在董明珠看来不过是一个托辞罢了。而且,格力空调只是因为一个文字错误就被判定没有满足招标条件是非常不合理的,因为递上的标书是已经审阅过的,如果有错,也是审阅者没有仔细审查的错。显然,广东财政局是在应付了事,妄图蒙混过关。

对政府这种敷衍塞责的态度,董明珠非常不满。更令她愤怒的是,就在他们投诉的过程中,对方已经自行安装了所谓的"中标产品"。

一怒之下,董明珠用一纸诉状,将维持番禺区财政局处理决定的广州财政局告上了法庭。

这就是董明珠,即使对方是政府部门,她也敢斗一斗!

董明珠状告政府的消息传出后,舆论一片哗然:敢与政府打官司,岂不是蚍蜉撼大树?很多人劝董明珠"忍一时风平浪静",不要冲动。其实,董明珠也知道,即使最后格力电器赢了官司,那个采购项目也已经与格力电器无关了。但她却偏要较真,并公开表示:"这次诉讼是要为国家讨回400万元。"

在接下来的调查中,投标过程中一些细节逐渐暴露出来,比如广石化之所以比广州格力电器贵400多万元,是因为他们的售后服务贵。格力空调三年维修费的报价是4万元,而广石化的报价则是400万元。

这么大一笔钱甚至能再购买15000平方米的冷冻设备。

这个调查结果让董明珠非常震惊：对方等于是用400万元的价格支持1700万的设备，维修费达到了25%，这是非常可怕的一个数字。而如果是格力来做的话，3年4万元的维修费完全可以做到，超过这个价格显然是不合理的！

格力电器与广州财政局的官司打得如火如荼，引起了各方的广泛关注，很多媒体纷纷对其进行跟踪报道。在董明珠看来，这件事之所以会在社会上引起这么大的反响，是因为关于政府采购的负面消息太多了，多到已经影响到政府的公信力。她曾感慨道："这实际是一种共鸣，虽然不是所有的都是那样的，但这样的事情，以后也许还可能发生。我们希望通过申诉，得到公正的说法，或者能够真的因为这件事推动我们政府采购的环境更加趋于公平化，这便是它真正的意义。"

"格力从来都走阳光正道，我们不怕潜规则，一定要讨个说法。"董明珠坚信，这样做是对的，她更希望通过这场官司给地方政府部门、特别是政府采购部门中通过违规操作而牟取私利的官员敲一记警钟。

不过，对于董明珠的这一举动，人们的反映却不一，有人力挺格力将"空调行业采购潜规则一揭到底"，也有很多人质疑董明珠是在炒作，想"挟民意叫板政府"。

但董明珠却说：

"格力状告广州财政局不是要叫板政府，更不是跟政府作对。我们的立场跟政府是一样的，就是推动政府阳光采购，将一些见不得光的害群之马赶出市场，维护人民的根本利益。每个人都要有一个宽容的心态，同时也要有一个认真较劲的心态，损害国家利益的事情是不应该允许发生的。"[1]

事实上,在格力电器提起诉讼后,各级政府领导也纷纷打电话给董明珠,都是支持格力电器维护自身权益,希望共同推动政府阳光采购。

后来,有记者采访董明珠,提出了一个犀利的问题:"格力居然敢告政府,就不怕政府给你小鞋穿吗?"

董明珠心中从来都没有这样的顾虑,她相信现在的政府决策相当公开透明,广州市政府不可能也不应当给格力电器穿小鞋,"因为格力与政府的利益是一致的"。而且,董明珠也不怕有谁给格力电器穿小鞋,更不需要额外的偏袒,"任何时候格力电器都是凭自身实力参与市场竞争"。

---

[1] 引自2010年1月《南方日报》的报道《格力总裁董明珠:状告政府不是叫板政府》

"你打我员工,我让你破产"

董明珠对员工的"狠"是众所周知的。在《鲁豫有约大咖一日行》上,董明珠曾经在镜头前对员工破口大骂,说"早晚要把你开掉"。董明珠自己也说:

"工作中没有任何柔情可言,不可能既能把工作做好,又不苛刻、咄咄逼人。和谐都是斗争出来的。"

然而,董明珠又曾在多个场合表示:

"格力人才是挖不走的。让他们来挖好了,是我的员工一个都挖不走,不是我的员工走也留不下。"

一边铁腕管理,一边自信满满,董明珠的底气到底来自哪里?董明珠曾说:骂员工就是爱员工。其实,董明珠的底气正源于她对员工的爱与责任。她对员工不只有严苛的要求,更有关心、爱护与柔情。

在董明珠的眼里,员工如同她的家人,当员工被欺负的时候,她会第一时间站出来为他们出头。

董明珠曾经讲过这样一件事:有一次,一名格力的底层员工在拿到供货商的货时，发现产品存在问题，不符合格力电器的质量要求，于是要求供货商退货。没想到供货商恼羞成怒，认为这名员工是在故意刁难他，要断他财路，于是雇了几个人把这名员工暴打了一顿，导致这位员工重伤住院。这名员工的上司知道了这件事之后，只是对那位胡作非为的供货商轻描淡写地说了一句："你以后晚上注意点。"。

这件事原本就这样不了了之。但董明珠得知此事后非常生气。她马上慰问了那位被打的员工，并支持员工的家属报警。她认为这名员工之所以挨打、受委屈，是为了维护格力的利益，但格力却没有保护好他，这一切都是因为这位员工的领导不作为，在关键时刻不能维护员工的利益，于是一怒之下，将这名员工的顶头上司、格力的副总解雇。

同时，董明珠还永久取消了与那位打人的供货商的合作。供货商失去了一个大买家，产品严重积压，亏损了不少钱，于是几次三番托人与董明珠联系，希望董明珠能够高抬贵手，放自己一马，但是董明珠不为所动，只说了一句话："你打我的员工，我就让你破产。"

董明珠不仅"护犊子"，还把员工的利益时刻放在心上。在2018年5月举办的格力梦想盛典上，董明珠公开承诺，要让格力的员工每人一套房。其实，董明珠并非空口说大话。

早在2010年，为了解决员工住房难的问题，董明珠就计划为员工们建设"经济适用房"，在她的设想里，这些房子不对外售卖，只提供给格力员工，满足条件的格力员工都可以无偿居住。

这之后，针对一些大学毕业即入职格力工作的员工，格力建设了康乐园一期、二期工程，还通过购买、租赁的方式在公司附近的坦洲、南屏等地安排了集中式的员工宿舍，确保每一位入职的员工都有房住；而对于一些将要结婚或已经结婚需要独立空间的员工来说，他们还可以申请员工过渡房。在重庆、武汉、芜湖等其他基地，格力电器也参照总部标准为员工建成了服务设施齐全的生活区，解决员工后顾之忧。

格力分房的门槛并不高，每个加入格力的员工都可以申请一间20平方米大的宿舍，结婚的员工有机会分到一套50平方米的两居室。不仅如此，董明珠还承诺，只要是格力的员工，房子永不收回，就算退休了也可以一直生活在那里，不会被强制收回。

很多人好奇：格力不害怕员工分到房子以后离职吗？在董明珠看来，有这种疑问的人根本不了解格力，在格力工作三年以上的员工很少有主动离职的，格力的待遇也许不是最好的，但一定是最合适的，就拿住房来说，敢这么做的企业就没有几个。董明珠说：

> "我们不推崇靠金钱留人，格力要做的，是让员工在这个平台中有尊严感、有自豪感，那么他自然而然会留下来。在格力，员工们只需要考虑如何把格力做得更加辉煌，而我的职责是让员工没有后顾之忧、让员工生活得更加幸福。只要你做到退休，我们就送房子，不管你是老员工还是新员工，不管你是基层工人，还是技术工人。"[1]

其实，在董明珠之前，也有一些企业提出过同样的想法，但是因为重重阻碍，最后无疾而终了。董明珠不是第一个提出这样想法的人，却是第一个做成这件事的人。

只知道一味地批评员工的"暴君"数不胜数，其下场无非是众叛亲离。但董明珠在格力却深得民心，因为她"打是亲骂是爱"，在她的批评背后，是对员工最深沉的爱。

在这样刚柔并济的管理模式下，格力电器吸引并培养了一大批技

---

[1] 郭宏文.《董明珠：倔强营销的背后》[M].北京：中国言实出版社.2015

术专才，有家电行业"黄埔军校"之称。坊间流传着一个故事：国内一家空调制造厂的老板曾经亲自带领猎头盘踞在珠海达一个月之久，希望从格力电器挖一批技术专家和高级管理人员，但最终却一无所获。这个故事也印证了董明珠的那句话：格力的人才是挖不走的。

有记者曾经采访过格力的员工，虽然他们对董明珠的铁腕管理颇有微词，但结论却只有一个："如果让我们投票谁来管理格力，相信周围的人还是会投她。格力这么大，要没有她，还能有谁能领导呢？"[1]

2019年6月6日，董明珠做客访谈节目《品格》，在节目中，主持人问她："你犯过错吗？"董明珠回答说："如果讲唯一的错，我就觉得对我的员工确实苛刻了一点儿，而且是不留情面，不分时间，不分地点，只要看问题立马解决。"在整期节目中，这是董明珠接受外界质疑声中唯一承认的一点，由此可见，在她雷厉风行的企业管理之路上，让她唯一有温柔与犹豫的，是格力的员工。

---

[1] 引自澎湃新闻2016年12月13日的报道《前员工谈格力：会骂董大姐发泄 但还希望她当领导》

独挑大梁,开启"董明珠时代"

2012年5月,朱江洪卸任格力集团董事长、党委书记和总裁职位,彻底退休。董明珠接任格力集团董事长,并身兼集团旗下上市公司格力电器董事长及总裁二职,从此独挑大梁,开启了格力的"董明珠时代"。

朱江洪退休了,"朱董配"从此结束,格力电器将会何去何从?朱江洪的离开,对格力的影响不小,能否将这个影响降低到最小,这些都取决于掌权之后的董明珠。

2012年8月28日下午,董明珠亮相格力电器本年度的第一次临时股东大会。她踩着高跟鞋,身着紧身及膝蓝色花纹改良旗袍,头发盘起,然而,婉约的打扮无法掩盖她霸气、强悍的性情,她虽姿态婀娜却目光坚定、表情刚毅。在人群的簇拥下,董明珠快步走来,女王般的气场令会场瞬时安静。那一刻,所有人的心里只有敬畏,很多同行甚至给出了这样的评价:以前觉得追上格力可能还有点儿希望,如今董明珠掌权,追格力彻底没希望了。[1]

对于董明珠的接任,外界也有质疑之声。过去,朱江洪与董明珠各有分工,朱江洪主抓生产和科研,强调工业精神和技术研发;董明

---

[1]郭芳、邹锡兰.《董明珠上任:格力进入大权独揽的"董时代"》[N].中国经济周刊.2012年9月

珠长于营销，主抓市场和财务。正是因为两个人各司其职、各有所长、配合无间，才造就了格力电器这家"中国最优秀的上市公司"。朱江洪退休后，很多人担心，董明珠是否依然坚持对工业精神和技术创新的追求。

董明珠顺利地接过了她曾经最默契的搭档朱江洪手中的权杖。在她的带领下，格力一路高歌猛进，成为世界第一的空调制造商，支撑起了中国实体经济的一片天。

值得一提的是，在董明珠履新董事长接近100天的时候，格力电器正式发布了一份漂亮的上半年业绩报告，营业收入483亿元，同比增长20%；净利润28.7亿元，同比增长30%。2012年第一季度，格力电器实现营业总收入200.88亿元，同比增长16.29%，国内市场占有率达到37%。格力电器完成1000亿元的目标。

与雷军的"十亿豪赌"

2019年4月28日,董明珠与雷军之间纠缠了五年的"十亿赌约"胜负终于揭晓。

这一天,格力电器发布2018年报,数据显示,公司去年实现营业总收入1981.23亿元,同比增长33.61%;净利润262亿元,同比增长6.97%。而在这之前的3月19日,小米集团公布2018年实现总营收1749亿元,同比增长52.6%,经调整后净利润86亿元,同比增59.5%。虽然小米的业绩增速已经足够亮眼,也兑现了"每年小米整体硬件业务的综合净利率不会超过5%"的承诺,然而,与格力电器近2000亿的年销售额相比,仍然差距巨大。[1]

这一局,董明珠赢了!这个强悍的女人,再一次证明了"我从来就没有失误过,我永远是对的"。

时间拉回五年前,2013年12月12日,在中国经济年度人物评选颁奖盛典上,小米公司董事长兼CEO雷军与董明珠同台领奖,为他们颁奖的是马云和王健林。

马云和王健林在形容董明珠和雷军时,分别用了"实体和实业"与"营销"两组词,两位企业家的成功,完全是依靠不同的销售模式

---

[1]引自2019年4月《创业家》的报道《董明珠:打败雷军的女人》

和生产模式。雷军堪称"电商传奇"的代表,零工厂、零渠道、零店面,此"三零"让小米的员工可以更专注于产品研发和与用户沟通,产品价格也随之降低,这也是广大用户选择小米的原因之一。与其相反的是,董明珠带领的格力电器走的是实打实的路线,有自己的生产工厂,有自己的销售渠道,有自己的实体店,相当于雷军的"另一面"。作为家电行业的领头羊,即使是在受电商冲击的今天,格力电器的销售业绩仍持续走高,令人赞叹,这似乎与小米一上市便呈现"万人哄抢"的场面有异曲同工之妙。小米的成功源于现代电商,是"虚拟和虚拟"的创新,而董明珠引导的格力品牌是"实体加实体"的销售模式。两位企业舵手各占一方,突显出中国现有的两种商业形式。

在现场,他们的讨论愈发激烈,高手过招,一颦一笑都是招式。

面对雷军"双十一"小米手机3分钟销售额达到一亿的数据,董明珠当然有话要说:"我觉得很正常,不要被数据迷眼,因为我觉得现在这个大数据的时代,我们的电商模式也是新型的商业模式,所以它和实体经济的实体店的同步发展,是很正常的。"

虽没有直接指明,但董明珠话里有话——实体店是经营的根本,只有电商和实体的结合发展,商家才有未来的一片天。那么,只有电商销售的小米又该何去何从呢?

对于董明珠的疑问,马云深表赞同:"如果小米23年以后,还能够拿到这张图那才叫本事。"

眼见两位言语"不善",雷军自不甘示弱,他认为小米年年攀涨的数据是个很好的代名词。

不过,只两三年数据的小米,当然不能让董明珠信服。她说:"我与雷军都来自珠海,我们俩是朋友,但今天能不能在这'掐一下'。今天在座的有多少人用小米?"

现场零星举起三只手。雷军见此状只说:"这说明我们的市场空间很大，还有99%的人都没用小米手机。"

董明珠马上跟进："在手机里谁是真正的老大？目前小米最起码不是老大，这是第二个问题。第三个，我想问雷军，如果全世界的工厂都关掉了，你还有销售吗？"

还没等雷军回答，董明珠步步紧逼："他做营销确实很出色，但是他要感谢那么多工厂在为他服务，一个群体在为他服务。所以我觉得我们取得成绩的时候，不要忘了别人。"

除了探讨传统与现代商业模式，董明珠还透露了后台的故事："雷军刚才后台就跟我杠起来了，他说我相信五年以后我能超过你，我就没回应他，我现在在台上说不可能。不可能的理由是什么？你虽然在网上销售，但你消费的群体，你说我要给那些用价格竞争，而格力电器不靠价格，靠技术。同时我有优秀的服务，是因为我有几万家专卖店的同时，假如和马云合作的话，那不是天下都是格力的吗？怎么可能是你的呢？因为你没有支撑他的东西，没有很好的工厂打造出更好的产品做好服务，我的产品不要售后服务，谁不买我的呢？"

这时，看热闹不嫌事大的主持人陈伟鸿也来掺一脚："雷军，我觉得你好像需要给董总鞠一躬。"

半开玩笑间，雷军立下了那个赚足眼球的赌注："小米模式能不能战胜格力模式，我觉得要看未来5年。请全国人民作证，5年之内，如果小米的营业额击败格力的话，董总输我一块钱就行了。"

一向倔强好胜的董明珠自然不甘示弱，她当即态度强硬地进行了回应：

"我告诉你，一块钱不要在这说，第一，我告诉你不可能，第二，要赌不是之前说的一亿，我跟你赌十亿。为什么？因为我们有23年的基础，我们有科技创新研发的能力，而且我们保守（保留)了过去传统的模式,把马总请进来,世界就属于格力,你只有一半,不行的。"[1]

雷军笑着说:"我们是中国创造,你们是中国制造,所以10亿人民币我们必胜。"还请现场来颁奖的马云做担保。

董明珠与雷军的"10亿赌约"就此拉开序幕。

一个是借着移动互联网东风迅猛成长的小米教父"雷布斯",一个是传统家电巨头的领导者"董小姐",两个人之间的这场堪称天价的世纪豪赌,瞬间引爆,成为当年的热点事件,雷军和董明珠一起"火"了。

彼时,小米刚刚成立不过三年,仍处于创业期,营业收入只有300多亿。而格力电器经过二十多年的发展已经成为家电江湖中航母级别的存在,稳坐行业头把交椅,不仅年销售额突破1200亿元,而且连续八年市场占有率位居世界第一,产品远销全球100多个国家和地区,韩国LG、日本松下、三菱、夏普等世界知名品牌都不是格力电器的对手。

4倍差距,5年时间,雷军的勇气与魄力令人钦佩。可惜的是,他的对手是董明珠,谁都知道,这个女人不一般。

其实,在"10亿赌约"刚刚立下之时,很多人都对增长势头强劲的小米抱有很高的预期。因为,这场赌局不但是董明珠与雷军的赌局,也是传统实体制造模式与互联网模式之间的赌局。就连董明珠在提到自己与雷军的"10亿赌约"时也说:"实际上这10亿对我来讲,不是因为赌而赌,是我们赌的一个观念,究竟互联网和传统制造业中间的差距在哪里?究竟谁能笑到最后。当时我们赌的是这

---

[1]郭宏文.《董明珠:倔强营销的背后》[M].北京:中国言实出版社.2015

样的一个原因。"[1]

回顾过去几年,小米一直在全速前进,并且在各个领域取得了傲人的成绩:整合供应链、发力新技术与新零售、全球布局、在手机销量大跌后成功逆袭,全年营收不断创造新高。从宏观层面看,近年来,我国传统行业的增长速度在10%左右,而互联网行业的增速在150%左右。

雷军本人也对赢下这场赌局充满信心。2013年,他在接受采访的时候说:"格力虽然很有实力,但和互联网企业比增长规模,格力必输无疑!互联网企业就是这样,格力的1000亿是用25年做出来的,而小米的300亿则是用3年做出来的,就和马云说的一样,你八卦掌再强,遇到机枪还是完蛋。"

2014年,雷军接受央视《对话》栏目访谈时,又说,"再过一两年格力就输了","因为传统企业都是10%左右的增长率,而互联网刚开始"玩命",是150%甚至200%的增长。"

甚至,连赢来的这笔钱怎么花,雷军都已经做好打算了:"如果赢了的话,董总可以给钱,如果我收到钱的话,我一分钱都不要,我已经承诺了把这笔钱均分给小米员工和所有买过小米产品的用户。"

但董明珠也不甘示弱,2014年,在全国两会上,她说:

> "我有百分之百的把握!我的信心是毋庸置疑的。虽然5年后,他会输给我10亿,但是我真心希望他不用在这件事情上争输赢,而是在他的行业内争输赢,如果能替代了苹果,他就是真正的赢家。"

---

[1] 引自2019年3月董明珠在博鳌亚洲论坛上的演讲

2016年5月15日,在董明珠自媒体公开课第一课上,董明珠又说:

"大家都说董明珠死定了,我活得好得很。放心,最后输的一定是他(雷军)。真正的困局在心中,只要心里没有困局,所有的困难都不是难。"[1]

2017年12月12日,董明珠接受央视财经采访时也表示:

"我相信我会赢,其实要不要钱真的不是太重要,更多的是通过这样一个(形式)激励大家,我认为更多的是让人们更加有一种激情。"

2018年5月,在吴晓波频道《十年二十人》节目上,董明珠再次被问到与雷军的赌局,董明珠又一次语惊四座说:"实际上,我们俩根本不在一个平台,再讲不好听的话,两个人不在一个地球……"

当主持人问:"在网上看到你说过一句话,说我从来没有错过,那真的错了怎么办?"

董明珠毫不犹豫地说:"可能做错吗?不是真的做错就不可能错。第一,如果我做这个决策,首先我做了风险防控,你不能因为防风险,就不干了。必须干,但是干了以后不能影响到你企业的生存。我预备了50亿投进去,企业一样不影响我健康发展,那有什么不能去赌的呢?谁也不敢保证那件事是对的……"

如今,胜负成败,鹿死谁手,已见分晓。

---

[1] 引自2016年5月虎嗅网的报道《董明珠再谈与雷军10亿赌约:最后输的一定是他》

英雄惜英雄，雷军是否会兑现 10 亿赌约，还不得而知。不过，这已经不重要了，重要的是，通过这场吸引人眼球的"豪赌"，我们看到两家充满生机与希望的公司，不断在市场上深耕、发展、壮大，为国民经济作出了巨大的贡献。正如董明珠所说，最重要的是通过这场赌局，唤醒所有人，制造更好的产品。

无论输赢，他们都已经足够伟大。

而关于传统制造企业与互联网企业哪个更强大，阿里巴巴的创始人马云早就给出了答案：赌局只是纯粹的斗嘴，新经济应该是虚拟经济与实体经济的结合，只有虚和实完美结合，才能成为新经济，否则必将倒下。

第九章

正和博弈：
"与所有人一起走下去"

  崇尚正和博弈的董明珠一直认为，商业是一个多赢的游戏，如果任何一个环节没有利益，这个游戏就不可能继续玩下去。一个优秀的企业家，不但要对自己的企业负责，还要对消费者负责，对经销商负责，对中国家电行业的健康发展负责。

踏上改制之路

作为格力集团旗下的国营企业,格力电器一直深受体制问题的困扰。格力电器的前身海利空调器厂是一家集体企业,它的上级格力集团,则是一家带有强烈行政特色的国有企业集团。在相当长的时间里,格力电器为格力集团提供利润支撑,但没有与之相匹配的权限;而凌驾于格力电器之上的格力集团,则拥有重大决策及人事任免权。正因为如此,格力电器的发展备受掣肘。

对此,董明珠一直忧心不已,她深知,随着经济环境的变化和企业的不断发展,改制,已是当务之急,而且关系到格力电器的未来。如果此时格力能够获得新生,就有可能冲击世界 500 强,反之,则可能再无翻身之日。

改制一事就这样提上日程。这是一场只能赢不能输的硬仗,董明珠打起百倍精神迎接这个艰难的挑战。

改制,对于很多国有企业来说都是一个难以逾越的难关。彼时的国企产权改革中,无数企业家因此倒下,李经纬被赶出健力宝、春兰陶幸健主导的 MBO 无疾而终、伊利郑俊怀的牢狱之灾……善始者众,善终者寡。前人的这些悲剧,都是国企改革困境的缩影。

格力电器是否能够成功渡过这一关?所有人都为董明珠捏了一把汗。

幸运的是，格力电器的改制得到了地方政府的大力支持。2014年2月，时任珠海市委书记的李嘉来到格力电器走访，与董明珠谈了很多关于企业改制的事。这已经是这位珠海一把手第二次为改制现身格力电器了，目的只有一个：推进国企改革步伐，"通过改革更好地激发企业活力"。

这之后不久，珠海市国资委发消息要将格力集团49%的股份公开挂牌转让，引进战略投资者。格力此举，"打响了地方国企改革第一枪"，是十八届三中全会提出国企混合所有制改革后实施改制的第一家企业。国资委表示："只要是有利于公司发展的，国资委都愿意支持。"

在董明珠发起的改制之路上，要特别感谢珠海国资委。地方国企的改制要遵照地方国资委的方案，珠海国资委能够在其他地方都未轻举妄动之时先天下而动，让利给企业，实属难得，这也是格力电器的福气。不仅政府开明，方案出台快，在执行过程中，珠海国资委也大力支持格力电器。

2014年2月19日，格力电器的改制轰轰烈烈地拉开了帷幕。在这一次改革中，给格力电器最大帮助的依然是珠海国资委，他们用无偿划转的方式把格力集团所持的51.94%的股份注入新的公司，再把股份挂牌转让给愿意加盟格力电器的投资者，并且转让的股份不超过格力电器持有的49%，最后以国资委控股9%宣告转让结束。这一举措对国企改制具有里程碑式的意义。

面对媒体，珠海国资委慷慨陈述："对于格力这类竞争性领域的国有企业，要充分发挥市场的决定性作用，引入战略投资者，发展混合所有制经济，引领珠海市经济转型升级。"

对于国资委的"退出"，外界谈及最多的就是要把国资委驱逐出格力，但董明珠毫不犹豫地否认了这种偏激言论："发展混合所有制，不是要将国企和民企对立起来、一味强调国企退出，而是寻找二者融合的机会。不管这次引入的战略投资者是谁,都将有利于公司的治理和战略转型。"

2014年3月11日,董明珠就改制一事接受记者专访时又说:

"一直以来,格力集团没什么好项目、好资产,只拥有了一家很好的上市公司,但这是远远不够的,想要发展就不能只依靠一家公司的力量,因此要引进战略投资者,寻找新的项目,并进行产业优化,最终能有自己的造血功能。"[1]

格力电器改制并不是一边倒的局面,改制对于格力电器是一种解脱,对格力集团也是一种新生,两者各取所需、各谋发展,不用再捆绑在一起,可以选择的路也就多了。这一系列的改制并不是董明珠想要甩包袱,相反她要承担得更多。

如果在之前,国资委作为格力电器的领导,可以直接负责格力电器的各项事务,尤其是重大事件他们都要参与进来,而眼下,董明珠作为格力电器的负责人,肩上的担子更重了,意味着她更不能出错,不仅要对格力电器的员工和消费者负责,更要对格力电器的股东负责,她的压力之大可想而知。

虽然压力大,但这种改变给了董明珠更大的权力和自由,她可以大展拳脚了。

改制之后,国有资本减持,股东变得多样化,企业管理真正地被管理层抓在手里。虽然改制后还会出现其他关于股权的问题,但不束手束脚,对于格力的发展已经足够。

改制的几年时间内,格力电器完成了大跨度的发展,董明珠也对

---

[1] 引自2014年6月新浪财经的报道《格力幸运改制路:遇到一个开明地方政府》

企业进行了更多、更新奇的规划,在她的设想中,未来格力电器能够给消费者提供整体性家居电器,提供一种生活感受,而不只是单一地售卖电器。而格力手机、格力电饭煲,甚至格力汽车的出现,都印证了她的想法。

一个强势的企业管理者,一次及时的改制,一个开明的地方政府,共同造就了中国最市场化的国有企业。股权分置改革后的格力电器,越走越顺畅,之后取得的业绩都是以此为基础的。至此,改制之事彻底结束了,被永远地记录在格力电器的历史中。

率先降价，只为让利于民

崇尚正和博弈的董明珠一直认为，商业是一个多赢的游戏，如果任何一个环节没有利益，这个游戏就不可能继续玩下去。一个优秀的企业家，不但要对自己的企业负责，还要对消费者负责，对经销商负责，对中国家电行业的健康发展负责。

"不打价格战"是董明珠一贯坚持的原则。即使是在1996年竞争空前激烈的空调大战中，她也咬紧牙关、顶住重重压力坚持不降价策略。之所以扛不降价，是因为在董明珠看来，格力电器在销售上必须达成两个"统一"：一是公司的发展目标与经销商的发展目标达到统一；二是制造商、经销商之间的利益与消费者的利益达到统一。制造商、经销商之间如果没有共同的发展目标，不是为了向社会提供最好的产品和服务，是不可能走到一起的；如果制造商、经销商之间都只是将自身利益视做最高利益，无视消费者利益的，也不可能结成营销同盟。

这两个"统一"，其实揭示了一个简单而又深刻的道理：只有长期的、全局性的利益才能满足持久、长远的发展利益；只有满足消费者的根本利益，企业才能在市场上立于不败之地。

不过，一向坚持不降价的董明珠，在恰当的时候，也会实行降价措施。当然，她降价不是为了争夺市场份额，而是为了让利于民。

2014年国庆节前夕,格力电器进行了一次规模空前的大降价。9月26日,山东主要报纸之一《济南日报》在要闻版首页刊登了一则以《格力敬告》为题的促销广告。广告号称"写给所有家电同行",宣布格力电器斥资百亿首次发动价格战,国庆期间优惠力度空前。向对手们宣布:"不管你怎么样,我都会比你更便宜。"与此同时,格力电器还在北京、广州、湖南、四川、陕西等多个地区同时推出大幅降价促销活动,并冠以"史上最强""格力风暴"等字眼。

格力电器一改常态的做法,引起了很多同行的强烈不满,有人质疑董明珠打开了空调行业恶性竞争的潘多拉盒子,还有人找到家电协会向她施压,董明珠回应:"你管我干啥?我在家电行业是利润最高的,难道你说我打价格战吗?就是这样打,格力还是行业利润最高。"

董明珠心里有一杆秤:

"即使是打价格战,我也会考虑两个原则:一是无论价格发生怎样的变化,经销商的利润都不会受到影响;二是如今已经不再是以前那个封闭的时代了,而是互联网的时代,一个企业发展到一定程度,暴利的时代没有了。通过你的管理模式的提升,降低了成本,有一部分利润要回归股民,一部分要回归市场给消费者……我把该让的利润让给消费者是正常的。"[1]

实际上,2011年格力人均产值99万,到2014年已经达到180万,格力的生产成本是下降的。由此,董明珠希望让国家、股民、员工三者分享这个利益,同时她也希望让消费者一起分享。

---

[1] 引自2014年9月钛媒体的报道《董明珠面会代理商:"暴利时代已不存在,坚决以价格战清场"》

除了与消费者分享效益,董明珠降价的另一个初衷是,要改变当时空调行业的乱象,重新定义价格战。早在 2014 年 9 月 10 日,在参加夏季达沃斯论坛时,董明珠就曾说:

> "在'中国制造'中有一部分企业不争气,为了打市场用价格竞争,低价要不就是吃亏,要不就是偷工减料。格力空调就认为要有吃亏精神,即使打价格战也要保证质量。"[1]

后来,在格力电器内部的一个经销商会议上,董明珠也表示,"今年下定决心,一定要清场","真正把那些烂品牌、假冒伪劣、偷工减料的品牌全部消灭掉,我们才会停止行动"。

这不是董明珠第一次发起价格战。2007 年,一直高涨不跌的铜价突然出现了下调的现象。铜价回落,在大部分空调厂商仍然徘徊观望的时候,格力电器在四川已经率先举起了"降价"大旗:部分机型价格下调,5P 柜机价格下降幅度高达 10% 以上。这是在 2006 年由于原材料价格持续上扬导致各品牌纷纷涨价以来,空调行业第一次出现了"降价"的声音。

向来不降价的格力电器竟然率先降价,业内议论纷纷,很多人甚至怀疑董明珠要打价格战。但董明珠在接受媒体采访的时候却透露了自己的初衷:

> "格力认为企业不应该把铜价下降带来的收益变成自己的利润,而是应该把它反馈给消费者。"

---

[1] 引自 2014 年 9 月界面网的新闻《董明珠坐不住了 格力二十年来首打价格战》

董明珠真正把消费者当成了上帝,从他们的角度思考问题,正如她所说:"2006年铜价上涨时空调企业普遍上调了价格,当时消费者也表示了理解。那么现在铜价回落了,企业也应该从保护消费者利益的角度出发,根据铜价的回落情况降低空调价格。这样,即使将来铜价又涨了,我们再把价格涨上去,消费者也都会理解。"[1]

为了表示"让利于民"的诚意,董明珠在格力空调全线降价之前,并未对外发布相关消息,因为她不想炒作,只想回馈消费者:"现在不是空调销售的传统旺季,这次价格调整我们之前一直没有对外宣传,因为我们并不是想炒作一个概念,让大家都来买我们的空调,而是想把铜价下降带来的收益实实在在地回馈给消费者。"

虽然像这样的降价落实到每台空调上只有几十块钱,看上去微不足道,然而,它体现的却是董明珠将心比心为消费者着想的经营理念。确切地说,这是一个企业家应该具备的道德标准。与那些因铜价下降而趁机赚取几个亿利润的企业相比,董明珠的责任感显露无遗。

在降价与不降价之间,董明珠总是用她一直坚守的做人做事原则,进行着让人难以揣摩的选择。但是,不管做出什么样的选择,她心之所系的,都是企业的利益,是消费者的利益。

---

[1] 引自2007年2月《新快报》的报道《格力总裁董明珠:空调降价意在让利于民》

闯进世界 500 强

2016 年 4 月 22 日，董明珠回到自己的家乡南京参加"2016 苏商创新创业发展高峰论坛"，并荣获"苏商终身成就奖"，在上台领奖时，她讲起了十二年前的一件往事：

"就在 2004 年，格力电器遭遇了一次'洗劫'。我们政府非常希望能把格力电器卖给一家美国企业，这样珠海就能有世界 500 强的企业。对于我来讲，可以拿到年薪 8000 万。格力是国字头企业，要按照很多的规矩来做，挑战市场很难。但是我们并没有因为难而放弃，中国有能力打造自己的品牌。当时我和政府部门争取的时候就说了一句话：它今天是世界 500 强企业，明天未必是；我们今天不是世界 500 强，明天未必不是；我相信我们有一份执着的精神，有一天一定能成为世界 500 强。"

带领格力电器闯进世界 500 强，是董明珠多年以来的梦想。任何一个企业家在把企业经营到了一定规模后，都想做得更大、更强。将企业打造成世界 500 强，是很多企业家的夙愿，董明珠也不例外。她曾在很多公开场合表达过自己的愿望，希望格力电器能跻身世界 500 强之列。

多年来，董明珠一直引领着格力电器向着世界 500 强的大目标进发！

2010年,格力电器的总营业额为608.07亿元;2011年,总营业额为835.17亿元,在世界强企中排名第1117位;2012年,总营业额为1001.10亿元,成为首家家电企业总营业额突破千亿的上市公司,排名第706位;2013年,总营业额达到1200.43亿元,排名第668位……格力电器在世界企业中的排名逐年上升。

2014年,格力电器在全球的超强企业中排名第501位。只差一个名次,格力电器就能进入世界500强!这让董明珠遗憾不已,也让业界纷纷为之惋惜。不过,董明珠不是自怨自艾的人,她给格力人打气:既然已经是第501位,距离世界500强只有一步之遥了,只要更努力一点儿,就一定能够成功!

2015年,董明珠终于得偿所愿:格力电器成功跻身世界500强之列,排名也大幅度上升,位列第385位,与2014年相比,上升了116名。消息传到董明珠那里,她一脸淡定:

> "进入全球500强,对我们来说是意料之中的事。我们依靠自己的自主品牌,用自己的技术、用自己的市场占有率,终于成为了世界的500强。我相信只要坚守,会有更多的企业能够走进世界500强的行列。"[1]

她知道,一步一个脚印,稳打稳扎,格力电器成为世界500强是早晚的事。而这份傲人的成绩来之不易,是格力电器所有员工通过长久的努力才获得的。

格力电器终于跻身世界500强之列,成为"世界名牌",实在令人欣慰。不过,董明珠并没有因此而自满。在她看来,格力电器的成功,

---

[1]引自《济南日报》2015年5月的报道《"任性"董明珠逼出"世界500强"》

是因为在技术上的突破，这也是迈进世界500强的一道关卡，2015年，在福布斯500强中，中国企业的前4位分别是：工商银行、建设银行、农业银行、中国银行。格力电器能够与它们并肩立于全球500强之列，意义深远，这也说明，中国的制造业也在进步、在成长，有些技术可以与国际水平相称，甚至超越国际水平。

董明珠没有停下前进的脚步，闯进世界500强，只是她的一个短期目标，并不是终点：

> "格力电器现在是中国的世界名牌，要成为世界的中国名牌，还有很长的路要走，技术上要有超前的意识。一个企业不是只做一两年，我觉得更应该考虑如何使企业发展百年，这才是最重要的。"[1]

"百年企业"才是格力电器长期的发展目标。董明珠知道，这不是一己之力就可以完成的，但她要尽己所能为格力电器打下坚实的基础。而想要基业长青，必须以实力和技术作为基础，而科技带来的成果同样体现在格力电器的一次次"登高"之中。虽然格力电器已经极为重视技术的发展了，但董明珠仍不满足，她曾经多次表示："科技创新投入，上不封顶，需要多少就投入多少。"

从"中国家电企业第一"到"全球家电企业桂冠"，格力电器付出了多年艰苦卓越的努力。在这些年里，董明珠把格力电器家电带到了全球200多个国家和地区，并且现在还在向其他国家继续宣传和输出。在扩张的过程中，格力电器收获颇丰，无论是在成交额上还是在口碑上，都赚得盆满钵满。

---

[1] 引自华商网2015年5月的报道《格力进入全球500强水到渠成的蜕变》

很多企业家对董明珠说，格力电器赚了钱可以投资些房地产，利润巨大，会比现在赚得更多。中国"地产热"的确引得很多家电企业纷纷追逐，这也成了中国家电企业的主流行为。可面对这个热潮和别人的建议，董明珠毫不犹豫地拒绝了："我们坚守实体经济，坚守实体制造业的发展。"

有一次，在接受新华社访谈时，她也谈到马云"求巧"的创业方式必不可少，但是却不能多，中国企业本来就喜欢投机取巧，过多的窍门会让企业不顾消费者的利益。中国企业要学习古人的匠心思维，也就是现在的工匠精神，她愿意做倡导人——"在支持中国制造业发展的企业中，没有'马云'不行，但是'马云'不能多，'董明珠'可以多"。[1]

在波涛汹涌的商场中逆流而上是一件很难的事，但董明珠没有被这样的难题吓倒。格力电器在成长过程中遇到过很多难题，他们都一一解决了，现在也一样可以。

想树立国际品牌，就要先经营好自己的品牌。中国的许多品牌正在逐渐消失，很多人幼时熟悉的国产品牌已经不见了，还有一些被外企收购，这样残酷又可悲的现实，给董明珠带来很大触动。董明珠是一个有着很强的民族精神的人，她看中企业的品牌力量和实力，不愿让格力电器和那些曾经的"中国老字号"一起消亡。

中国企业并不是没有能力，而是放弃了创造的能力，不关注长远发展，只看重眼前的蝇头小利，这让他们失去了自主研发的动力，也失去了成为世界优秀企业的机会。在很长一段时间内，中国企业生产的产品在国际上一直是"低价产品"的代名词，可他们丝毫没有为这样的名声感到悲哀，并没有改变现状。但董明珠与这些安于现状的企

---

[1] 引自2015年10月董明珠在新华社"品牌对话"活动时的讲话

业家截然不同，她在做企业、用心研发好产品的同时，还有必不可少的自豪感和羞耻心。

产品能使企业占领市场，自豪感和羞耻心却能使企业拥有更大的格局。如果说技术和产品是格力电器跻身世界 500 强之列的敲门砖，那么企业的精神和文化，则是格力电器能成功跻身顶尖企业之林的根本原因。

格力电器取得各项成就的同时，被问及最多的就是"以什么来判断一个企业的成功"？是交易额的多少，是创新技术的多少，还是员工的幸福感程度？在董明珠心里，这些都是判定一个企业是否成功的必要条件，但还有一项是，企业要知道自己该做些什么，不该做什么。懂得自己要做什么的企业，即使眼下的成绩不好，只要持之以恒，就有机会成功。相反，如果企业都不知道自己应该干些什么，就算当下取得了一些成绩，长此以往，也会被市场所淘汰。

有目标、有追求，懂得自我反省，才是一个企业该有的态度。董明珠经常劝诫同行要懂进退、知难易、会反思，她常说："如果我们每天有这样的反省精神，中国制造一定能走向世界，中国一定能够强大，我们缺的就是一种诚信、一种信心。"

在董明珠心里，一直有一个信念："我坚守一个信念，一定要让'中国制造'这四个字走向世界。"她做到了。

"让世界爱上中国造"

2015年,董明珠在《纽约时报》上第一次喊出了"让世界爱上中国造"的口号。从那之后,几乎每次公开亮相,她的话题总是离不开"中国制造"。

她说:"让世界爱上中国造是我们努力的方向,是每一个格力人的最终梦想。"

她说,"让世界爱上中国造,这不是董明珠的梦想,也不是格力的梦想,是中国所有企业家的梦想。"

她说:"一个企业家要有报国的情怀,国富民强,国家强大,我们才过得安逸,新时代我们重新定位,我们和国家共发展,和国家共繁荣,让中国走向世界,让世界爱上中国。"[1]董明珠之所以如此执着于"中国制造",是因为一路走来,经历了太多的心酸与无奈。

2013年,格力电器在中东地区的一位销售商给了董明珠一个建议:不打"中国制造",打"泰国制造",产品才会卖得更好。

这句话深深地刺痛了董明珠的神经。为什么我们自己研发制造出来的好产品,在国内有非常高的知名度,是名副其实的大企业,我们的国家发展速度也是有目共睹的,却连一个"泰国制造"的品牌都比

---

[1]引自2017年12月27日董明珠在中国深商大会暨全球龙商大会上的演讲

不上？是我们的产品真的不好，还是国外对中国的产品有成见？

其实不只在中东，在世界上很多国家，董明珠都曾有过同样的遭遇。有一次，在新加坡，她逛遍了当地几乎所有的家电市场，却发现新加坡人宁愿卖自己国家几年前已经过时的空调，却没看到一台有世界500强之称的格力空调。董明珠于是给店老板提了个建议，她希望他卖一下格力空调。然而，新加坡这位店老板虽然知道格力空调很好，但还是很委婉地拒绝了董明珠，理由很简单，他们对自己的品牌信得过。

这两件事，让董明珠深度思索"中国制造"的意义并发出呼吁："我们要反省一下，改革开放这么多年，我们都干了什么，我们未来应该做什么。中国是一个大国，作为制造大国，中国出口的产品非常之多，但那不是我们的技术，不是我们的工厂。为什么？中国很多企业把赚钱放在第一位。他们不把社会责任放在第一位。这就是'中国制造'最终被别人认为是'低质、低价'代名词的根本原因！"[1] 她认为只有企业家把社会重任当回事，才有可能带领企业摆脱低质、恶劣的名声，才有可能走向世界。

2015年9月，格力作为主策划人，主办了一场名为"中国品牌在行动"的中国制造业高峰论坛。当天，除了发布格力几项新产品外，董明珠深情款款地提出了"让世界爱上中国造"的倡议，她带领这些企业家们，大谈中国制造业的未来。第二天，以董明珠个人形象为主的"让世界爱上中国造"的推广信息在各大朋友圈炸开了锅，并且此后不久，董明珠亲自代言的广告每天准时出现在央视里。

轮番轰炸，董明珠的言论深入人心。在董明珠看来，中国制造面临的问题，就如同一个人犯了错，要及时改正。要想改变别人对你的认识，这是一个漫长的过程。但是，中国企业家应该充分重视这一点，

---

[1] 引自2016年4月10日董明珠在首届中国女性领导力论坛上的演讲

从我做起,从自己的企业做起,为"中国制造"正名。

董明珠希望用"让世界爱上中国造"这句话来触动每一个中国企业家。如果一个国家的企业只为赚钱,而失去做人起码的诚信,那这个国家的企业家信仰何在?一些企业不诚信、虚假宣传、货不对版、假冒伪劣,导致一些消费者对"中国制造"失去了信心,这才是令人忧心的根源所在。董明珠认为,许多企业没有积极的文化,没有奉献文化,没有挑战精神,这才是最大的危机,这种状况下的"中国制造",是必死无疑的。

制造业不能只用营销手段来忽悠市场和消费者,一旦被披露出来,后果不堪设想。联想一下当年红遍大江南北的南京冠生园,只因为一次事故,就彻底断送了自己所有的前程。这是必须引起每个企业家足够重视的问题。

"作为企业家,一定要有忧国忧民的心态,国家的事就是自己的事,老百姓的事就是自己的事,消费者的事就是自己的事。我们要时时刻刻考虑国家的利益与消费者需求。中国有无数个品牌走向世界,中国的形象与地位才能真正领先。无论是国有还是民营企业,都不能放弃原则与尊严,要时刻牢记'中国人'这个概念,为国争气。"这是董明珠站在更高角度的思考。

在这种信念的指引下,董明珠把格力电器的技术创新放在第一位,对产品品质的追求更是永无止境。即使如今在新时代的互联网的挑战和冲击下,格力电器也在不断地寻求自我突破。近几年,格力电器每年投入近40亿元的研发资金,坚持自主研发,并建成了行业内独一无二的技术研发体系,组成了一支8000多名专业人员的研发队伍,拥有1个国家级重点实验室、2个国家级工程技术研究中心、7个研究院和632个实验室。为突破光伏空调这样的全球难题,格力电器对技术投入就下了几十亿血本,不仅同行过来挖格力电器的技术人员,连美国公司也来挖人。这正说明了"中国制造"的影响力已经潜移默化得到了提升。

严苛,是董明珠对产品质量的极致要求,她曾经对质检部门放话:"用最严苛的标准检测我们的产品,你们的目标就是把产品玩死机。"格力电器实验室因此成了新产品的"炼狱":暴雨、飓风、大雪、霜冻,凡是能想到的恶劣条件,都要模拟出来让产品"尝试"一下,只有经得起"扒皮"式考验的机器,最终才能投入生产。相比于国家质检标准,董明珠对格力空调质检的每一项标准都提出更为严苛的要求。

2018年,凭借独创的"完美质量"管理模式,格力电器获得"中国质量奖",问鼎质量管理之巅。"完美质量"管理模式是企业在生产经营中形成的系列经验,具体到一台空调的生产中,它需要经历8000名质量检测员的专项检测和862项质量检测工序。正是因为对产品质量的自信,格力电器率先在行业提出了"6年免费包修"的政策,推动了空调行业服务升级,惠及了更多消费者。

再回想14年前的2005年,格力电器差点儿就被以9亿元卖给国外公司,这14年间的巨大变化,再次证明了董明珠的信仰是多么高尚而伟大。她说:

"只要忠诚于市场、忠诚于消费者,不断地创新,舍得投资,不是只赚了1个亿就收口袋,就说这是我的钱物,而是有胆量把钱拿出来进行新的技术投入,取之于民,用之于民,为民造福,才可以让世界改变过去对我们低质、低价的印象,才能使中国制造业在世界上成为一个领先的制造业大国。"[1]

---

[1] 引自2019年6月新华社报道《董明珠:高质量发展是中国制造业的使命》

董明珠时刻牢记着自己的使命:"我们的使命就在于,在当下'中国制造'向'中国创造'的转型过程中,更多的中国企业要用核心技术去改变世界,用高品质的产品去服务世界。"她希望世界上更多的朋友走进中国,走近中国造,爱上中国造。

A 股市场最慷慨的公司之一

2015 年，作为全国人大代表，董明珠曾经建言：上市公司应该坚持年年分红回馈股东。她说：

> "现在很多公司都想上市，但如果上市只是为了圈钱，那么上市公司数量越多对社会而言就越是个灾难。企业上市之后确实能够从资本市场募集到资金，但有的公司拿到钱之后依旧年年亏损，到快退市了就卖壳，我认识的有些上市公司就是这样，这种行为必须要检讨。所以企业要思考的问题是，投资者给了你好处，你能给投资者什么好处。我建议上市公司必须要坚持年年分红来回馈股东。"[1]

自从 1996 年上市以来，格力电器几乎年年都有分红。尤其是 2012 年董明珠担任格力董事长一职后，格力的分红力度比以往更大：

2012 年，格力电器整体分红规模超过 30 亿元人民币，相当于格力电器全年 73.80 亿元净利润总额的五分之二。"每 10 股派 10 元"的 2012 年度权益分派方案在 2012 年 5 月 20 日召开的股东大会上获

---

[1] 黄丽.《董明珠：上市公司应年年分红回馈股东》[N].中国证券报.2015

得通过，格力电器当时被称为 A 股市场"最慷慨"的公司之一，这一方案刷新了其分红史上的最高纪录，也创造了新的财富故事。

2013 年，格力电器净利润 74.46 亿元，现金分红 30.08 亿元，股利支付率 40.4%，而在此之前的 5 年内股利支付率最高的 2009 年也只有 32.04%。

2014 年，格力电器的股利支付率提高到 63.31%，当年 142.53 亿元净利润中 90.24 亿元被用于分红。

2015 年，虽然遭遇上市以来首次营收、净利同比双下滑，但格力电器仍提高了分红比例，股利支付率达到 71.48%。

2016 年，格力电器推出了每 10 股派 18 元的年度分红方案，总分红额高达 108.28 亿元，一举打破了之前的分红纪录，创下了历史新高。

2017 年，虽然为了给产能扩充及多元化拓展等做好资金储备，董明珠在格力电器股东大会上宣称不分红，但在 2018 年 8 月，她对股东们进行了补偿，根据 2018 年度中期分红计划，格力电器以 60 亿股为基数，向全体股东每 10 股派发现金红利 6 元，总共向股东派发了 36 亿元的分红。

2019 年 6 月，在新一届股东大会上，格力电器再次回归"高分红"模式，派出超 90 亿元"大红包"。

迄今为止，在 22 年中，格力电器共募集资金 51.5 亿元，至今累计分红已经高达 544.25 亿元，堪称 A 股市场上最慷慨的公司之一。在 2016 年 10 月为收购珠海银隆而举行的临时股东大会上，因为收购方案未获通过，董明珠曾经愤怒地说："格力没有亏待你们，上市公司有哪几家这样给你们分红？我 5 年不给你们分红，你们又能把我怎么样？两年给你们分了 180 亿元，哪家企业给你们这么多？"

仔细品味，这几句看似傲慢的话，其实隐含着一个很关键性的信息，那就是格力的分红几乎是首屈一指的，两年就给股东分了 180 亿元，董明珠并没有让股东吃亏。

有记者专门就股市问题提问董明珠,她的回答很干脆、很直接、很坦荡,她说:

"股市有什么问题?你没有信心你就卖,我有信心我就买。格力(的股价)没有任何人去炒,我从来不过问股票,我对股票没有兴趣。我不是靠股票生存,更不是靠股票去发展。股价对我来讲没有任何意义。我没有什么承诺,我只承诺一点,就是每年都有分红。你信,你就投。"[1]

都说投资有风险,而董明珠坚持为股东分红,既向世人展现了格力电器的实力与底气,也是董明珠信守"我对所有股民负责"承诺的最好体现。

有人说,董明珠提倡分红,她自己每年会分得不少利益。但说这话的人忘了,她不是一人独得,她是资源共享,而且力争让每个人都能多得,这是其他企业所不具备的。

局外人总喜欢用自己的观念揣测别人,但当事人有时候做事往往考虑的却不是个人利益,董明珠就是这样的人。她很倔强、很独特,不是你一眼就能看透的,但有一点谁都看得明白,那就是作为格力电器的领导人,她做任何事的第一出发点,是格力的利益与未来发展。

---

[1]李国辉、李妹妍.《格力董明珠:我不过问股票但承诺分红》[N].羊城晚报.2015

第十章

创变不止：
"自己战胜自己是最可贵的胜利"

  与主业的坚持并行的，是格力的多元化布局，从冰箱、电饭煲、新能源电池再到芯片，都不难看出董明珠的梦想，正是格力的那句宣传语："格力，掌握核心科技。""志之难也，不在胜人，在自胜。"人需要不断地自我挑战，一个企业家更要引领企业始终保持创新进取的状态。

"让中国人不用到国外去买电饭煲"

2016年3月8日,三八妇女节,董明珠摆了一个特殊的饭局——请大家来吃饭。不过,在这个精心筹划的"格力大松高端电饭煲万人体验行动"新闻发布会上,董明珠请大家来品尝的只有白米饭,没有其他菜品。

白色的小餐盘里,放着四勺刚从电饭煲里盛出来的白米饭,还氤氲着热气。它们分别是由格力大松 IH 电饭煲和其他三个日本知名品牌的电饭煲现场烹饪的,同样的容量,同样的米和水,同样的加热方式,用 A、B、C、D 标示。董明珠请在场的嘉宾和记者们对这四种米饭进行品尝,然后进行投票,选出自己认为口感最好的米饭。主持人不断提醒,这是一次客观公正的盲测。

董明珠想要通过这样的方式来证明,中国人制造的电饭煲做出来的米饭也很香。

这是一次"蓄谋已久"的饭局。至少,在董明珠看来,这个饭局早在一年前就该约定。

一年前的这个时候,董明珠看到了一则新闻:中国游客纷纷跑到日本疯狂购物,在机场,很多人都背着沉重的电饭煲和马桶盖。日本商场所贩售的马桶盖在旅游旺季一直处于供不应求的状态,其他单价2000元人民币以上的产品也几乎全部被中国买家扫空。很多人根本不问价格,甚至有一家三口一口气买了五个马桶盖。

中国制造这些东西的厂家数不胜数,为什么这些中国人不远千里从日本抢购这些东西?这个新闻对董明珠的触动很大,也让她心痛:

> "中国这么大的市场难道造不出这些东西吗?不是,而是我们太急功近利!如果制造业不能给老百姓一个安全、健康的产品,就是制造业的悲哀。中国企业(要想)走向世界,一定要创造技术,一定要高标准,要有'工匠精神'。'工匠精神'就是要跟自己过不去,你只有跟自己过不去,才能做出好东西。"[1]

于是,董明珠决定自己做电饭煲,格力大松电饭煲应运而生。

饭局上,盲测的结果很快就出炉了:选择 A 米饭的有 8 人,选择 B 米饭的有 14 人,选择 C 米饭的是 5 人,而选择 D 米饭的是 31 人。而 D 米饭正是出自大松电饭煲。

格力电饭煲煮出的米饭在口感上让人信服了,接下来还要在营养上让人无可挑剔。董明珠请来了中国质量协会用户工作部部长李高帅,李高帅在现场公布了四种电饭煲煮出来的米饭的质量检测报告,结果显示,营养关键指标粗蛋白这项的含量,大松电饭煲明显高于其他品牌。

董明珠笑了,她说,她憋了一年的气现在可以消了。她摆这个饭局就是为了向国人证明,大家争先恐后去日本购买电饭煲,是因为国人不自信!中国也有好的电饭煲,她要以此为契机,重建国人对中国造的信心。

在饭局之后,她还向很多家电同行喊话:"消费者买产品不是爱

---

[1] 引自 2016 年 3 月新华网的报道《提振中国造 格力推大松高端电饭煲》

国不爱国的问题，而是企业有没有做出最好的产品给消费者的问题。"

董明珠的话振聋发聩。

只有董明珠和格力人知道，这台在她看来算得上是"最好的产品"的大松电饭煲是如何制造出来的。

一台小小的电饭煲背后，是以格力电器强有力的核心科技作为支撑的。大松电饭煲最突出的优势就是使用 IH 电磁加热技术，其通过磁力线的高频磁场环绕金属锅体来产生电流，进而产生强大的火力、热传导力和优秀热对流使锅体立体发热来实现蒸煮功能，且具有升温快、控温强的特点。在立体加热情况下，热量可以迅速穿透米芯，让每一粒米都受热均匀，使做出来的米饭可以杜绝夹生现象，更加香甜软糯。

为了开拓电饭煲产业，董明珠专门组建了一支由几百位技术精英组成的技术团队，从内胆结构到外观设计，每一个技术细节，都进行了成百上千次的实验。其中，有一支小分队每天只做一件事：煮米饭。每天用不同的方法煮米饭，除了要求加热快，还要求米饭的口感好。单是做实验，他们就用了 20 多种大米，3 年的时间用掉了 4.5 吨大米，相当于一个成年人 12 年食用的大米量。

正是因为秉持着这种追求极致的工匠精神，才有了足以打败日本知名品牌的大松电饭煲。

董明珠一直认为，中国企业最不可缺少的一种精神就是工匠精神：

> "在生产的过程中，到成品的过程中，你的产品和你的生产过程都应该有那种工匠精神、追求完美的精神。如果没有工匠精神，马桶盖事件不能杜绝。只有具有了工匠精神，我觉得马桶盖

的事件可能不会发生。"[1]

董明珠不只是这样说的,也是这样做的。从空调到电饭煲,格力电器的每一个产品,都带着工匠精神的基因。这种与生俱来的品质基因,让格力造在任何一个产品领域都有底气争第一。

董明珠的一句话值得中国所有企业家铭记:

"我希望中国更多的企业走向世界,用的是我们的技术,用的是我们的品质,用的是我们的品牌,为全世界去服务。提升'中国制造'的水平,是我一生的追求。为了让国人不用到国外去买电饭煲,格力始终坚持核心科技和原创设计,用品质卓越的产品打动消费者,让国人爱上中国造,才能让世界爱上中国造。"

如果这样的中国企业越来越多,"中国制造"的大旗一定能扛得起、立得住。

---

[1] 引自 2016 年 3 月《财经国家周刊》的报道《"一碗饭"的胜利》

银隆"黑洞"

如果说董明珠为格力手机代言是为了抢占未来智能家居入口,那么,入股银隆、以全部身家押注新能源汽车,则是董明珠给自己寻的一条没有退路的路。

2016年3月7日,格力电器公司发布公告:按照计划将要收购珠海银隆新能源有限公司,该公司是一家研究锂电池、新能源汽车动力和整车研发的公司。公告一出,外界立即炸开了锅。

董明珠与银隆的故事起源于2016年。2016年1月,在珠海市人民代表大会上,董明珠遇上了珠海银隆董事长魏银仓。两人同为金湾区的人大代表,以前也有过一些接触,不过了解不多。通过这次交流,董明珠发现,魏银仓"办事说话干脆",而且很有开拓精神,在他的领导下,珠海银隆一直在积极拓展其他业务。

通过魏银仓的介绍,董明珠对珠海银隆产生了浓厚的兴趣。当时,国家对于新能源汽车产业正大力扶持,董明珠瞄准了这个新领域,打算趁热打铁。而珠海银隆在2010年耗资5750万美元,收购了纳斯达克上市公司奥钛纳米科技有限公司53.6%的股权,获得了钛酸锂电池技术和生产线,有技术傍身,能助她一臂之力。恰好魏银仓也有合作的意思,两人在之后的几次接触中更加明确了合作意向,魏银仓提出在模具和品控方面进行合作,当时董明珠说,"格力有电机厂,有模具开发，有成型的工艺，可以和银隆联合开发。我认为银隆新能源很可能成为珠海第二个千亿企业。"

"董小姐一言，驷马难追"，这一年8月18日，在董明珠的促成下，格力电器公布了130亿元收购银隆新能源100%股权及相关的定向增发方案。在媒体会上，董明珠自信满满地说："珠海银隆就是格力汽车！"

然而，事情的发展并不如董明珠设想的那般顺利。在2016年10月的格力电器股东大会上，她提出的收购银隆方案遭到了股东们的否决。

不过，董明珠并没有因此而放弃，为了圆自己的"造车梦"，在提案被股东驳回后，她决定以个人名义继续完成收购之业。这之后，她以个人身份联手王健林、刘强东等商界"大佬"，携大连万达集团、北京燕赵汇金国际投资公司、江苏京东邦能投资管理有限公司、中集集团与珠海银隆签署增资协议，共同增资30亿，获得珠海银隆22.388%的股权。其中，董明珠个人投资约10亿元，获珠海银隆约7.46%的股权。

当时，董明珠放下豪言：

"今天，我愿意拿我个人所有的资产投入到银隆里面去，因为我看到它是未来中国制造强国之梦的一条必经之路。"[1]

从入股银隆的第一天开始，董明珠就以"主人"的姿态出现。在2016年中国制造高峰论坛上，董明珠当仁不让地代表银隆喊话："我今天在这里代表银隆说一句话，你用了银隆车，十年保证不换。" 她

---

[1]韩笑.《董明珠传：营销女皇的传奇人生》[M].湖北：华中科技大学出版社.2017

还放言"从今天开始,全中国都用了银隆新能源电池,我们的雾霾天气少掉一半"。而同时到场的魏银仓也呼应道:"以后听董总的。"

有董明珠"撑腰",魏银仓的一席话说得铿锵有力:"我只能这么说,什么都没有的同行业现在都在国内和行业估值800亿到1000亿。如果按照这个企业来对比,银隆的估值应该在8万亿、80万亿。"

为了显示对于银隆未来发展的信心,入股银隆后,董明珠不但持续增资扩股直至成为银隆第二大股东,还不遗余力地为银隆站台。她将格力电器的一大批得力干将带到珠海银隆,而且利用自己的人脉和影响力,为银隆引进大客户,解决资金问题。

在董明珠的全力支持下,银隆就像是一台开足马力的机器,开始高速扩张。从2017年开始,在全国各地疯狂扩建或新建新能源产业园,投资资金达700亿元,希望撬动万亿级新能源汽车市场。

可惜的是,董明珠和魏银仓的"蜜月期"并没有维持太长时间,没过多久,他们之间的矛盾就显出一丝端倪。

2017年,董明珠与魏银仓一同接受央视《对话》栏目访谈,原本访谈的主角应该是银隆的"一把手"魏银仓,然而,在节目现场,董明珠却抢尽了风头。

说话从来直截了当的董明珠,在节目上当着诸多观众的面表示,不仅是银隆,在整个汽车行业都存在着粗制滥造的缺陷,这让魏银仓难堪不已。当主持人问魏银仓:"要把这之前的'走路'变成'跑步'甚至'冲刺',是否能胜任?"魏银仓回答:"尽力而为。"董明珠听了之后极为不悦,马上抢白了一句:"什么叫尽力而为?作为公司的一把手,必须做到!除非你不在其位。在其位,谋其政,必须用极致的眼光要求你的队伍。这不是什么尽力而为的事情。"魏银仓的脸上顿时青一阵红一阵。

虽然魏银仓没有当场发作,但从中也可以看出,董明珠的强势性格，一定让他吃了不少苦头。

不过，真正使两个人分道扬镳的，还在于公司治理理念的分歧。在董明珠看来，珠海银隆的发展方向是很清晰的，应该先利用国家出台的各项新能源政策"跑马圈地"，然后再追求上市。就在上市辅导过程中，银隆过去的财务数据全都清晰地展现在董明珠面前。她这才发现，银隆的财务可谓漏洞百出。不只是借高利贷维持公司运转，还拖欠供应商巨额货款。急火攻心的董明珠进一步加强了对银隆的控制，在产品质量、供应链管理、生产制造等方面进行内部整顿。

在2017年11月27日召开的股东会上，在董明珠的主导下，银隆经历了一次高管大换血。银隆创始人、原董事长魏银仓辞职，只保留董事职位，由孙国华兼任公司董事长。从那之后，银隆彻底成为了董明珠的银隆。

被清理出局的魏银仓对董明珠怨恨不已，两个人的矛盾彻底激化。

2018年1月17日，招商证券终止对珠海银隆IPO的上市辅导，这意味着，银隆上市彻底失败。失望透顶的董明珠加速了对"原珠海银隆"的"清洗"：2018年4月4日，银隆新能源选举卢春泉担任新的董事长，聘请有格力背景的赖信华担任总裁。半个月后，公司监事会再起变化，总裁赖信华被变更为银隆新能源公司法人。此时的珠海银隆无论是名义上还是实际上，都已经变成了"格力系"的珠海银隆了。[1]

2018年7月底，董明珠与魏银仓彻底撕破脸皮。执掌银隆大权的董明珠委托律师事务所和会计师事务所，对魏银仓及其关联方涉嫌对公司巨额侵占进行专项调查。与此同时，银隆自曝家丑，发布《致银隆新能源股份有限公司各股东的函》，称银隆原董事长魏银仓、原总

---

[1]参考2018年6月前瞻网的新闻《董明珠的梦醒时分》

裁孙国华涉嫌通过关联交易侵占公司财产、损害公司利益，涉及金额超过10亿元，已经向珠海市中级人民法院提起民事诉讼。

魏银仓当然不会坐以待毙，他指责董明珠为一己之私发难大股东，用心险恶，手段恶劣，还在媒体上愤愤不平地说："用我的公司告我！你觉得真实吗？"

双方矛盾进一步升级。

造车事业如此不顺，曾经声称"个人举债进入银隆，希望去栽一棵树"的董明珠也不愿在公开场合再主动提起银隆。董明珠坦言："之前意识到银隆的管理有问题，不过确实没想到问题这么严重。"董明珠曾经这样评价银隆汽车："只要用银隆汽车，10年不用换电池，坏了我给你换。"而如今，显然消费者已经不愿等到10年了。

董魏之争，没有赢家。正如现在一般，董明珠和魏银仓都深陷舆论漩涡，魏银仓"出走国外"，董明珠则被告上了法庭。已走上高速扩张之路的银隆汽车，发展前景则更加扑朔迷离。

在新能源汽车领域惨遭"滑铁卢"之后，很多人质疑董明珠，说多元化布局拖了格力电器的后腿。董明珠却做出了如此回应：

"我们有这样的技术、这样的能力为什么不做多元化。我不生产电饭煲，国人就会出国去买，我为什么不做更好的。有人觉得格力是因为多元化才造成业绩下滑，那是他的猜测，一个人有没有病自己最清楚！"[1]

尽管走了一些弯路，董明珠还是那个董明珠，充满自信和争议。

---

[1] 引自2017年9月亿欧网的报道《格力手机和银隆新能源，都藏着董明珠放不下的技术梦》

为格力手机代言

2016年7月，在第二届中国制造高峰论坛上，董明珠成了当仁不让的主角，原因在于，她突然做出了一个惊人之举。

在演讲过程中，董明珠充满豪情地说道："我很自豪。格力电器今天再次宣布要做好手机，因为我认为我要做，就要做最好的。我今天可以很大胆地跟大家说，我的手机是世界第一，这个第一不是销量第一，而是品质第一。"接着，她又激动地说："我今天可以说格力的手机在两米空中摔下去不会坏，你敢摔吗？！"

话音未落，她的格力手机就从手中掉落，重重地摔在了地上，主持人不禁发出了一声惊叹，现场嘉宾和观众也都微微一怔。

时间回到一年前，也就是2015年，董明珠在中山大学博学大讲堂第一次对外宣布格力手机量产，从那之后，格力电器戏剧性地杀入了智能手机行业。

在2015年6月1日的格力电器股东大会上，格力手机正式亮相。当时，董明珠谈起格力手机业务时可谓意气风发，她大放豪言："华为卖第一，我们就卖第二。"

不过，自从上市起，格力手机就一直不被外界看好。无论是其普通、老套的外观设计，还是比同期手机落后一个档次的配置，都很难引起消费者的兴趣。有媒体评论，除了情怀，很难找到理由能让消费者去心甘情愿地选择购买一台格力手机。

而最令人诟病的，莫过于格力手机的开机画面——格力手机开机时会显示来自董明珠的问候语，问候语中写道：感谢您选择格力手机，这是格力跨进全球500强后推出的首批手机之一，它不仅可用于人际沟通，还能开启格力"智能环保家居"的大门。衷心希望格力手机带给您最完美的体验与服务！并诚挚祝愿您：阖家幸福安康！除了问候语之外，开机界面上方还有董明珠的头像，下方则有董明珠的"亲笔签名"。

格力手机的开机画面借助互联网疯狂传播开来之后，引起轩然大波，网友们纷纷调侃董明珠过于"自恋"。在2017年6月22日的新华网思客讲堂上，更有记者直接问她："上手机开机画面是因为长得美吗？"

董明珠回答说："很多广告都是明星代言的，很多消费者是以崇敬、信任的态度选择产品，但买回去以后用的结果是截然不同的，伤害了消费者的信任，这对于企业来讲伤害也非常大。看了这个以后，我觉得给消费者的承诺必须是真实的。我是这个企业的代表，我的讲话是最管用的。如果我所讲的或承诺的内容没有实现，那么消费者可以投诉，我可以赔你。"

董明珠的责任与担当令人动容。怀着这样的初心，董明珠对格力手机的要求只能用"严苛"二字来形容。格力不做贴牌手机，格力手机是真正的"格力造"。董明珠在决定投入手机市场的时候，就决心要做自己的手机，因此格力建立了自己的手机生产线，不靠代工出品。董明珠要求格力手机必须结实耐用，这可让格力手机的配件商叫苦不已。格力的验收方法被同行称为"暴力验收法"，有一次，格力手机负责人在验收摄像头时，先是测试了一下摄像头是否完好，又在桌子上摔了很多次，之后才拿起来继续测试——只有经过这样的测试还能继续使用的产品,才会被格力选择。正是因为品质过硬,董明珠才会有底气,敢当着众人面狠狠地把格力手机摔到地上。

"我不强迫你买格力手机,但是有一天你买了格力手机,你就不会放手",这是董明珠做手机的理念,也是她的期望。

但是,理想很丰满,现实却很骨感,虽然格力手机已经推出了三代,销量却一直不尽如人意。2017年6月上线的格力"色界"手机更引起了一场小小的风波。这款手机上线第一天只卖出了5部。而短短几天后,销售量却突然暴增700倍,媒体和网友对猛增的销量提出疑问,质疑格力聘请刷单组织刷单。对此,董明珠回应说:"我说格力最大的品质就是不作假,这是我很自豪的,我从来(认为)好就是好,不好就是不好,而且现在买格力的手机越来越多,是因为他们知道了格力有一个商城,所以进入了这个商城买产品,我没有必要刷单,刷单没有价值,对我的企业来讲没有产生任何效益。"[1]

虽然格力手机的销量差已经是不争的事实,但董明珠还是要"护犊子",并且没有放弃的想法。在2019年1月16日格力电器召开的2019年第一次临时股东大会上,她在会上表示:"格力手机没有不成功,而且手机的业绩也在不断增长,相信格力手机一定会成功。"相比此前"外界有评价说小家电和手机都没做成功,你是不是要我每样都做到1000亿元才叫成功?你有什么资格来评价我?"的言论,董明珠如今这番话似乎冷静多了。

很多人认为董明珠死磕智能手机,是为了"维护颜面",还有人说这是董明珠人生中的一个错误决定,一切只是源于与雷军的"十亿赌约"。不过要知道,在我们评价任何一件事情的时候,都会对这件事情有一个期望值,期望值不同,评价也不同。对于消费者来说,格

---

[1] 引自2017年6月凤凰资讯的报道《格力手机被质疑刷单"色界"被指优势不明显》

力手机没有任何优势，自然是不值得购买的；对于股东来说，格力手机如果不能带来实际的利益，也是失败的。然而，对董明珠来说，格力手机的存在却有着独特的意义。

2019年3月，董明珠在作客央视《两会面对面》栏目时，就外界对格力手机的质疑进行了回应："格力手机活着，活着就最好。格力去年增长了500亿，给国家交了那么多税，依然活得那么健康，企业并没有因此变困难。手机也是格力的一部分，我要去做研究，智能家居一旦全面铺开展示的时候，手机就是里面的一部分。"

董明珠的深谋远虑可见一斑。董明珠坚持做格力手机，不是想抢占手机市场，而是为了为智能家居、未来智能时代做准备。在可以预知的未来十年，人工智能将会出现喷发式发展，在智能家居场景下，手机最有可能成为万物联网的核心载体，如果格力手机能成为连接格力家电的万能遥控器，格力电器的发展必定会走上新台阶。这个未来的大趋势，董明珠早在几年前就已经捕捉到了，并且开始为格力布局未来。

"不积跬步，无以至千里"，与格力电器一直坚持的主业比起来，手机业务可谓微不足道，做好了自然是锦上添花，做得不好也动摇不了根基。与格力手机的研发推广同时进行的，是格力的多元化布局，从冰箱、电饭煲、新能源电池再到芯片，都不难看出董明珠的梦想，正是格力的那句宣传语："格力，掌握核心科技。"

梦想人人有，然而，挂在嘴边的多，真正脚踏实地践行的却没几个，董明珠算是为数不多的一个。对于这些勇敢迈出第一步的勇士，我们应该给予更多的理解，无论最终结果是倒下还是坚持下来，至少他们有着超越常人的勇气。

花五百亿也要造出芯片

"志之难也,不在胜人,在自胜。"人需要不断地自我挑战,一个企业家更要引领企业始终保持创新进取的状态。

正因为如此,2018年5月,董明珠在接受中央电视台采访时宣布了自己的新目标——芯片。"我今年投入100亿,明年投入100亿,三年投入300亿,甚至三年以后投入500亿,一定要把芯片研究成功。当我们真正能掌握芯片,而且我们能把高端芯片,如果能拿下来那一天的时候,我们就可以服务全球了。"

"一个没有创新的企业是没有灵魂的企业,一个没有核心技术的企业是没有脊梁的企业,一个没有脊梁的人永远站不起来。"董明珠深知这一点,也深信这一点。所以,即使花500亿,她也要把芯片造出来。

芯片,是很多中国企业的心头之痛。尤其是中美贸易战爆发之后,多少国内知名科技公司被一个小小的芯片卡住了脖子!

2018年4月,美国政府对中兴通讯进行制裁,禁止中兴通讯在未来七年内向美国企业购买敏感产品。在这一事件发生之前,中兴通讯正在高歌猛进,积极开拓国际市场,布局5G,积累专利,"封杀令"一出,中兴通讯前进的步伐戛然而止。这场灭顶之灾,使得中兴在短短三个月的时间就损失了百亿订单。直到7月中旬,在缴纳了14亿美元罚款后,美国商务部才解除对中兴通讯的禁售令,允许其恢复营业。中兴通讯付出了如此惨痛的代价，虽然换来了重生，却也元气大伤，企业发展难以为继。

时隔一年之后，同样的悲剧再度上演。2019年5月16日，美国政府先后打出两记绞杀我国高科技企业华为的"组合拳"。其中除了禁止所有美国企业购买华为设备的总统令，美国商务部工业与安全局（BIS）还将华为列入了其一份会威胁美国国家安全的"实体名单"中，从而禁止华为从美国企业那里购买技术或配件。

所幸的是，任正非作为深谋远虑的老一辈企业家，眼光长远，早已带领华为做好准备。禁令颁布后的第二天，华为就做出了回应，其中，来自公司总裁办的一封邮件指出："公司在多年前就有所预计，并在研究开发、业务连续性等方面进行了大量投入和充分准备，能够保障在极端情况下，公司经营不受大的影响。"

更令人深有感触的是，华为旗下的海思半导体公司，也就是华为自己的芯片企业，在一份内部信件中表示，他们这个为华为的生存打造的"备胎"，在今天这个"极限而黑暗"的时刻，终于在"一夜之间"全部转"正"。这份信件说，海思曾经担心他们研发的许多芯片永远不会被启用，成为"一直压在保密柜里面的备胎"，但今天，是"每一位海思的平凡儿女成为时代英雄的日子！"

不过，尽管华为不断投入技术研发，在最基础的芯片、操作系统等领域都已拥有了自主知识产权和自研自产能力，麒麟、巴龙、升腾、鲲鹏、天罡、Solar……其各个产品线大都具备了从"芯"开始的端到端支撑能力。但经此一劫，也难免伤筋动骨，损失惨重。

中兴、华为事件对所有的中国企业都是一个镜鉴，如果中国的高科技企业依然高度依赖美国的供应商，无法突破核心技术受制于人的困境，那么，美国的那把"达摩克利斯之剑"随时都有可能掉落。正是因为清醒地意识到了这一点，董明珠才下定决心进军芯片领域，一定要把核心技术掌握在自己手中。

一石激起千层浪,董明珠的豪言壮语在业内引起了轩然大波。有人嘲笑她:格力做空调还可以,做芯片,就是个噱头。也有人忧心忡忡:董明珠一向说一不二,既然她提出来,肯定就要干,但是芯片不同于电器,只靠一时头脑发热蛮干可不行。

但董明珠却不理会外界的纷纷扰扰,她说到做到,开始了自己的布局之路。

2015年,格力电器就已组建团队,开始微电子芯片和功率半导体方向的研发。到2018年8月,格力电器又正式成立全资子公司珠海零边界集成电路有限公司,专注芯片设计。这个新公司注册资本10亿元,由董明珠亲自担任法定代表人。格力电器总工程师兼副总裁谭建明、格力电器总裁助理兼总工程师助理李绍斌均于珠海零边界集成电路公司任职。

2018年12月1日,格力电器发布《关于签订投资协议并拟参与闻泰科技股份有限公司收购安世集团项目的公告》,公告称,"公司拟向合肥中闻金泰有限责任公司、珠海融林股权投资合伙企业(有限合伙)合计增资30亿元人民币,资金用于合肥中闻金泰以及珠海融林受让安世集团的上层股权及财产份额。同时,格力电器将通过上述投资参与闻泰科技股份有限公司收购 Nexperia Holding B.V(安世集团)项目,该收购项目完成后闻泰科技将实现对安世集团的控制,格力电器将成为闻泰科技的重要股东"。董明珠意在加大与闻泰科技在通讯终端、物联网、智能硬件等业务上的合作,并将借助闻泰科技的5G研发能力战略性布局5G产业链。这是格力电器迄今为止最大的一笔对外投资。

值得一提的是,这一重要收购的目标安世集团,是"世界一流的半导体标准器件供应商,专注于逻辑、分立器件和 MOSFET 市场,拥有60余年半导体专业经验,已形成全球化的销售网络,下游合作伙伴覆盖汽车、工业与动力、移动及可穿戴设备、消费及计算机等领域内全球顶尖的制造商和服务商"。格力电器在芯片业务上的决心和"野心",可见一斑。

从组建专业的芯片设计团队及微电子部门,再到正式成立子公司、参与收购安世集团,董明珠的造芯计划可谓稳打稳扎,格力电器在芯片领域的布局也越来越深入。

在2019年1月16日的格力电器股东大会上,董明珠说:

"别人做芯片股价就涨,我做芯片股价就落了。为什么?因为我是真做。企业家最大的特质是别人不做的你要去做,别人不愿意承担的,你去承担。芯片,我是一定要做的,不是为了市场分一杯羹,不是为了打价格战,而是为了给消费者带来性能更好、更可靠的产品。"[1]

至此,已经再也没有人否定董明珠"造芯"的决心了。

可以预见,董明珠的造芯之路注定会经历无数坎坷与磨难,但是,我们也希望越来越多的中国企业能够认识到一点,那就是掌握核心科技才是未来公司得以生存的根本,华为已经做到这一点,格力也已经意识到这一点,尽管前路漫漫,相信董明珠终有一天能够更加自信地说出"格力,掌握核'芯'科技!"

---

[1] 引自董明珠2019年1月在格力电器股东大会上的发言

第十一章

无惧挑战:"幸福不是躺着享受,而是挑战的每一天"

作为兢兢业业一手将格力电器打造成家电王国的"霸道总裁",董明珠的连任可谓众望所归。她的成功连任再一次证明了,一个专注为员工谋福利、为企业谋发展、为行业谋未来的优秀企业家继续执掌格力电器,是企业上下的高度信赖,是市场各方的共同期待,也是中国制造的重磅佳音。

狙击"野蛮人"

2016年9月,当"宝万之争"打得如火如荼时,中央电视台财经频道在采访董明珠时曾经问她是否担心格力电器成为遭野蛮人举牌的下一个万科时,董明珠自信满满地回答道:

"我不是搞金融的,但我认一个死理,很多股票炒得很高,市值是几十倍、上百倍,大家都知道,它不值。那是资本市场需要这样的炒作,把股票炒高然后抛掉赚回,制造业不能搞这个。我们作为企业的一个关键人,时时刻刻想到的事,是企业利益而不是个人利益。我相信我们格力团队,任何人接手,只会把这个企业搞垮不会搞好,任何一个妥协、任何一个退步、任何一个怠慢,在我们这里都是不允许存在的。"[1]

然而,董明珠没有想到的是,曾经率领宝能系入侵万科、血洗南玻管理层的姚振华果真将视线投向了业绩优良、股权分散的格力电器,将其当成下一个围猎对象。

2016年11月16日,收购珠海银隆失败后的格力电器正式复牌。

---

[1] 引自虎嗅网2016年9月的报道《董明珠再谈小米:它今天还敢估值四百五十亿美金吗?》

就在第二天,宝能系就开始向格力电器发起了进攻——其旗下的前海人寿保险股份有限公司大举增持格力股份。

2016年11月30日,格力电器发布了一份公告:公司通过对2016年11月28日收市后前20名股东情况核查,发现前海人寿保险股份有限公司自2016年11月17日公司股票复牌至2016年11月28日期间大量购入公司股票,持股比例由2016年三季度末的0.99%上升至4.13%,持股排名由公司第六大股东上升至第三大股东。

4.13%,了解A股市场的人都知道,这个数字是一个非常敏感的数字,距离5%的举牌线仅咫尺之遥。换而言之,前海人寿这个"野蛮人",已经以蛮横而赤裸裸的姿态站在了格力电器和董明珠的门口。

董明珠怎能允许姚振华染指她最为珍视的格力电器?她马上严阵以待,做好了狙击"野蛮人"的准备。

此时,无论是董明珠,还是格力电器,都处于一个至暗时刻。2016年10月,董明珠刚刚被免去格力集团董事长的职务,珠海市国资委作为格力电器大股东在行使话语权,她的一举一动都深受掣肘。前有收购银隆新能源跨界造车受阻,后有前海人寿大举增持,"野蛮人"乘虚而入,一招不小心,董明珠就有可能遭遇王石一样的命运。

内忧外患交困之际,董明珠不得不两线作战,对内协调与格力集团之间的关系,对外想方设法赶走"野蛮人",真正考验她智慧的时候到了。

但无论形势多么严峻,人们在董明珠的脸上从来也看不到半分焦虑与畏惧。领导格力电器多年,这样的大风大浪她已经见得太多了,她的霸道与自信在此时显露无疑。

危急关头,董明珠做出了一个令人意想不到的举动:给公司全体员工每人每月加薪1000元,让员工能"共享创新成果,提升幸福感"。这个决定一出,舆论一片哗然,人们纷纷称赞董明珠是"业界良心",

对正处于困境中的格力电器报以同情。而格力上下的士气也因这次加薪得到了大大的提振，员工对企业更加认同了，格力电器的凝聚力也因此增强，从而军心稳定，一致对外。

果然，山穷水尽疑无路，柳暗花明又一村，很快，事情就出现了转机。姚振华的野蛮入侵不得人心，当时担任证监会主席的刘士余在中国证券投资基金业协会第二届第一次会员代表大会明确表态："你用来路不正的钱，从门口的野蛮人变成了行业的强盗，这是不可以的。你在挑战国家法律法规的底线，你也挑战了你做人的底线，这是人性不道德的体现，根本不是金融创新。有的人集土豪、妖精及害人精于一身，拿着持牌的金融牌照，进入金融市场，用大众的资金从事所谓的杠杆收购。做人的底线在哪里？这是从陌生人变成了野蛮人，从野蛮人变成了强盗。挑战现行的金融监管的民商法是有力应对制度的创新和推进，有利于监管部门加强监管，当你挑战刑法的时候，等待你的就是开启的牢狱大门。"这一公开讲话，打破了姚振华的如意算盘，顿时让人振奋无比，也让董明珠悬着的心落了下来。

2016年12月3日，第十六届中国经济论坛在人民日报社报告厅举行，董明珠作为论坛主持人出席并主持了上午的开幕式及颁奖典礼。谈到有关前海人寿增持格力电器股票的事情时，董明珠表示，她从来不主张把股票价格做高，不主张"低价进、高价抛"，真正的投资者是通过投资实体经济发展来获益的，这也是她所坚持的。她义愤填膺地指出：

"我们今天看到的'野蛮人'的敲门，是因为你太有钱了，但是你一个实体经济的发展，它要能够引领世界，是要有资本来支撑的，而现在很多人用经济杠杆来发财，那是对实体经济的犯罪！那些利用上市公司在圈钱、炒股价发财的'野蛮人'，坑害了实体经济,也坑害了股民。那些希望借助资本运作发不义之财的人,社会不会允许他存在!我们所有的人都要记住自己的责任——我是中国人,你的行为需要和国家的发展结合在一起。不要破坏中国制造,成为社会的罪人。"[1]

2016年12月5日,董明珠又在自己的自媒体上直截了当地以《董明珠:资本如果成为中国制造的破坏者,他们会成为罪人》为标题,刊发了对前海人寿的看法,对姚振华进行了强有力的回击。

行业监管部门也站在了董明珠的一边。2016年12月13日,保监会专题会议再一次明确表示,保险资金运用必须把握审慎稳健、服务主业的总体要求,贯彻好三个原则:投资标的应当以固定收益类产品为主、股权等非固定收益类产品为辅;股权投资应当以财务投资为主、战略投资为辅;少量的战略投资应当以参股为主。两天之后,保监会又发布了监管函,对前海人寿进行整改通知,要求前海人寿暂停万能险销售。之后,保监会检查组也进驻前海人寿和恒大人寿检查。

至此,姚振华终于彻底死心。一个月后,前海人寿宣布,未来将不再持有格力电器股票,并会在未来根据市场情况和投资策略逐步择机退出。

一场惊心动魄的交锋终于告一段落,董明珠笑到了最后。

但事情并没有到此结束,正义或许会迟到,但永远不会缺席。2017年2月26日,保监会发布《中国保险监督管理委员会行政处罚决定书》,其中提到:经查,前海人寿主要存在编制提供虚假材料、违规运用保险资金等问题。在深入开展调查取证的基础上,保监会严格按照有关法定程序,依据《中华人民共和国保险法》等法律法规对

---

[1]引自2016年12月3日董明珠在第十六届中国经济论坛上的发言

前海人寿及相关责任人员分别作出了警告、罚款、撤销任职资格及行业禁入等处罚措施。其中，对时任前海人寿董事长的姚振华给予撤销任职资格并禁入保险业 10 年的处罚。被称为"上市公司围猎者"的姚振华最终受到了应有的惩罚。

姚振华恐怕做梦都没有想到：他赢了王石，却输给了董明珠！其实，他是输给了董明珠对格力电器的一腔赤诚。曾经，在一次访谈中，谈及自己和格力的关系，董明珠说："没有格力没有我，当然没有我也没有格力。"记者问她，是不是已经把格力当作自己的孩子。董明珠回答："我坐的这个位置决定了我对格力的责任，作为公司的一把手，我绝对不能让格力受到任何伤害。"

卸任风波

2016年11月,一则《关于董明珠同志免职的通知》在网上流传,内文显示董明珠已于10月下旬被免去了格力集团董事长的职务。随后,格力集团承认珠海市国资委在10月18日对格力集团董事会发出了通知:"免去董明珠同志珠海格力集团有限公司董事长、董事、法定代表人职务。" 珠海市国资委也证实了此事,并一再强调:"这是正常的人事调整,也是董明珠基于国家政策和个人意愿主动辞职。"

然而,尽管如此,外界的猜测之声一直未断。有人分析董明珠的卸任与2015年营业额大幅下滑有关,也有人猜测与格力集团内部的矛盾有关。

格力集团与格力电器之间的"父子之争"是业内公开的秘密。

2014年夏天,在达沃斯的一个论坛上,董明珠的公开吐槽更是把这一矛盾公开化:"格力遇到困难的时候找国资委,国资委不搭理,让我们自己解决。但是遇到利益问题的时候,珠海政府手就伸得很长,什么政府决定、国资委要求,可能就会出来这些。我随时准备跟他们斗,一定要坚持原则。否则我们这个行业是充分竞争的行业,要被政府左右,可能我们早就被击垮了。"

格力集团与格力电器的矛盾,要从头说起。

如今,提起格力,大部分人第一时间想到的是格力空调的生产者,也就是上市公司格力电器。但事实上，格力电器在资产上是隶属于珠海市国有企业集团格力集团的。格力集团成立于1985年，前身是珠海特区发展经济总公司，顾名思义，这是一家带有浓厚行政色彩的国有企业，其历任董事长都是由珠海市国资局干部调任，它的使命是为基础薄弱的珠海市"在荒地上开发工业区"。而格力电器成立于1991年（前身是珠海市海利调器厂），当时只有一条简陋的、年产量为2万台的生产线。

尽管起步晚、底子薄，格力电器的发展速度却令人惊讶。从1994年以来，格力集团利润的90%都是由格力电器贡献的。2003年，格力电器的年销售额一举突破100亿，这相当于珠海市工业产值的十分之一。

"勇略震主者身危，而功盖天下者不赏"。司马迁说过的这句话是格力"父子之争"的真实写照。

格力电器靠着一股拼搏精神，在市场上攻城掠地，打下了属于自己的一片天。这时，格力集团坐不住了。从格力集团的角度来看，格力电器作为其旗下的子公司，其诞生和发展自然与集团的支持有着莫大的关系。然而，从格力电器的角度来看，两者之间的利益却并不一致，有时，甚至会出现严重的分歧。

早期，格力电器还不出名的时候，作为格力集团的子公司，只能无偿将自创的"格力"商标交给集团使用，当时其他子公司并不愿意使用这个商标，仍旧使用自己原来的商标。然而，自从格力电器声名鹊起一跃成为家电行业的驰名品牌后，当初不愿意使用这一商标的许多集团子公司开始对"格力"这个招牌趋之若鹜。在格力集团的授权下，其旗下的众多小公司纷纷打着格力的旗号生产各种小家电。

自己呕心沥血打造出来的品牌，被面向同一目标消费群体的兄弟公司白白使用，肆意抢占自己的"地盘"，格力电器的不满不言而喻。

而且，这些所谓的格力小家电在质量上并不过关，这种"砸招牌"的行为更是朱江洪和董明珠所不能容忍的。为了维护格力的品牌形象，朱江洪和董明珠曾经多次向格力集团提出收缩格力品牌的使用，却屡屡遭拒。

2003年10月，很多知名媒体纷纷报道"格力进军厨具市场""格力电器多元化了"。格力电器终于忍无可忍，董明珠开始正面进攻，她找了二十多家媒体，发表声明：格力电器只生产空调，部分公司借用"格力电器""格力空调"的品牌形象宣传自己的产品，严重误导投资者和消费者，对格力电器构成侵权。

格力集团也不服气，马上进行了回击："格力"品牌归集团所有，格力小家电等下属企业均有权使用。

"父子"俩公开对抗，剑拔弩张，上演了一出出恶斗纠缠。

当时，有一位叫仲大军的媒体人还写了一篇题为《格力再现褚时健式人物？》的文章，质疑格力电器的领导人是下一个褚时健，矛头直指当时格力电器的董事长朱江洪与总经理董明珠。

后来，朱江洪在他的自传中回忆道："2013年12月18日，又是《粤港信息报》，在头报头条刊登了一篇署名仲大军的大幅文章——《格力再现褚时健式人物》。大家知道，褚时健是轰动一时的红塔山烟厂的创始人。90年代因侵吞国有资产被判刑。由于文章的题目很吓人，被媒体广泛转载。文章说：'了解内幕的人都知道，格力集团内部历来存在着最高领导层权力之争，并且，这种权力之争是典型的国企式的权力之争。'由此把'父子之争'推向一个新的高度，其矛头直接指向我。文章把格力集团时任董事长打扮成'一个国有资产的忠实看家人'，而我则是一个'侵吞国有资产的典型人物'。文章指名道姓，子虚乌有地写道：'格力电器老总朱江洪认为格力电器是上市公司，股权多元化的公众公司，其本人对格力企业发展的贡献作用甚大，应当拥有相当大的股权比例,并想通过股权置换,把集团公司所拥有的58%的股份分30%为他个人所有。'简直是赤裸裸的造谣与攻击,一派胡言!"[1]

矛盾的激化使格力集团与格力电器从此开始了艰难的博弈过程,格力集团一度还动了把这个不听话的"儿子"卖掉的念头。当时,珠海市希望有一个世界500强企业,于是,格力集团想把格力电器卖给外资企业,一时间,开利、惠尔浦、大金……国外买家接踵而至。

尽管格力电器出售后董明珠能拿到8000万元的年薪,但她丝毫不为所动。不仅如此,她还悄悄找了上级领导"告状",说:

"它今天是世界500强企业,明天未必是;我们今天不是世界500强,明天未必不是;我相信我们有一份执着的精神,有一天一定能成为世界500强。"[2]

所幸的是,就在格力电器即将以9亿的价格成交的危急关头,全国性的政策调整开始了,收购戛然而止。"股权分置改革"救了格力电器一命,而历史经验已经证明,民族品牌卖给外资大部分是死路一条,小护士、丁家宜、舒而美、活力28、美加净……这些知名国产品牌在被收购之后无一不被"雪藏",外资企业要的仅仅是它们在中国的市场份额、渠道及生产基地!

多年后,董明珠在接受采访时说:

"现在格力电器的市值900多亿,国有股份的价值也接近

---

[1]朱江洪.《我执掌格力电器的二十四年》[M].北京:企业管理出版社.2017
[2]郭宏文.《董明珠:倔强营销的背后》[M].北京:中国言实出版社.2015

200 亿了，而当时（差点）9 个亿就卖掉了。我们现在给国家挣了 300 多亿。"[1]

2006 年，朱江洪被任命为格力集团的董事长、党委书记、总裁，这场"父子之争"暂时偃旗息鼓。趁着这个机会，董明珠带领着格力电器一路狂奔，开始迅猛发展。

不过，还没等董明珠彻底缓过来，下一轮争斗又迫不及待地吹响号角：2006 年朱江洪已经 61 岁，马上就要退休了！

2012 年，又坚持了 6 年的朱江洪彻底退休了，珠海国资委在任命董明珠出任格力集团董事长的同时，将原珠海国资委副主任周少强调来当党委书记、副总裁。当时，舆论普遍认为，周少强是空降过去制衡以董明珠为首的格力电器管理层的。

不过，在这一年 5 月的格力电器股东大会上，尽管周少强被珠海国资委提名为格力电器的董事，股东们却并不买账。他以 36.6% 的支持率落选新一届董事会，无缘入主格力电器。而包括董明珠在内的其他候选人支持率都在 95% 以上。

硝烟从未散去，2016 年的这场卸任风波，或许背后又是一场斗争。

刚强的人不懂政治、不懂妥协、不懂潜规则，因此，他们的命运或多或少都带有一丝悲情色彩，董明珠也不例外。但董明珠并未倒下，在 2016 年 10 月的格力电器股东大会上，她说：

"董事长之位被罢免，今天下面有人问董总你怎么受得了，我觉得这些东西都压不垮我们，压垮我们的是我们的内心。我们

---

[1] 引自 2016 年 11 月搜狐网的新闻《董明珠董事长被免：从权力斗争中上位，26 年红与黑》

有坚定的信念,我们的生存、我们活着的价值已经不是为了挣钱,而是因为我们的存在,因为我们能让世界改变。"[1]

她还表示,"退休是必然的,从内心来讲,我想退休。如果明天我退休,我一定会工作到最后一刻,不会为格力电器发展做任何一个错误的决策"。

董明珠一生心血尽付格力,她曾说"我没有朋友,只有家人",但在遭遇困顿后,她讲了一句话让人感受颇深:"如果没有好的心态一切都是压力。锦上添花的人很多,但雪中送炭的人很少。能压垮我的只有内心,我已经不轻易落泪,但收到雪花般的短信,我落泪了。"

---

[1] 引自2016年10月董明珠在格力电器股东大会上的发言

成功连任,为格力再战三年

2019年1月16日,对董明珠来说,是一个至关重要的日子。

这一天,在位于珠海的格力电器总部,众人翘首期盼的2019年第一次临时股东大会终于召开。在某种程度上来说,这次大会很可能会影响格力电器的未来发展道路——会议的主要议题是审议董事会换届选举非独立董事议案、换届选举独立董事议案,以及监事会换届选举非职工代表监事等多个议案。这关系到董明珠的去留——在这次临时股东大会上她是否能成功拿下董事会董事资格,将会直接影响她能否顺利连任格力电器董事长一职。

其实,这次临时股东大会早在七个月前就应该举行了。格力电器的第十一届董事会,算是"超期服役",按正常规定,原本应该于2018年5月31日换届,而董明珠的任期在这一天也已经到期了。然而,格力电器却迟迟不召开临时股东大会。

关于格力电器董事会为什么会延期,格力电器一直秘而不宣。正因为如此,换届一事,一直是疑云密布。

根据格力电器《公司章程》(2017年4月公布)第4.6.8条以及第5.1.2条规定,公司董事会、监事会以及单独或者合并持有公司3%以上股份的股东,有权提名董事、股东代表监事候选人;董事任期届满,可连选连任。据此,占股18.36%的第一大股东格力集团可以推荐四名格力电器董事候选人，占股 8.98% 的第二大股东河北京海担保投资有限公司可以推荐两名董事席位。另外，还有三名独立董事候选人名额。而董事长的人选，将由这十一人选举产生。这个人可能是董明珠，也可能是杀出来的一匹黑马，答案究竟是什么，谁也无从知晓。

因此，在这几个月里，"连任"问题，一直是盘旋在董明珠头顶上无法散去的话题，各种传言满天飞。

局势未明，格力江湖上自然是风起云涌，各方力量互相博弈，频繁出招。

董明珠当然不会坐以待毙，这段时间里，她不断地为自己的连任主动出击造势。2018 年 12 月 2 日，董明珠出席中国企业领袖年会并进行了主题演讲，在演讲中，她主动公开了一个重磅消息：格力电器在 2018 年的营业收入增长超过 500 亿元，而且，在这一年的 9 月份，格力电器就已经完成了全年的目标。这个消息令众人为之哗然，要知道，格力电器在 2017 年的营收为 1482.86 亿元，这意味着格力电器在 2018 年的营收已经达到了 2000 亿元。

2019 年 1 月 8 日，董明珠又放出了一个大招：格力电器发布《格力全员涨薪通知》，自 2019 年元月起，格力电器根据不同岗位给予员工薪资调整，总增加薪酬在 10 亿元以内。董明珠还加码，宣称要"承包员工的通讯费"。[1]

她的志在必得，从中可以窥见一斑。

2019 年元旦晚上，格力电器终于公布了姗姗来迟的第十一届董事会候选人名单。根据格力发布的公告，格力电器的最大股东珠海格力集团有限公司推荐董明珠、黄辉、望靖东、张伟为第十一届董事会非独立董事候选人；格力电器第二大股东河北京海担保投资有限公司推

---

[1] 许文苗.《格力换届前夜，最大的黑天鹅可能是……》[N].新财富杂志.2019

荐张军督、郭书战为第十一届董事会非独立董事候选人；格力电器第十届董事会推荐刘姝威、邢子文、王晓华为第十一届董事会独立董事候选人。[1]

这份名单一出，很多人都松了一口气，认为董明珠连任有望。张军督、郭书战出自格力电器经销商体系，而董明珠向来与经销商关系密切。三名独立董事候选人中，刘姝威曾经在朋友圈称董明珠为"闺蜜"，在董明珠个人投资银隆、还击宝能入侵等事件中，均表达过坚定支持态度。由大股东格力集团推荐的董事候选人中，黄辉是格力电器的"老人"，与董明珠一直合作无间。

不过，尽管如此，一切仍是悬念。根据格力电器章程，董事由出席股东大会的半数股东投票通过，董事长由全体董事的过半数选举产生。因此，中小股东是否愿意为她投信任票，也会对"战局"产生巨大的影响。中小股东是否愿意站在董明珠的阵营中还是未知数。

正因为如此，2019年1月16日举行的这场临时股东大会才会引起无数人的关注，更吸引了几百位股东及机构研究员现场参加。这场延宕七个月之久的换届，是以"铁娘子"的继续掌舵收尾还是爆出一个大冷门？大家都在拭目以待。

在临时股东大会现场，董明珠多次被股东问到是否有退休之意以及接班人培养的问题，董明珠回答说："我想讲，这个问题是无数人关心、无数人在问。你要真正是问我内心想法，我现在就想退休。但是我想，作为企业的发展，必须要有一个持续性。上市公司好像也没有规定什么时候必须退休，要是真正想干（可以一直干），就怕你干不好还继续干，这就真的有问题。"对于接班人选，她也有自己的想法："我心目当中还是有评估的，谁真正能够对格力电器未来发展负责，

---

[1] 引自2019年1月1日格力电器发布的公告

这是要负责任的。这是个非常严肃的话题，我相信这个人选不是我说了算，是他自己干了才能说算还是不算。只要把企业做成自己的家，你就是未来的接班人。"[1]

这场股东大会整整持续了三个多小时，到17点26分，格力董事会换届选举终于落下帷幕，董明珠以高票当选格力电器非独立董事。在随后举行的第十一届董事会第一次会议上，董明珠又全票当选格力电器的董事长。

作为兢兢业业一手将格力电器打造成家电王国的"霸道总裁"，董明珠的连任可谓众望所归。她的成功连任再一次证明了，一个专注为员工谋福利、为企业谋发展、为行业谋未来的优秀企业家继续执掌格力电器，是企业上下的高度信赖，是市场各方的共同期待，也是中国制造的重磅佳音。

董明珠的连任，充分反映了格力员工的心声以及对她的高度信任。员工是企业实现可持续发展的主力军，是企业转型升级的源动力，格力电器能在竞争激烈的空调行业始终保持稳步增长的趋势，员工的努力奋斗可谓功不可没。董明珠真正把员工当成格力的"功臣"，在她担任格力电器董事长的六年多时间里，她不但多次全员加薪，还修建"员工房"，甚至在市场不太景气的情况下公开表示"格力电器不会随便裁员，在经济调整时期，更应该众志成城，携手同心渡过难关"。每一颗汗滴，都应该得到回报；每一份奉献，都应该得到尊重。董明珠的"关爱员工"种种务实举措，充分体现了她重情重义的企业家担当。正因为如此，她的连任才能得到企业员工的高度信赖与认可。

董明珠的连任，充分反映了股东与市场的信心。众所周知，在董明珠的前两个任期中，格力电器不断领跑同行与超越自我，创造无数

---

[1] 引自2019年1月16日董明珠在格力电器临时股东大会上的发言

业界神话。单论业绩一项,以 2012 年独立执掌格力电器为界,在董明珠的带领下,格力电器从 1000 亿营收成功迈入 2000 亿门槛,用六年时间实现"再造一个格力电器"的优秀业绩。在业绩飙升、企业不断发展壮大的同时,格力电器不忘大小股东,历史分红总额度一直位于上市公司前列。这样的管理者,当然深受股东的欢迎。

董明珠的连任,也反映了消费者的信赖。格力电器能一直保持良好的发展势头,消费者的信任尤为重要。这种信任一定程度上源自董明珠的个人魅力。在董明珠的带领下,格力电器将"让世界爱上中国造"深深地根植于消费者心中,坚持以质量作为格力电器品牌的基石,不搞哗众取宠的概念炒作,不偷工减料,而是走专业化道路,专注把产品做精。消费者对格力电器品牌的认知度和忠诚度,也间接反映了对董明珠本人的认可。

董明珠的连任,更充分反映了人们对中国制造的热切期盼。近些年来,面对变幻莫测的市场形势,人们对于"中国制造"赋予了殷切的期许。"中国制造"的升级,企业家是理所当然的重要主体,是"关键少数"和特殊人才。一个优秀企业家身上所展现的担当负责和战略眼光,所具有的不计得失、精琢细磨与注重品质的理念,对行业风向的引领作用是毋庸置疑的,对"推动中国制造向中国创造转变、中国速度向中国质量转变、中国产品向中国品牌转变"也意义深远。

"中国的品牌是靠质量和工匠精神、靠技术创新、靠企业家的诚信来创造的。中国品牌要走向世界,必须将核心科技牢牢掌握在自己手中。"2018 年 12 月,董明珠在参加中国企业家博鳌论坛时强调:"在品牌强国的进程中,我们不能依赖别人的技术。尤其对于企业家来说,不能逐利而行,而要有吃亏和奉献精神。"

在 2018 年年底举行的中国企业领袖年会上,董明珠获得了"影响改革开放进程的企业领袖"奖。颁奖词是这样说的:"她,是中国企业家中的铿锵玫瑰,是中国制造的形象代言人,是实体经济的坚定捍卫者,她把空调这个单品做到了极致,又凭借技术积累的优势打造智能制造帝国,激扬起自主创新的志气和骨气。"董明珠对"中国制造"的一颗赤子之心,对品牌强国与实业强国的不变初心,人们有目共睹,并且感念于心。

"我们一定要记住,即使我们站在山顶,我们的头顶还有星空。创新是永远的话题,挑战是我们永远的动力。我们不会被困难吓倒,越困难,我们越有能力,越有信心,只有挑战过的人,回头再看,没有后悔。"[1]董明珠已经做好了准备,为格力再战三年。

对于董明珠来说,这次成功连任或许只是她驰骋商海多年的一个须臾瞬间。然而,对于格力电器来说,这可能是又一次突飞猛进的精彩开端。谁也不知道格力电器在接下来的日子里将会书写出何等的精彩华章,唯一可以确定的是,65 岁的董明珠,仍将以创业者的心态、以持之以恒的工匠精神、以百倍的信心和饱满的热情为格力电器与中国制造奋斗不止。

不过,不容否认,连任之后,董明珠也将面临巨大的挑战。新的难题很快就向她袭来:2019 年 4 月 8 日,格力电器发布公告称,格力集团拟以 400 多亿转让 15% 的股票。

格力电器未来将走向何方?一切都是未知数。不过,可以肯定的一点是,董明珠是无惧挑战的,正如她所说:"如果一个人总觉得自己成功了,就意味着自己已经到头了。但是你觉得没有成功,不断去挑战,才能勇往直前。创始人比的也不是聪明,而是吃苦。我们人老不要紧,但是我们的心不能老。"

---

[1] 引自 2018 年 5 月 17 日董明珠在格力梦想盛典上的发言

实名举报奥克斯

英特尔创始人安迪·葛洛夫曾经说过一句名言:"只有偏执狂才能生存。"董明珠是个不折不扣的"偏执狂",她的"偏执"体现在她敢于斗争,体现在她敢于发出掷地有声的一声声呐喊,更体现在她敢于站出来以一己之力荡涤行业乱象。

2019年6月10日,董明珠又做了一件令人瞠目结舌的大事——在格力电器的官方微博上实名举报奥克斯销售不合格产品。

在这封《关于奥克斯空调股份有限公司生产销售不合格空调产品的举报信》中,格力电器称奥克斯生产的部分型号空调产品与其宣传、标称的能效值存在着很大的差距。经过格力电器委托有专业素质的第三方机构检测验证,检测结论与格力公司检测结论一致,能效比和制冷消耗功率的检测结论均为不合格。举报信还强调,生产销售这类产品不仅严重侵害了消费者的合法权益,对国家节能减排环保政策以及市场公平竞争的良性秩序也造成了巨大破坏。

这一纸诉状,把奥克斯推上了风口浪尖。当天,奥克斯就对格力电器的实名举报进行了回应,称"格力既非消费者又非国家监管部门,其称消费者向其举报我司产品问题,明显不合情,也不合理,漏洞百出。正当618空调销售旺季来临,格力采取诋毁手段,属于不正当竞争行为。奥克斯作为一家有责任、有担当的企业,产品质量过硬,性价比高,连续多年线上销量、好评率均第一，愿意接受广大消费者和国家相关部门监督检查"。还表示，"对于格力的不实举报，公司已经向公安机关报案并提起诉讼"。[1]

然而，奥克斯的危机公关显然不能服众，更何况，董明珠这边，可谓"实锤不断"，在格力电器的官方微博上，她放出了8份公信力极高的政府检测报告，用事实说话，并且放出豪言，将持续通过各种渠道购买奥克斯的产品进行检测，直到合格为止。

有人说，董明珠之所以举报奥克斯，是因为格力电器与奥克斯之间积怨已久。

众所周知，如今的家电市场已经达到高饱和，竞争日益白热化，企业之间"口水仗"、"价格战"、专利纠纷等层出不穷。格力电器与奥克斯之间也曾有过多次交锋。

2017年11月，格力电器曾经对奥克斯发起了诉讼。

奥克斯被称为空调界的"拼多多"，采取彪悍的低价策略，主攻空调龙头力量较为薄弱的二三线城市。为了加速发展，奥克斯采取了专利侵权、挖人等各种不正当方式。

从2015年到2017年，奥克斯被格力电器起诉的专利侵权数量高达15个。因为屡屡侵权，奥克斯被格力电器起诉，并被法院判决赔偿巨额罚款。

2015年8月，格力电器向广州知识产权法院提起诉讼——奥克斯生产的某系列空调产品侵犯其三件专利权。当时，广州知识产权法院一审认定奥克斯侵权后，奥克斯不服，继续上诉，但最终并没有胜诉。广东高院终审判决认定奥克斯侵权，判决其立即停止销售侵权空调产品并赔偿格力经济损失230万元。

---

[1] 引自2019年6月10日奥克斯对格力电器实名举报的回应

2017年11月，格力电器发布公告，称奥克斯和广州晶东贸易有限公司在没有经过许可的情况下，肆意生产、销售、使用格力电器专利技术的8个型号空调产品，侵犯了其专利权。最终，广州知识产权法院查明，包括奥克斯黄金侠、极速侠、极客等在内的10余款空调产品，侵犯了格力电器接水盘一体化、双风道空调器、空调室内机等三项专利权，判决奥克斯共赔偿格力电器4600万元经济损失。这一判决金额一度刷新了空调行业专利诉讼案赔偿金额的最高纪录。

根据媒体的相关统计，从2016年到2019年，格力电器起诉奥克斯空调"侵害实用新型专利权"，胜诉达12次之多。近些年里，除了偶尔几次格力电器主动撤诉外，奥克斯空调几乎全部败诉。

除了专利战之外，奥克斯不择手段从格力电器"挖人"也令董明珠非常不满，据公开报道，2010年起，奥克斯通过各种方式从格力电器挖走了300多位研发、质检等部门的核心骨干人员，以壮大自己的科研队伍。

对此，董明珠曾经多次在公开场合痛斥奥克斯。早在2015年6月1日的格力电器股东大会上，董明珠曾透露：截至当时，格力电器已经被竞争对手恶意挖走600多人，超过了培养人的速度，已经严重影响到格力电器的创新积极性，并且希望政府能重视此类事件，尽快出台类似人才转会的制度进行规范。

2019年1月16日的临时股东大会上，董明珠更是毫不掩饰地怒怼奥克斯："千万不要给我讲奥克斯，它比美的更糟糕。因为美的原来在我这里挖人，现在已经不挖了。现在奥克斯天天在我这里挖人，连工人都挖，甚至我的人去了他那里还要更名换姓，这是我现在的心情，偷了我们的技术，而且弄虚作假。"

在2019年1月18日举行的中国智能制造全产业链应用大会上，董明珠也曾表示，格力空调十年之内老大地位不会变，不用看奥克斯与小米，因为不在一个层面，"一家企业依赖于别人的技术，或者不择手段去抢劫别人的人和技术的时候，即使今天能活下来，明天也依然会死"。

表面上看来，董明珠之所以向奥克斯宣战，是因为企业之间的恩怨。然而，2019年6月17日，在格力电器举行的"学习贯彻《绿色高效制冷行动方案》专题活动"中，董明珠却主动透露了自己实名举报奥克斯的初衷：

"格力举报奥克斯，这并不是企业与企业的竞争。对于企业来说，这是道德的选择。低于国家标准的产品，就是不合格产品，是违法产品。"

董明珠深知，举报同行，断人财路，肯定会遭到报复性反查。而且，还需要冒着得罪整个行业的风险。但是，尽管清楚这样做的后果，她还是毅然决然地做出了自己的选择，原因是，她希望净化行业风气，倒逼市场建立起一个合格规范的环境。

董明珠维护的是不仅是消费者的利益，更是空调行业的利益。如果放任像奥克斯这样的企业制造大量的残次产品流向市场，任由劣币驱逐良币，伤害的不仅是无辜的消费者，最终还可能会毁掉整个空调行业。

董明珠不怕得罪人，她曾经说过：

"有人说董明珠到处得罪人，那么我不得罪人我们企业怎么进步呢？我们不得罪人，我们社会环境怎么建设更好，怎么让消费者不上当呢？"

这句话，她不只是说说而已。

董明珠也不怕报复，她不但有"身正不怕影子斜"的自信，更有"跟自己过不去"的决心。还没等到对手报复，董明珠就先开始给自己"挑刺"——在2019年6月17日的"学习贯彻《绿色高效制冷行动方案》专题活动"中，董明珠正式宣布，要在格力电器内部举行为期半年的"挑刺行动"，鼓励公司各部门、各子公司之间就质量问题进行相互监督。她说：

> "大家一定要以一种'互相挑刺'的精神，来完成生产过程。要有鸡蛋里挑骨头的精神，才能推动产品进步，没问题找出问题才是水平，这不是人跟人过不去，这是高标准要求。国家标准只是门槛，这是法律底线，法律底线只是企业的基本标准，但格力电器不能满足这个标准；企业和人一样，底线是良知。"[1]

董明珠还在这个活动上喊话："格力电器9万员工愿意喊出一句口号，接受社会监督。"为了表明她的决心和格力的使命，她强调："一个不敢被人监督的人，也就证明你自己是一个有问题的人。"

这是一种敢于不同流合污的精神，更是一种难能可贵的家国情怀，值得所有人为之喝彩。

---

[1] 引自董明珠在格力电器"学习贯彻《绿色高效制冷行动方案》专题活动"中的发言

第十二章

取舍无悔：
"既然选择了，就不要后悔"

　　董明珠不只是一个"女汉子"，更是"董小姐"。在她凶猛、如钢铁般坚强的外表下，藏着不为人知的柔软与细腻。然而，从董明珠进入格力电器的那天起，她就丢掉了作为女人的自己，但即便如此，她仍然说："既然选择了，就不要后悔。"

是"女汉子",也是"董小姐"

人们通过各种新闻报道了解到的董明珠,似乎总是与铁腕、霸道、好斗、杀伐决断这样的词汇联系在一起。在很多人的想象中,在家电企业纵横驰骋多年的董明珠,形象已经固化了——永远是一副"女汉子"的形象。这似乎也可以理解,如果不是如此风格的女人,怎么可能带领格力电器在家电行业闯出一片广阔天地?

但事实上,如果见到了董明珠本人,你就会发现,她不只是一个"女汉子",更是"董小姐"。在她凶猛、如钢铁般坚强的外表下,藏着不为人知的柔软与细腻。

与大多数女人一样,董明珠爱美、爱打扮。在《鲁豫有约大咖一日行》中,董明珠穿着一条浅绿色长裙,带着编制小帽,与鲁豫手拉手走在珠江边的情侣路上,走着走着,董明珠突然拉起自己的长裙,带着天真少女的表情对鲁豫说:"我真的非常喜欢穿长裙。"

董明珠打心眼儿里不愿接受别人说她"像男人一样而缺少女人味儿"。她常常对自己的身边人说:"我目前这个状况,都是环境逼迫的。我知道怎样做才算得上是一个真正的女人。等我退休了,我一定像许多合格的女人一样,把生活安排得井井有条,充满温馨,充满情趣,充满快乐。"[1]

董明珠的认真在爱美上也得到了淋漓尽致的体现。除了工作之外,她平时的喜好就是研究发型,也喜欢买配饰。有一次接受媒体采访的时候,因为刚刚出差归来,她看上去非常疲乏,而当记者当面夸赞她妆画得好、衣服很漂亮以后,董明珠竟然像换了一个人一样,马上变得容光焕发,配合记者很快完成了采访内容。

不过,尽管爱美,董明珠却始终认为,长得漂亮、穿得漂亮,不如做人漂亮。她说:"我觉得穿得再漂亮,如果是一个谎话连篇、不负责任的人,也不能体现出你的美。"

爱逛街是女人的天性,这一点董明珠也不例外。在难得的空闲时间里,董明珠总是兴致勃勃地去逛街,去逛折扣店。她喜欢在琳琅满目的货物中仔细地寻找自己的目标,看到中意的东西一定不会放过。她购物的原则是,只买自己喜欢的,不买价格昂贵的。每一次淘到物美价廉的物品,她都会兴奋不已。其实,谁都知道,董明珠是一个不差钱的人,她的收入是非常可观的。

除了爱打扮、爱逛街,董明珠也爱美食。董明珠还有一种独特的观点:"对于我来说,做饭是一种放松。很多人到健身房去锻炼,我做做饭也算是放松和锻炼了。"

不忙的时候,董明珠就会自己做菜。她吃得其实很简单,早晨会给自己煮一碗粥,平时最常吃"烫青菜"。晚上回到家,会给自己煲广式风味的汤,既健康又营养。董明珠是南京人,但是在广东待得久了,她的口味已经越来越清淡。她最爱吃的是广东煲仔饭,尤其喜欢吃煲仔饭里面的锅巴,这时她常常会露出"狠"的一面,想尽办法把锅巴给弄下来。

董明珠也有几个拿手菜,不过都是鸡蛋炒辣椒、西红柿炒鸡蛋这

---

[1]郭宏文.《董明珠:倔强营销的背后》[M].北京:中国言实出版社.2015

样简单易做的家常菜，太复杂的菜她没有时间做。董明珠从小没做过家务，作为家里的老七、最小的女儿，她是母亲的掌上明珠。结婚以后她也很少做饭，因为先生包揽了所有家务，她很少操过心。后来她到了格力电器，工作每天都很忙，根本没有时间研究厨艺。但尽管如此，她还是非常喜欢给儿子做饭，总希望儿子能给提点儿建议，"批评批评"，以便于提高自己的厨艺。然而，不管做得味道如何，儿子都会非常懂事地称赞好吃。

尽管董明珠比男人还要勇敢无畏，但是她始终没有失去一个女人对精致生活的热忱。常有人问董明珠是怎样做保养的，她说主要是心态年轻，"拿得起放得下"，不琢磨个人利益就会很开心。工作中遇到不开心的事，遇到不理解和挑刺的人，被那些曾经得罪过的人盯着都是常事，她说，"要放下，不要斤斤计较，要用结果说话"。

在董明珠的办公桌上，摆放着一张她年轻时的照片。照片上的她穿着一件漂亮、得体的深蓝色条纹连衣裙，脚上穿着一双白色的旅游鞋，优雅地蹲在小河旁的石头上，两只手欢快地撩起水花，脸上笑意盈盈，一副女孩家的单纯模样。这或许是她"霸道总裁"形象背后的内心真实写照，然而，身居高位，她却又有责任扮演好自己的角色——更何况，这个角色已经与她的事业、人生梦想融为一体。所以，从董明珠进入格力电器的那天起，她就丢掉了作为女人的自己，但即便如此，她仍然说："既然选择了，就不要后悔。"

让儿子学会靠自己

2018年两会期间,有记者采访董明珠时,问过这样一个问题:在你的一生中,最大的成就是什么?董明珠非常骄傲地回答说:

> "我最大的成就有两个方面,一是没有溺爱儿子,让他能够健康成长;二是我这十多年使格力电器成为中国的名牌,并在不久的将来成为世界名牌。"

董明珠36岁南下打拼,当时她的儿子东东只有8岁,只能托付给母亲照料,从那之后,母子俩就聚少离多,生活在一起的时间很少。对此,董明珠总是感觉亏欠了儿子很多。多年以后,在接受采访时,主持人鲁豫问她:"如果可以回到过去的某个时间段,你想回到什么时候?"董明珠毫不犹豫地回答:"如果可以回到过去,我最想回到和我儿子在一起的那段日子。"[1]

不过,尽管不能与儿子朝夕相处,董明珠却始终没有放松对儿子的教育。在对儿子的教育方面,她一直坚持着自己的理念。董明珠认为,最好的母爱是给儿子一个坚强的性格,培养他独立生存的能力,让他

---

[1] 引自2016年9月《鲁豫有约大咖一日行》节目对董明珠的采访

学会一切靠自己,而不是凡事依赖父母。

儿子11岁那年,董明珠就把他送进了一所寄宿学校,锻炼他适应环境和独自生活的能力。因为小时候就与母亲分离,东东在同学中显得非常懂事,他不但很快就适应了学校里的新生活,还主动帮助其他同学走出困境。

董明珠曾经讲起过这样一件事:一个周日下午,正好是返校的日子,东东回到宿舍时,发现有一位舍友正在伤心地哭。原来,他刚把父母送走,心中有些难受。东东赶紧走上前去,安慰他道:"爸爸妈妈走了,还有我们陪着你呢。时间过得很快的,再过五天,你就又能看到你的爸爸妈妈了。"[1]说起这件事时,董明珠的语气里充满了骄傲与得意。

因为董明珠的工作太忙,东东也要上学,所以,只有寒暑假的时候,董明珠才能把儿子接到珠海与自己生活一段时间。12岁那年,东东趁着寒假到珠海来与妈妈相聚,可是在一起的时间总是过得那么快,一晃就到了开学的日子。眼看着自己马上就要返回南京了,东东心中充满了不舍,于是,提前好几天,他就问妈妈:"坐飞机那天,你能不能送我?"

董明珠也舍不得儿子,不过,她还是忍痛拒绝了他的要求。东东又请求让她的同事送自己到机场,董明珠再次拒绝了。到了东东到广州坐飞机那天,董明珠把他送上珠海到广州的机场大巴,然后就向他挥了挥手,硬着心肠离去。可是,她的心却一直牵挂着儿子。整整一上午,她一直不停地抬起手腕看表,担心儿子会出什么意外,一直没办法安心工作。她还忍不住抱怨起了自己:他还这么小,为什么要这么严苛地要求他?作为母亲,她欠儿子的实在是太多了,现在就连儿

---

[1]引自《现代妇女》2017年第06期《"铁娘子"董明珠:最好的母爱是培养孩子独立》

子的这样一个小小的请求，也不能满足，是不是太残忍了？

在担忧和不安中，董明珠终于等到了在南京接机的朋友的电话。直到这时，她的心才从嗓子眼里落了下来。

可怜天下父母心，其实，董明珠是想通过这种方式"逼"儿子学会坚强自立。

从小学到大学毕业，董明珠从来没有到学校接过儿子一次。在2015年5月的《杨澜访谈录》中，董明珠曾经向主持人杨澜谈起一件往事："有一次我从他校门口走过的时候，看到他正好放学，我开了车，真的想停下来接他。但是我一想，觉得一定要让他自己走回家去，所以我没有接他。那天儿子很晚才回来，我就问他路上干什么去了？他就告诉我说，他在那等车，因为有空调的车是两块钱，没有空调的车是一块钱，他为了等那一块钱的车，等了有半个小时。你说我们是不是缺这一块钱呢？不缺。但是我觉得对孩子也一样，所谓的'狠一点儿'，就是让他养成艰苦奋斗的精神。不能因为家庭物质富有，就使孩子产生异于他人的优越感。最重要让孩子树立的观点是，自己跟别人一样，没有什么特殊的。此外，一定要避免让孩子产生不劳而获的惰性，并非你想要什么就有什么，而是要靠自己努力去做。"

得益于董明珠的教育，东东从小就是一个独立、有主见的孩子。2000年5月，董明珠想到儿子再过一个月就要高考了，但是却没跟她商量过要报什么专业，于是就给他打了一个电话，问他对什么专业感兴趣。谁知道，东东说自己已经打定了主意，要报考北京一所大学的法律专业。董明珠很惊讶，问儿子怎么不和自己交流一下？东东认真地对妈妈说："你不是从小教育我做事要有主见吗？我喜欢法律，社会的发展需要越来越多的法律人才，只有干自己有兴趣的工作才能出成绩，难道不是吗？"对于儿子的见解，董明珠非常欣赏，她鼓励儿子认真备考,为实现梦想加油。[1]

东东毕业后,董明珠没有让他到格力电器上班,也没帮他找工作。其实,对董明珠来说,给儿子找一个好工作不过是举手之劳,但是她不希望东东成为只能依附于她的"妈宝男",在她看来,让儿子自己去闯荡,才能经历不一样的人生。东东也认同她的观点,他对妈妈说:"妈妈您能从零开始,我也可以!"[2]

东东最终选择到上海打拼,凭借自己的才华和能力加盟了一家著名的律师事务所,先从最底层的实习律师干起。实习律师没有案源,也就没有收入,只有非常有限的基本工资。律师事务所也不提供住房,东东只能自己租房,每月单是房租就要花掉大部分工资,日子过得十分拮据。董明珠知道东东再难也不会向自己开口,于是就打电话问他要不要给他银行卡里打些钱,东东一口回绝了:"走自己的路,流自己的汗,吃自己的饭。老妈,我能行!"

作为律师,东东不得不到处奔波,为了提高工作效率,他决定买辆车代步。当时他月薪不高,只够一辆十多万元的国产汽车。他身高一米九,普通的小汽车对他来说空间十分逼仄。买完车一个月后,董明珠才知道了儿子买车的事情。得知儿子买的是一辆空间很小的普通A级车后,董明珠问儿子为什么不找她拉点儿赞助,买辆好点儿的车。东东笑着说:"开别人赞助来的豪车,哪有开自己买的车心里踏实啊!"

东东很低调,虽然有母亲这样强大的后台与平台,但是,他在外面从来不和任何人说自己的母亲是谁。在接受凤凰卫视《领航者》节目的采访时,董明珠非常骄傲地说:"他很独立,没有人知道我是他妈妈,也不依赖我找工作。"

---

[1] 引自《现代妇女》2017年第06期《"铁娘子"董明珠:最好的母爱是培养孩子独立》
[2] 引自 2015 年 5 月《杨澜访谈录》对董明珠的采访

董明珠不愿意儿子生活在自己的背影里,她说:"一个人只有通过自己的经历与奋斗,在回味自己的过去时,才会觉得自己的人生是有价值、有意义的。"让儿子学会靠自己,是她作为一位母亲给孩子最深沉的爱。

"到了天堂再尽孝道"

"妈妈"两个字,是每个人心底最柔软的字眼,也是身后最牢固的后盾。纵然是董明珠这样的女强人,回忆起自己的母亲,也曾几度哽咽。

2018年12月,在第十七届中国企业领袖年会上,董明珠荣获"影响改革开放进程的企业领袖"奖项。然而,在上台发言时,董明珠没有讲那些冠冕堂皇的空话、套话,而是说起了自己的妈妈:"我妈妈在2005年离开了我们,当时公司的事特别多,所以我没有在她身边。这件事情一直伴随着我,我经常地哭,没有对妈妈尽孝道。但是今天站在讲台的这一瞬间,我突然觉得妈妈没有怪我。……妈妈走的时候,2005年,那一年格力电器的销售是156亿,13年过后,今天我在这里想跟我天堂的妈妈说一句:'你的女儿为你争光了,我们实现了自己的梦想,我们今年可以预期达到2000亿。更重要的是我们用自己的创造,让世界爱上中国造。'"

董明珠的妈妈是一个普通的家庭主妇,一生养育了7个子女,为了家庭付出了自己的全部。在董明珠的印象中,妈妈对他们的爱是毫无保留的。30岁那年,董明珠的丈夫不幸病故,沉重的打击令董明珠深陷痛苦中无法自拔,是妈妈一直陪伴着她,用温暖的爱带着她走出生命的低谷。36岁那年,董明珠南下打拼,那时孩子小,她无法带在身边，又是妈妈承担起了帮她养育孩子的责任，每天精心照料孩子的衣食住行，从无怨言。

有一件事，董明珠始终记在心里，每每想起来，都会觉得心酸不已。有一年她生病住院，一住就是40天。妈妈怕她吃不惯医院的饭，总是在家里做好饭再给她送过来，每天早中晚三餐，餐餐都是如此，没有一天中断。当时正值盛夏，酷热难当，妈妈每次来的时候，衣服都被汗水湿透了。当时的情景董明珠一直历历在目："她一看到我，从来不会说'今天太热了''我好辛苦'，她只会说'快来吃、快来吃'。"[1]

在妈妈心中，董明珠一直是她的骄傲。在董明珠的记忆里，还有这样一件事："记得有一年她摔了，生病住在医院，我去看她的时候，她并没有埋怨我说'你为什么这么久才来看我'，而是自豪地跟她病房的病友们说，'这是我的女儿，我女儿现在是珠海市政协委员'。"[2]

而在董明珠心中，虽然妈妈已经离开了这个世界，却依然是她的精神支柱和力量源泉。2011年，董明珠的事业走到了一个至关重要的十字路口，董明珠非常困惑：格力电器应该怎么走？自己应该坚持原则与别人斗还是选择放弃？在精神压力的折磨下，董明珠被压垮了，病倒在床上。就在这时，是妈妈给了她指引，后来，她回忆道："有一天夜里，我做了一个梦，梦见我的妈妈，我就抱着我妈妈嚎啕大哭，拼命地喊、拼命地叫，我当时只记得我妈妈一句话，她说你自己想好的事就要坚定地干，我醒来以后浑身都轻松了，就那一刻起，我就想无论遇到什么样的事情，只要你坚持原则，坚持是对的，你就要做下去，无论别人怎么说你。"

---

[1]引自《改变世界：中国杰出企业家管理思想访谈录》秦朔对董明珠的访谈
[2]引自2018年12月董明珠在第十七届中国企业领袖年会上的发言

没能在妈妈有生之年多陪陪妈妈，是董明珠心中永远的痛。这些年，董明珠全身心都投入到了格力电器的发展上，陪家人的时间很少，对儿子是这样，对妈妈也是如此。董明珠也曾经想过要把妈妈接到自己身边，但她工作很忙，一年中的大部分时间都在出差，不能亲自侍奉妈妈，给妈妈请保姆，妈妈不习惯，她也不放心。无奈之下，只能让妈妈留在南京，自己抽时间回去陪陪她。

有一次，在接受采访时，董明珠曾经满是愧疚地说道："静下心来的时候，仔细想想对妈妈亏欠的太多了。父母对我们有养育之恩，我们也都想去回报父母的养育之恩。但是退一万步说，你守着一个小家，你的事业也做不成，所以你有时候还是得放弃！有时候你不能要全部得到，你可能一定要失去一部分东西才能得到一样东西，但这个得到并不是财富上的得到，更多的是大爱的得到。"

董明珠把对妈妈的思念深深地埋在了心里，她只有一个心愿："我想跟妈妈说，有一天当我到了天堂落到你的身边，再尽我的孝道。"

回馈社会，社会责任重于一切

2017年4月，董明珠应邀参加了第七届中国商界女性精英峰会，并在会上发表了精彩演讲。在她的演讲中，有一句话振聋发聩：

"在这个时代，你是不是一个成功者决定于你对社会的贡献。如果一个企业家拥有社会责任和担当胸怀，你的企业没有理由做不大。"

其实，董明珠在多个场合都曾经提到过"社会责任"这个词。2016年12月10日，董明珠在参加《中国企业家》杂志社在北京举办的中国企业领袖年会时，说：

"中国的发展离不开实体经济，如果没有实体经济，仅用金融杠杆，对中国来说是灾难性的。我们要重新定位和思考，不仅仅要考虑销售指标、利润指标，还要考虑给社会带来什么。过去企业在发展过程中只关心赚钱，至于别人是什么样并不关心，但今天我们把社会责任摆在首要的位置。"[1]

---

[1] 引自2016年12月10日董明珠参加中国企业领袖年会时的发言

2016年12月1日，在"国际制冷空调技术交流会"开幕式上，她也曾强调过：

"企业具有越强的社会责任感，其竞争力就会越强。对于一个好的企业来说，社会责任远比赚多少钱更重要。"

董明珠不仅是这样说的，也是这样做的。作为一家世界知名的空调制造企业，格力电器始终以"让世界爱上中国造"为己任，坚持自主创新，坚守工匠精神，依靠领先的科技技术打造国际影响力，成为"制造强国"国家使命的忠实践行者和开拓者。董明珠本人也是"中国社会责任杰出企业家"获得者，是中国当之无愧的最具社会责任的企业家之一。

在董明珠看来，追求利益最大化是企业生存的原始动力，但除此之外，企业也要勇于承担社会责任。两会期间，政府工作报告中提到"今年要完成1000万以上农村贫困人口脱贫任务，企业家应该投身这次（任务）中去"。董明珠就积极响应国家政策，把格力电器的基地建在了比较偏僻的一些地区。

很多人说她这样做"糊涂"，有些人甚至直接说她"傻"，但她却觉得，作为一名企业家，就是要敢于奉献和担当，把社会责任放在首位，为国家和社会谋取更多的福利，让更多的贫困人口能就近就业，并且带动当地的基础设施建设，为百姓脱贫致富创造条件。用实际行动来回馈社会，才是一个人的价值体现，才是一个企业的社会担当。

董明珠一直认为，社会责任并不是一个单一的概念，而是一个复合的、系统的概念体系，让"中国制造"更加强大，让百姓生活更加舒适，让环境变得更加美好都是其中的应有之意。她曾经说过："格力电器的发展不是为了盈利，也不是为了市场占有率，而是用技术改变这个世界。"因此，多年来，董明珠一直积极推进环保节能技术的研发，希望在资源环境与人类发展矛盾日益尖锐的今天，为保护自然环境尽自己的绵薄之力。

在二十多年的探索中，格力电器坚持健康、节能、环保的理念，始终走环境友好型路线，自主研发出很多项"国际领先"的环境友好型节能技术，交出了一份漂亮的成绩单：

2010年，格力电器自主研发的"1赫兹变频技术"被纳入了"国家火炬计划"，并于第二年荣获"国家科技进步奖"，这项技术被鉴定为"国际领先"，在舒适和节能方面为空调行业树立了新的技术标杆。

2012年，格力电器的"1赫兹低频控制技术"被鉴定为"国际领先"，该项技术可使每台空调每年节约电能近440度。格力电器R290环保冷媒空调也获评"国际领先"，摆脱对氟利昂的依赖，不损害臭氧层，具备节能环保、无温室效应等优点。

2013年，格力电器首创不用电费的光伏空调，实现了颠覆性创新，大幅降低了公共电网耗电。格力电器光伏空调系统如果大规模使用的话，一台400千瓦太阳能变频离心机每年4到10月份投入工作，每天工作8小时，太阳能发电功率340千瓦，则可省电57.12万千瓦时，可省燃油14.41万升或节省标准煤199.48吨，少排放552.45吨二氧化碳，减少火力发电粉尘150.72吨，节约水资源221636万升。

2014年，格力电器自主研发的磁悬浮变频离心式冷水机组，填补了国内外大冷量磁悬浮压缩机研究与产品的空白。如果将现有15%建筑的空调主机改造为格力电器磁悬浮变频离心式冷水机组，每年可以节约电能14亿度，可节约资金13亿元。

2016年，格力电器成功研制的高效永磁同步变频离心式冰蓄冷双工况机组，一举突破市场主流定频离心机变压头能力差、性能衰减大、以及低压交流变频容量受限等技术瓶颈，在节能性、可靠性上都有质的突破。我国每年公共建筑新增面积约为3亿平方米，如其中30%采用格力电器永磁同步变频冰蓄冷离心机组，则每年可以节约电费11.5亿元，节煤96万吨，减少二氧化碳排放260万吨，减少二氧化硫排放3.5万吨。

2017年，格力电器发布了G-IEMS局域能源互联网系统，实现了完善的光伏能源利用和用电调配，推进清洁能源替代、电替代等能源改革，以系统集成为用户创造清洁、安全、可靠、舒适、高效的人居工作环境。有数据显示，2020年我国将新增约100亿平方米的公共建筑。如果在工厂、学校、写字楼、超市、展馆、医院以及住宅广泛应用G-IEMS，尤其是光伏直驱变频空调系统，每年将节省电能超过10亿度。

2018年，格力电器发布家庭中央空调变频变容技术，经鉴定属"国际首创"、达到"国际领先"水平，解决了困扰行业多年的家用多联机低负荷下能效差的问题，实现了低负荷工况下"用电省一半"。如果全面切换该技术，每年都新增的省电量将会非常可观，可有效减少碳排放量。[1]

格力电器交出了一份漂亮的成绩单，在董明珠的带领下，格力电器不断以实际行动为中国绿色可持续发展提供助力，用科技创新让中国更美丽、让发展更具持续性。

一个人只有心中怀有社会责任感，牢记回馈社会的使命，才能引领企业走得更稳、更远。被责任驱动的董明珠，正在让这个世界变得更好。

---

[1] 引自格力电器发布的《2018年年度报告》

附录

大事记

1954 年	董明珠出生于江苏南京的一个普通人家。
1975 年	在南京一家化工研究所做行政管理工作。
1990 年	董明珠来到珠海并加入格力电器。
1992 年	董明珠在安徽的销售额突破 1600 万元,占整个公司的 1/8。随后,被调往南京,并签下了一张 200 万元的空调单子,一年内,个人销售额上蹿至 3650 万元。
1994 年	格力电器内部出现了一次严重危机,部分骨干业务员突然"集体辞职",董明珠经受住了诱惑,坚持留在格力电器,被全票推选为公司经营部部长。
1996 年	空调业"凉夏血战",已经升为销售经理的董明珠宁可让出市场也不降价,董明珠带领 23 名营销业务员奋力迎战国内一些厂家成百上千人的营销队伍。
2001 年	董明珠被任命为格力电器总经理。
2002 年 9 月	荣获"中国企业女性风云人物"称号。

2003 年	当选为第十届全国人大代表,并荣获"南粤首届优秀女企业家"荣誉称号。
2004 年 3 月	当选人民日报《中国经济周刊》评选的 2003—2004 年度"中国十大女性经济人物"。
2004 年 6 月	被评为"受 MBA 尊敬的十大创新企业家"。
2004 年 11 月	被评为"2004 年度中国十大营销人物"。
2005 年 11 月	再次荣登美国《财富》杂志评选"全球 50 名最具影响力的商界女强人"榜。
2007 年	出任格力电器股份有限公司总裁。
2009 年 10 月	格力电器董明珠入选英国《金融时报》"全球 50 大女性 CEO"。
2010 年	荣获"中国上市公司最受尊敬 10 大功勋企业家"、英国金融时报"全球最具影响力 50 名商业女强人"(名列第五)、美国《商业周刊》"十年商业女性领袖大奖"。
2011 年	荣获"2010CCTV 中国经济年度人物"创新奖,也是唯一获得"2011 年度中国最佳商业领袖奖"的女性。
2012 年 5 月	格力电器宣布,公司总裁董明珠正式被任命为格力电器集团董事长。
2012 年 7 月	荣获石川馨——狩野奖,成 ANQ 首位获此殊荣的女性。
2013 年	位列 2013 福布斯亚洲商界权势女性榜第 11 名。

2013 年	年度经济人物典礼上,董明珠与雷军立下"10亿赌约"。
2015 年	格力电器进入世界 500 强,排名家用电器类全球第一,年纳税额 150 亿。
2015 年	在《福布斯》"亚洲商界权势女性的 50 位"榜单位于第 4 位。
2015 年	入选"十三五"国家发展规划专家委员会成员。
2016 年 9 月	董明珠在《财富》"全球 50 大最具影响力女性"中排第 11 名。
2016 年 10 月 18 日	董明珠卸任珠海格力电器集团有限公司董事长、董事、法定代表人职务。
2016 年	董明珠以个人身份联手王健林、刘强东等商界"大佬",携大连万达集团、北京燕赵汇金国际投资公司、江苏京东邦能投资管理有限公司、中集集团与珠海银隆签署增资协议,共同增资 30 亿,获得珠海银隆 22.388% 的股权。
2017 年 1 月 10 日	董明珠荣获"2016 十大经济年度人物"。
2017 年 2 月 6 日	位列"2017 中国最杰出商界女性"排行榜第一位。
2017 年 3 月 3 日	全国人大代表、格力电器董事长董明珠在北京表示,发展新能源技术有助于中国实现强国之梦,只有创造才能彻底改变中国制造。
2018 年 1 月	当选为第十三届全国人民代表大会代表。

2018年6月	荣获国家知识产权战略实施工作先进个人。
2019年1月1日	格力电器公告称,公司将于1月16日召开股东大会进行董事会换届选举,董明珠被提名为董事候选人。1月16日,董明珠当选格力电器新一任董事会非独立董事。

名言录

NO.1 "遇到困难就退缩,这不是企业家。企业家要心里装得下别人,别人才会爱上你。"

NO.2 "别人做芯片股价就涨,我做芯片股价就落了。为什么?因为你真做。"

NO.3 "企业家最大的特质是别人不做的你要去做,别人不愿意承担的,你去承担。"

NO.4 "无论遇到什么样的事情,只要你坚持原则,坚持是对的,你就要做下去,无论别人怎么说你。"

NO.5 "没有人才,一切归零;没有道德,人才归零!"

NO.6 "企业不要逐利而行,千万要先舍再得。"

NO.7 "对自己狠一点。逼自己努力,再过五年你将会感谢今天发狠的自己、恨透今天懒惰自卑的自己。"

NO.8 "如果没有好的文化,这个企业没有办法可持续发展。如果你今天做得好,不等于你明天做得好。"

NO.9 "只有通过经历过奋斗的,你回味的时候,才觉得你的人生价值才是有意义的。"

NO.10 "一个人在他的一生中,一定会经历很多的困难,我们就是因为有能力去克服这些困难,才显示了个人的价值。虽然累,但是因为有价值,所以也就觉得不累了。"

NO.11 "眼前不赚钱的,并不代表永远没有钱赚。没有淡季的市场,只有淡季的思想。"

NO.12 "对领导忠诚是你在公司存在的保命线,没业绩没成果有它你还能存在,没它了就算你再牛也不行,而且很快你就会臭名昭著。"

NO.13 "请别再说'我没功劳也有苦劳'。请你记住,苦劳是企业的一种负担,它会让企业慢慢消亡,功劳才是你存在的条件和价值。"

NO.14 "我在格力创造的是一种奉献精神,一种工业精神,要务实,不能有投机心理,所有行为都必须对未来负责任,这表现在每个员工的每个行为中。有了这种精神,我们会努力打造一个好的产品,企业内部的管理会更加严谨,这样的团队可以克服各种困难。"

NO.15 "工作就是工作,生活就是生活,工作中没有柔情,就像打仗一样,在战场上能用柔情来解决问题吗?必须用严格的制度和纪律来完成。"

NO.16 "没有亏损的行业,只有亏损的企业。"

NO.17 "只有敢抓自己错误的人才能成为伟大的人;只有敢于揭自己伤疤的企业,才有可能成为伟大的企业。"

NO.18 "做生意要遵循三道:商道:既要适应市场,更要创造市场,掌握市场变化,才能取得更大话语权;棋道:经济活动中的"博弈",不是谁吃掉谁的问题,而是通过合作取得共同发展;业道:做百年企业,其实就是做人,一个与企业息息相依,生死与共的人。"

NO.19 "如果有人认为我们在营销方面有什么秘诀的话,那么最大的秘诀就是不玩花样,厂商平等合作,把靠市场创造效益作为一致的目标,并以此作为基本的游戏规则。"

NO.20 "我们都在寻找共同的游戏规则,期待'正和博弈',不是你吃掉我,也不是我吃掉你。棋行天下,并非统一天下,而是和所有人一起走下去。"

NO.21 "带着欺骗的心态去做一个企业,这样随着时间的推移,会逐步就被消费者所淘汰,被市场所淘汰。"

NO.22 "不能单纯地以营销谈营销,为销售而销售。一个企业,一种品牌,他们的内在联系到底是什么,还有思维方式、经营理念、价值取向都是整体构成这个企业最终市场的依据。所以说,我们的营销工作,有时会忽视一些眼前的利益,因为我们注重的是长远利益。"

NO.23 "质量是诚信的根本。我们要在保证质量的基础上,化解价格问题。格力电器要在材料供应、生产、管理、技术和销售、服务的每一个环节上促成良性的诚信循环,这样才能使市场和消费者对格力有信心,使百年企业的梦想不会落空。"

NO.24 "不需要售后服务的产品才是真正的好产品。"

NO.25 "越是单纯的东西,越是需要付出百倍的努力去捍卫它,把一种单纯的信念贯穿于生活之中,往往需要付出并不简单的代价。"

NO.26 "生活就是这样,总会有乌云遮眼的时候,但也总会有云开雾散的一天。只要你坚持按自己的理想走下去,就一定会有成功的一天。"

NO.27 "不能坚持原则的人,一定是有私心的。我没有一点私心,所以我能坚持原则。"

NO.28 "今天的成绩已成为过去,当你满足的时候,就是失败的开始。"

NO.29 "在制造业中,如果商业精神占据了主导地位,就会更富于投机性、更短视和产生更多的不正当竞争。这种状况会使企业的生存发展远离"工业精神",使得工业家们也像商人一样行事,其结果必然是工业行为的短期化和商业化。"

NO.30 "产品的核心竞争力在于质量,在质量方面不偷工减料,自然可以做到不摆虚架子,不以概念炒作糊弄消费者。"

NO.31 "可以在台上拿一百万,但绝对不允许在台下拿一分钱。"

NO.32 "顺手就可以拿到的东西,不叫目标,一定要跳起来才能达到的东西才是目标。"

NO.33 "别为小钱纠结,你那三块五毛二没人在乎,太在乎小钱的人将一辈子为小钱发愁,因为小钱思维对你来说会很容易成为习惯,投资不仅仅是股市基金和黄金。"

NO.34 "有人将投资失败称为"交学费",并问"董明珠你交了学费没有",我说如果他交完学费我还交学费,那我更蠢。国际化更多地是要总结,成功的经验、失败的教训都要总结。因为我觉得这个财富不仅是企业的,也是社会的。"

NO.35 "在格力,有个不成文的规定,只要是从同行企业出来的,无论多能干,原则上不收留。不是说别人不优秀,但如果仅靠别人培养人才,本身就是一个贪婪的行为。"

NO.36 "格力坚持培养一种奉献精神,我们的幸福感和价值观在于能够让更多人幸福起来,这就是你的价值。因此从格力出去的人,相对单纯,不会搞人际关系,因此在别的公司往往显得格格不入,很难融入。"

NO.37 "我对接班人的要求有三点:第一要忠诚,第二要有奉献精神,第三要讲诚信。如果这几个最基本的要素不具备,他的能力再强,对企业来说可能是埋了一个定时炸弹。"

NO.38 "有人传言说格力进入了房地产,但事实上我们没有进入,我觉得我要静下心来,坚持一个吃亏的精神,宁可少赚,我也要在这个行业里做到最精,做到最好。如果房地产中一平方米赚几千块钱,回过头来一台冰箱赚几十块钱,那么心静不下来。可能我的产值在某个时间段来讲,没别人多,但我具有竞争力。"

NO.39 "以价值为生存,以价值去经历,可能就会得到很好的结果,这是我的理解。我当业务员的时候，我说我这一辈子就做业务员。而且我当时的目标是做业务员一定要做到最好。因为你是业务员，你要给企业创造价值，这就是目标。"

NO.40 "作为一个企业，对于整个社会来讲，它是一个个体细胞。只有每一个细胞健康，这个社会整体才会显得健康。如果每一个细胞都不好，社会怎么样保持健康？如果具有癌细胞，很快这个癌细胞就会蔓延，最终就会死亡。所以企业承担了社会责任，它这个'细胞'一定要健康，怎么样才能健康呢？我们要有严格的管理制度。"

NO.41 "作为企业来讲，特别是企业的领导者，你不要说我企业一年赚了多少钱，员工都居无定所，我觉得你就不是一个优秀的企业家。你应该承担起这个责任，给他解决。实际上员工最需要的是安全，有一种依靠。这种依靠给他们，就是我们要给他们创造这样的环境。"

NO.42 "任何一个成功人士首先要有一种奉献的精神。尽管这个词有点老掉牙。但是我觉得还是要坚持。一定要有奉献精神，奉献精神涵盖得面很广，我们都为别人想一想，你在为别人着想的过程中，其实你已经得到了别人对你的尊重。"

NO.43 "物质不是一种幸福，他要不要，你作为企业都应该给他考虑。一个国家、社会的发展需要年轻人不断地成长起来，要成为有用的人，这才是真正的幸福。我把这个基础给他打好以后，他出去以后就有了竞争力。一个企业、一个人，你不能太浮躁，你一定要牢牢记住，你的行为要对别人负责任。"

NO.44 "我们自己赚钱的目的不是为了自己过得更好，而是让能够跟你认识的人，或者你能帮助的人，让他们也能过得更好，如果有这样的心态，我觉得我在制冷领域做到最好。让我的配套产业，因为我的发展，他们也更多的发展，这就是我的责任。"

NO.45 "从'中国制造'到'中国创造'最终要体现在技术突破上，

如果没有技术突破，还是像过去一样依赖于别人的技术，或者是模仿，甚至简单地买一些核心部件回来自己组装，就不能实现真正"创造"的意义。一个企业要生存必须要有研发，否则就会在竞争中被淘汰出局。"

NO.46 "什么是企业更高的境界？当你站在山顶的时候，你的头上还有星空！"

NO.47 "工作中没有任何柔情可言，不可能既能把工作做好，又不苛刻、咄咄逼人，和谐是斗争出来的。"

NO.48 "我很霸道，不太容易被改变，但是对工作很执着，坚持自己的原则。"

NO.49 "与人交往只谈感情不谈工作，朋友间不能有生意上的联系。"

NO.50 "任何一个人，都要靠自己的努力，以及别人的帮助，才能获得自己该得到的一切。不努力，别人就算想帮你，也帮不到。"

NO.51 "一个人不能不懂得宽容，也不能一味地宽容。一个不懂得宽容的人，将失去别人的尊重；一个一味地宽容的人，将失去自己的尊严。"

NO.52 "我认为只要战胜了自己，就一定能战胜市场。"

NO.53 "我从来就没有失误过，我从不认错，我永远是对的。"

NO.54 "世界上最难的就是认真。认真是做成一件事的基础。"

NO.55 "不能没有马云，但不能有太多马云。至于董明珠嘛，越多越好。"

NO.56 "奋斗才能赢得未来，我觉得这句话意义非常深远。我们不能靠天，不能靠地，不能靠别人，一个最成功人士，永远是给别人带来改变，一个最成功的人存在是让别人感到幸福。"

NO.57 "没人在乎你苦的过程，只在意你得意的结果，包括你自己！"

NO.58 "当你离开这个人世的时候,你觉得无怨无悔,我觉得就是最好的。"

NO.59 "为什么讲德国都讲工匠精神,工匠精神好像是德国的专用词,而中国制造是低质低价的代名词,实际上差了那么一点,就是挑战精神、吃亏精神。"

NO.60 "消费者的每一件小事都是我们的大事。"

NO.61 "企业做大了以后,最重要的问题,一个是制度的延续性,一个是人才的培养。特别是现在80后的孩子们已经成为社会的主流了,你要对这些孩子们负责任,让他们快速成长起来,要培养一批优秀的、有责任感的年轻人。我们要承担的不仅是自身企业利润的变化,你还要承担,你要牢牢记住你的使命。"

NO.62 "别以为自己很牛,真要觉得自己很牛,拿工作结果出来看,这比你吹一万次牛更有说服力,更能得到公司的认可。"

NO.63 "要让上级哄着你做事的,请回到你妈妈身边去,长大了再来面对这个世界!"

NO.64 "只有乐观的去看一件事、拥有积极的态度和不服输的毅力才能有出路!"

NO.65 "在这个时代,你是不是一个成功者决定于你对社会的贡献。如果一个企业家拥有社会责任和担当胸怀,你的企业没有理由做不大。"

NO.66 "企业具有越强的社会责任感,其竞争力就会越强。对于一个好的企业来说,社会责任远比赚多少钱更重要。"

NO.67 "我就事论事,不管任何场合,任何地点,任何时间,我会很直率说出来。我不在乎你喜不喜欢,我心中只有消费者和产品,我是做企业的,不是搞关系的。"

参考文献

1. 董明珠.《棋行天下》[M].广东：花城出版社.2000
2. 董明珠.《行棋无悔》[M].广东：珠海出版社.2006
3. 朱江洪.《我执掌格力电器的二十四年》[M].北京：企业管理出版社.2017
4. 郭宏文.《董明珠：倔强营销的背后》[M].北京：中国言实出版社.2015
5. 肖文建.《销售女神董明珠》[M].北京：中国致公出版社.2011
6. 韩笑.《董明珠传：营销女皇的传奇人生》[M].湖北：华中科技大学出版社.2017
7. 张吕清、刘志则.《董明珠：中国工匠精神的杰出代表》[M].北京：北京联合出版公司.2016
8. 林丽芳.《多面佳人董明珠》[N].管理与财富.2005年第04期
9. 张绛.《董明珠：女人真想干点事，谁也拦不住》[M].北京：华文出版社.2018
10. 张绛.《董明珠：让世界爱上中国造》[M].北京：时事出版社.2016
11. 徐笑君.《董明珠：刚柔并济》[M].北京：时事出版社.2018

12. 魏昕、刘云菲.《霸气女皇董明珠：全球最大空调企业格力电器成长内幕》[M].广东：广东经济出版社有限公司.2017

13. 甘开全.《格力电器董明珠：中国制造2025》[M].北京：新世界出版社.2016

14. 苏琴.《董明珠的资本》[M].台湾：台海出版社.2017

15. 成志明.《苏宁：成长的真谛》[M].北京：机械工业出版社.2006

16. 许文苗.《格力换届前夜，最大的黑天鹅可能是……》[N].新财富杂志.2019

17. 梁宵.《怎样成为董明珠》[N].中国企业家.2018年第11期

18. 崔丽、张莹.《董明珠：水至清也有鱼》[N].中国青年报.2013

19. 张力升.《商界铁娘子董明珠》[M].北京：中央编译出版社.2009

20. 张小平.《首富真相：黄光裕家族的财富路径》[M].浙江：浙江人民出版社.2009

21. 钟良.《董明珠：吃亏人常在》[N].二十一世纪经济报道.2011年12月

22. 黄丽.《董明珠：上市公司应年年分红回馈股东》[N].中国证券报.2015

23. 李国辉、李妹妍.《格力董明珠：我不过问股票但承诺分红》[N].羊城晚报.2015

24. 郭芳、邹锡兰.《董明珠上任：格力进入大权独揽的"董时代"》[N].中国经济周刊.2012

后 记

与很多人一样,我对董明珠的关注,是从各路媒体上对她连篇累牍的报道开始的。

好斗、狠人、霸道、铁腕……这些都是外界贴到董明珠身上的标签——带领格力电器一路成为世界500强企业,她敢说"我从来没有犯过错";不愿受制于人,她敢与苏宁张近东、国美黄光裕叫板;不满对手的行为,她敢指责同行是"小偷集团";为了"让世界爱上中国造",她会亲自为格力产品代言,把自己与格力电器紧紧地绑定在一起。正因为如此,女企业家那么多,却唯有董明珠成了"超级网红"。

在董明珠的网红路上,从来都没有鸡汤与励志,自始至终只有一个词——狠!有董明珠的地方就有斗争,正是在连绵不断的斗争中,她"网红"的身份才更加鲜明、出彩。

当然,关注董明珠,也有深层次的原因。作为中国女企业家的杰出代表人物,董明珠所率领的格力电器是中国制造业的领军企业之一。格力电器的成长史,既是中国制造自改革开放以后从弱小到强大、脚踏实地一步步走向巅峰、拥抱世界的缩影,也反映了包括董明珠在内的一代企业家,与企业共同经历诸多逆境与困苦、最终获得时代所赋予的成就的艰辛历程。关注董明珠,是因为很大程度上我们对于改革开放发展所带来的众多成就感同身受,并投射到类似于董明珠这样的人物符号上。

正是因为如此，我萌发了写作此书的念头。董明珠的故事，应该被更多人了解；这个年过半百的"女网红"，值得获得更多的掌声与尊重。

在写作此书的过程中，我渐渐发现，正是能吃苦、独立、不服输的个性，再加上时代赋予的独特机遇，促成了董明珠如今的成就。她的成功不是偶然，没有哪个女性会把自己二十多年的时间都全身心地投入到对事业的耕耘上，她的成功，是一种必然，是她努力付出、忘我奋斗所得到的丰厚回报。在董明珠所拥有的无数荣誉与光环背后，是一个商界领军人的创新理念、过人胆魄和敏锐眼光，是一位传奇女性坚忍不拔、勇敢自信的巾帼本色！

而且，随着对董明珠越来越深入的了解，我还看到了一个不一样的董明珠。在她凶猛、如钢铁般坚强的外表下，藏着不为人知的柔软与细腻：与大多数女人一样，董明珠爱美、爱打扮，她不愿接受别人说她"像男人一样而缺少女人味儿"。她的心中藏着对儿子、对母亲的无限深情，一提起家人，她的心中满是愧疚，有时甚至会情不自禁潸然泪下。在她十六年的全国人大代表履职中，她不但关注企业经营、关注中国造发展，还对留守儿童教育、残疾人就业、见义勇为保障法等十分关注，提出了一系列议案。她的脉脉柔情，在强悍的行事风格的衬托之下，显得愈发可贵。

在竞争激烈的商海中，没有悲悯，也没有顾怜。然而，像董明珠这样的女企业家群体的出现，却为在雄性色彩浓厚的商业世界增添着亮色。每个女企业家都有自己独特的故事，走进她们的内心世界，我们才会了解什么是人生，什么是伟大，什么是传奇。